Die Violine

Gemeinschaftsausgabe der Verlage
J. B. Metzler, Stuttgart und Weimar
und Bärenreiter, Kassel
Die französische Originalausgabe erschien unter dem Titel
»La Légende du Violon«
© Flammarion, Paris, 1996

Die Deutsche Bibliothek – CIP-Einheitsaufnahme

Die **Violine** : Kulturgeschichte eines Instruments / Yehudi Menuhin.
Unter Mitarb. von Catherine Meyer. Aus dem Franz. von Eva Zimmermann und Miriam Stumpfe.
- Stuttgart ; Weimar: Metzler; Kassel : Bärenreiter, 1996
Einheitssacht.: La légende du violon <dt.>
ISBN 3-476-01506-8 (Metzler)
ISBN 3-7618-2007-0 (Bärenreiter)
NE: Menuhin, Yehudi; Zimmermann, Eva [Übers.]; EST

Dieses Werk einschließlich aller seiner Teile ist urheberrechtlich geschützt.
Jede Verwertung außerhalb der engen Grenzen des Urheberrechtsgesetzes
ist ohne Zustimmung des Verlages unzulässig und strafbar.
Das gilt besonders für Vervielfältigungen, Übersetzungen, Mikroverfilmungen
und die Einspeicherung und Verarbeitung in elektronischen Systemen.

© für die deutschsprachige Ausgabe
1996 J. B. Metzlersche Verlagsbuchhandlung
und Carl Ernst Poeschel Verlag GmbH Stuttgart
Druck: Presses de l'Imprimerie MAME, Tours
Imprimé en France

Verlag J. B. Metzler Stuttgart · Weimar

Die Violine

Kulturgeschichte eines Instruments

Yehudi Menuhin

unter Mitarbeit von Catherine Meyer

Aus dem Französischen von Eva Zimmermann und Miriam Stumpfe

Metzler
Bärenreiter

*I*m Zauber, den Schnee und Mondlicht über eine Landschaft breiten, wird der Körper zum Instrument: Die Stimme des Cellos scheint direkt aus dem Leib des Menschen zu kommen und all seine Fasern singen zu lassen. Alles wirkt durchlässig in diesem großartigen Bild, alles gerät mit dem Ton dieser Stimme ins Schwingen: die Blätter und die Zweige am Himmel, die Menschen und die Tiere. Der Instrumenten-Körper ist das Medium, das dem Traum der Dorfbewohner in seiner ganzen Wärme eine Stimme verschafft – trotz der eisigen Nacht.
Marc Chagall (1887-1985)
Der Cellist, 1939
London, Sammlung Hulton

*E*in Bild der Vollendung: Diese Geige – meine Geige – ist eines der wunderbarsten Dinge, die der Mensch je erschaffen hat. Ein Meisterwerk, dessen Ton so machtvoll und rein ist, daß er aus dem Himmel zu kommen scheint. Stradivari, ihr begnadeter Schöpfer, ist mit dieser Violine zur Grenze zwischen der toten Materie und dem Lebendigen vorgestoßen: Eine einzige sanfte Berührung mit dem Bogen genügt, um sie zum Leben zu erwecken. Die »Soil«

PRÄLUDIUM

*E*ine Saite, die aufzuckt, ein Ton, der erbebt, erzittert, sich im Raum entfaltet – und auf einmal beginnt die Geige zu singen. Diese Stimme ist ihre Stimme und zugleich die meine, warm und ergreifend, kostbar und schmucklos in einem.
Als ich zum ersten Mal die Geige spielte, hatte ich nur einen einzigen Gedanken, ja, ich war von nichts anderem beseelt als von dem drängenden Gefühl: Wann werde ich fähig sein, selbst zu schwingen? Dieser Gedanke hat meine Schritte bei der Eroberung der Welt der Klänge geleitet, jener tiefe und immerwährende Einklang zwischen dem Menschen und seiner Geige, der den Menschen mit seinen Mitmenschen verbindet und mit der Welt versöhnt.

DIE VIOLINE

$\mathcal{A}$ls Gegenstand meiner Liebe, als Verlängerung meiner Arme ist mir die Geige ein schwingender Körper, den ich besitze und der mich besitzt; den ich an mich drücke und zärtlich halte, achtgebend, daß ich keinerlei Schwingung unterdrücke.
Hören, Sehen und Fühlen gehen dabei ein magisches Bündnis ein. Denn die Suche nach dem vollkommenen Klang brachte die Geigenbauer aus alten Tagen dazu, eines der schönsten Instrumente zu formen, das das menschliche Auge je gesehen hat. Und die samtene Geschmeidigkeit der Saiten vermittelt allen, die sie streichen, ein tiefes, sinnliches Glücksgefühl. In der Violine transzendieren Materie und Klang zu einer Vorstellung von Vollkommenheit und Schönheit.

$\mathcal{K}$ommunikation findet nicht nur mit Hilfe des Wortes statt. Der Geigenton ist so reich an Ausdrucksmöglichkeiten, daß er weit über den bloßen Austausch von Zeichen in der gesprochenen Sprache hinausreicht. Die Modulationen des Klangs und die subtilen Ausdrucksnuancen, die auf den vier Saiten entstehen, sind so zahlreich wie die Wassertropfen im Ozean. Die Violine reagiert auf den leisesten Hauch dessen, der sie spielt. Sie registriert jeden noch so minimalen Anstoß, jede noch so vorsichtige Dämpfung; sie macht jeden erdenklichen Gefühlsumschwung mit: von der Melancholie zum Zorn, von heiterer Ruhe zum Jubilieren. Ihre Farbpalette ist so reichhaltig wie die eines Malers. Ich lade Sie ein, mir bei meiner Entdeckungsreise durch das vielgestaltige Universum dieses Instruments zu folgen: Einer Reise von den primitiven Völkern zu den kultivierten Salons, vom einfachen Holz zum kunstvoll geformten Gegenstand, von der Leere in das Reich der Schwingungen.

Trotz der vielen Jahre harter Arbeit, trotz der vielen Stunden des Übens – immer wieder entsteht von neuem ein Zauber, wenn der Bogen die Saiten berührt und die Finger sich auf das Griffbrett setzen. Der Ton erklingt wie in einem Traum und die Augen des Geigers schließen sich, damit er besser in sich hineinhorchen kann. Denn wir suchen nach dem Einklang zwischen dem, was wir in uns hören, und dem Ton, den unsere Ohren wahrnehmen. Nur wenn wir in unser innerstes Wesen eintauchen, können wir die ursprüngliche Stimme wiederfinden und so die reinste Vorstellung vom Klang entwickeln. Es ist wie ein Gebet, eine inbrünstige Huldigung an die Musik, die den Geiger in all seinen Bewegungen mit sich reißt.
Yehudi Menuhin

*O*b der Jäger am Klang seines Bogens hört, ob sein Schuß gelungen ist? Vielleicht gibt das Geräusch, wenn die gespannte Sehne zurückschnellt und leise nachschwingt, dem Bogenschützen ein Gefühl tiefer Befriedigung, womöglich bedeutet ihm diese Musik sogar mehr als der anvisierte Vogel.
Jagdszene (Ausschnitt), Assyrien
Paris, Louvre

*O*bwohl diese junge Frau ein Zupfinstrument spielt, hält sie es – gleichsam in leiser Vorausahnung – genau wie eine der ersten Violinen, die man an der Brust abstützte. Wie in jenem stillen Augenblick zwischen Rufen und Horchen verharrt sie in natürlicher Anmut: Vielleicht wartet das feine Pizzicato ihres Spiels auf die Stimme eines Mannes, um sie zu begleiten.
Figurine aus Ägina, Griechenland
Paris, Louvre

VOM ENTSTEHEN DER TÖNE

*I*n einer Zeit, die durch den Zeitenlauf vergessen ist, in der Morgenröte der Menschheit, jenem unergründlichen Geheimnis für Archäologen, Historiker, Wissenschaftler, taucht die Urform der Violine auf. Im Schoß der Erde, in unterirdischen Höhlen – den spärlichen Archiven der Menschheitsgeschichte – finden wir die Spuren der allerersten Geige, Zeugnisse der ersten Versuche, sich der Schwingung zu bemächtigen: Auf einer Wand der Grotte »Trois-Frères« im Ariège wurde mit linkischem Strich ein Mensch gezeichnet, der sich als Tier verkleidet hat. Dieses Wesen, halb Mensch, halb Tier, hält vor seinem Gesicht einen Gegenstand, der einem kleinen

Bogen ähnelt, einen rundgekrümmten Holzstab, den ein gespannter Riemen am Zurückschnellen hindert. Das war vor 15000 Jahren.

DIE ERSCHAFFUNG DER VIOLINE: PFEIL UND BOGEN

Und tatsächlich wurde genau in dieser Epoche der Jagdbogen erfunden, der es dem Menschen ermöglichte, Wild in größeren Mengen und mit sicherer Aussicht auf Erfolg zu erlegen. Das bestätigen uns die Historiker. Und doch regt mich diese Zeichnung an, zu fragen und zu träumen: Denn kein einziger Pfeil ist zu sehen, lediglich dieser verwitterte Bogen. Außerdem hält der Mensch vor seinem Gesicht nicht etwa das Holz, sondern den Riemen. Man könnte sich vorstellen, daß er in das Schwingen der Bogensehne vertieft ist, in den Ton, der in die Stille

*I*st er Jäger oder Musiker, dieser in eine Tierhaut gekleidete Mensch? Wo ist der Pfeil zu seinem Bogen? Möchte er das Rentier und den Bison wirklich töten? Oder möchte er sie mit seiner Musik zähmen und verstärkt die Töne seines Bogens deswegen mit dem Hohlraum seines Mundes? Ist er etwa des Erfinder der ersten Violine?
In diese rund 15000 Jahre alte Höhlenzeichnung ist die gesamte Geschichte des Menschen eingeschrieben, die verborgenen Verbindungslinien zwischen Jagd und Musik, Materie und Geist, Mensch und Tier. Jahrtausende später dann finden wir bei den Griechen den Hirtengott Pan, der – ähnlich diesem Höhlenmenschen halb Tier, halb Mensch – mitten unter den Tierherden lebt und dort seine Flöte bläst.
Höhle von Trois-Frères (Altsteinzeit), Ariège
(Unteres Bild: in einer Nachzeichnung von Abbé Breuil)

VOM ENTSTEHEN DER TÖNE

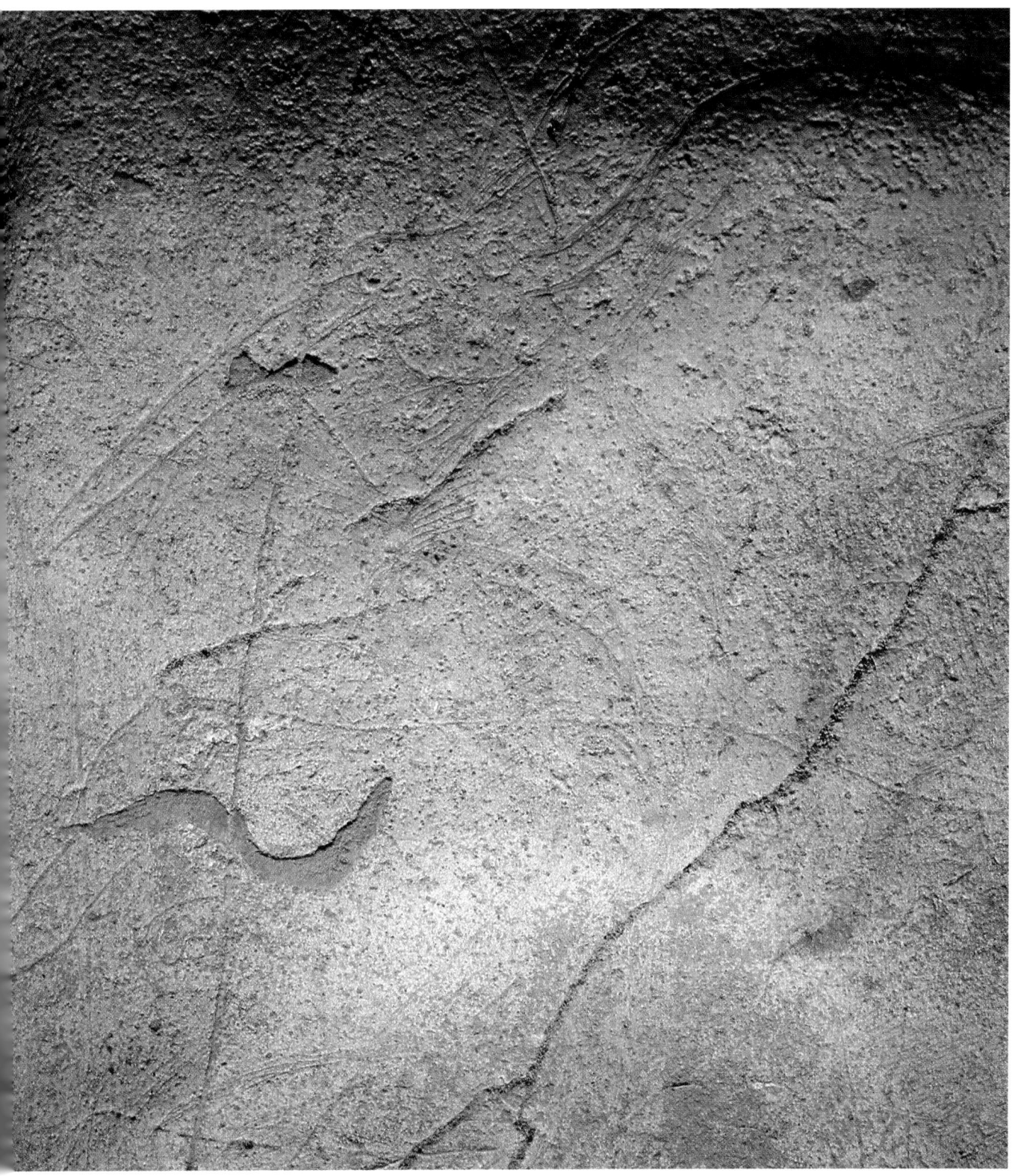

DIE VIOLINE

VOM ENTSTEHEN DER TÖNE

einbricht, und daß das Stöcklein, das er in den Raum schnellen lassen könnte, d. h. der nicht vorhandene Pfeil, ihn nicht im geringsten beschäftigt.

Und nun die Überraschung in meinem Traum: Dies könnte doch bedeuten, daß die Musik eher existierte als der Pfeil, daß Kunst älter wäre als Pfeil und Bogen und daß sie so eng zum Urbesitz des Menschen gehörte, daß sie noch lebensnotwendiger sei als die Nahrung. Der Mensch hätte also ein Mittel gefunden, mit dem er Schwingungen, Töne erzeugen kann, und er hätte dann entdeckt, daß dieser dem Vergnügen und der Beschwörung gewidmete Gegenstand auch als schlagkräftige Waffe verwendet werden kann.

Dieser Bogen, den man heute »Musikbogen« nennt, existiert noch bei zahlreichen afrikanischen Stämmen. Zuweilen werden damit Waldgeister beschwichtigt, zuweilen Tiere getötet. Er ist die letzte Spur des Musiker-Jägers aus jener weit zurückliegenden Zeit.

*I*n einigen afrikanischen Stämmen wird der Musikbogen auch heute noch gespielt. Der Spieler benutzt dabei seine Mundhöhle als Resonanzraum: Je nachdem, wie weit er seinen Mund öffnet, klingt der Ton heller oder dunkler. Anstatt die Saite anzuzupfen versetzt der Spieler sie mit einem Holzstab in Schwingung, und so ist der einfache Holzstab gewissermaßen ein Vorfahre unseres Violinbogens. Wir sind dem Wesen der Violine damit schon sehr nahegekommen, es erscheint hier in seiner einfachsten und reinsten Form. Der Gesichtsausdruck des Spielers zeigt, wie aufmerksam er lauscht: Er horcht in sich hinein, um dort die Töne zu finden, die er erklingen lassen will.
Musikbogen, Obervolta
Paris, Musée de l'Homme

*V*or etwa 30 Jahren sah ich auf den Seychellen ein gleichartiges Instrument. Es stammte aus der Wüste Kalahari und war ebenfalls bogenförmig, besaß aber in der Mitte ein Verbindungsstück zwischen dem Holz des Bogens und der Saite. Dieses Verbindungsstück war beweglich, man konnte es gleiten lassen und auf diese Weise Terzen und Quinten hervorbringen. Ich war tief beeindruckt. Etwas derart Elementares und Reines zu betrachten – mir war, als stünde ich vor dem allerersten Saiteninstrument! Und dann entstand vor meinem inneren Auge wieder der faszinierende Mythos vom Ursprung der Geige: Der erste Ton, den ein Mensch auf einer Saite gespielt hat, kann nur durch ein Pizzicato, also das Anzupfen einer Saite, entstanden sein. In jenem Schwingen der gespannten Saite ist der Klang der Geige enthalten. Zwischen der Spannung des Holzbogens, der ja immer in seine gerade Lage drängt, und der Spannung der Sehne, die dem Holz widersteht, also zwischen Zentripetal- und Zentrifugalkraft besteht ein Gleichgewicht, und aus diesem Gleichgewicht entstand plötzlich die erste musikalische Mitteilung der Saite. Hier keimte ihre erste Lebensäußerung. So wäre also der Ton die Frucht des Zusammentreffens von Spannung und Gleichgewicht.

Geräusche entstehen zufällig: das Rauschen der Regentropfen, die auf die Blätter fallen, das Kollern des Kiesels, der, von einem Windstoß getrieben, über den Boden rollt, das Krachen des Blitzes, der den Himmel zerreißt.

Töne und Klänge aber sind von Anfang an vom Menschen geprägt – von seinem Drang, sich mitzuteilen. Das Wort ist Klang, der Gesang der Mutter, die ihr Kind wiegt, ist Klang – und sie sind wohl die allerersten musikalischen Äußerungen der Menschheit.

Denn das Verlangen, das Reich der Geräusche zu gestalten, das Bedürfnis, mit anderen in Kontakt zu treten, mit ihnen zu kommunizieren – dies macht einen der mächtigsten Instinkte des Menschen aus.

*A*ber bis die Saite, die ja nur durch Zupfen zum Schwingen gebracht werden konnte, von einem Bogen angestrichen wurde, bedurfte es noch eines entscheidenden Schrittes. Es ist uns nicht vergönnt, ins geheimnisvolle Dunkel der Zeit vorzudringen und Gewißheit über die vielfältigen Versuche des Menschen zu erlangen: Wie keimte in ihm die Idee, einmal eine Saite anzustreichen? Wir können uns lediglich in unserer Phantasie die Gehversuche menschlicher Erfindungskraft ausmalen, können etwas davon vermuten, es erträumen.

Auch hier finden wir uns bei der Jagd wieder. Denn wenn aus dem Musikbogen der Jagdbogen hervorgegangen ist, so wird der Jagdbogen seinerseits den Menschen zur Erfindung des Geigenbogens geführt haben. Die Berührung des Pfeils mit der Bogensehne, der sirrende Ton, wenn der Pfeil die Stille durchschneidet – all diese vielen und kaum wahrnehmbaren Sinneseindrücke haben den Menschen Schritt für Schritt bei der Erkundung und Beherrschung des Reiches der Gebärden und Töne geleitet. Das Verlangen nach Musik einerseits, der Selbsterhaltungstrieb andererseits – mitten in diesem unentschlossenen Hin und Her hat ein neues Instrument das Licht der Welt erblickt. Übrigens sind die Gemeinsamkeiten zwischen den Begriffen für die Jagd und das Geigenspiel keineswegs zufällig: Hier wie dort wird der Bogen gezogen. (Im Französischen hat das entsprechende Verb »tirer« gar zwei Bedeutungen: ziehen und schießen!) Für den Geiger ist das Wesentliche dabei die zeitliche Dauer, jenes Dehnen des Tones, welches dem Instrument erlaubt, seinen Klang der menschlichen Stimme, dem immer wieder nachgeahmten Vorbild, anzupassen. Und so erzeugt die Saite hier nicht bloß die kurzen, schnell verklingenden Töne, so üppig diese bei der Gitarre, der Harfe oder dem Cembalo auch sein mögen, sondern es erklingt ein kontinuierlicher Ton, eine langgezogene Melodie. Das Instrument schafft sich seine eigene Stimme.

Die Sprache gibt uns noch weitere Beweise für die Verwandtschaft zwischen Jagd und Musik: Das Wort Violine stammt von »viole« bzw. dem provenzalischen Verb »viola«, und dieses Verb imitiert auf lautmalerische Weise das pfeifende Geräusch eines schmalen Geschosses, zum Beispiel das eines Pfeils. Das »v« gibt jenes Sirren wieder, wenn der Bogen von der Sehne schnellt, der Diphtong »io« den Nachhall dieses Geräusches im Raum und das »la« den Schlußakkord jener kleinen »Musik« von Pfeil und Bogen.

Auch im Wort »Bogen« stecken Elemente seiner Herkunft: »archet« im Französischen, »archetto« im Italienischen, »bow« im Englischen – überall bezeichnet dasselbe Wort den Jagdbogen und den Musikbogen. Und tatsächlich ähnelte bis in eine gar nicht so ferne Epoche der Geigenbogen dem Jagdbogen wie einem Zwillingsbruder. So könnte man sich das allererste Instrument, bei dem eine Saite angestrichen wurde, als das Aufeinandertreffen von zwei Bögen vorstellen.

*D*ie Violine hat von jener entfernten Verwandtschaft auch den Charakter des Gewaltsamen bewahrt: Bei der Jagd wie bei der Musik geht man mit Ungestüm vor – genauso aber auch mit Liebe. Die Spannung der Sehne, ihr Widerstand gegen das seinerseits widerstrebende Holz, das Ziehen der Sehne,

VOM ENTSTEHEN DER TÖNE

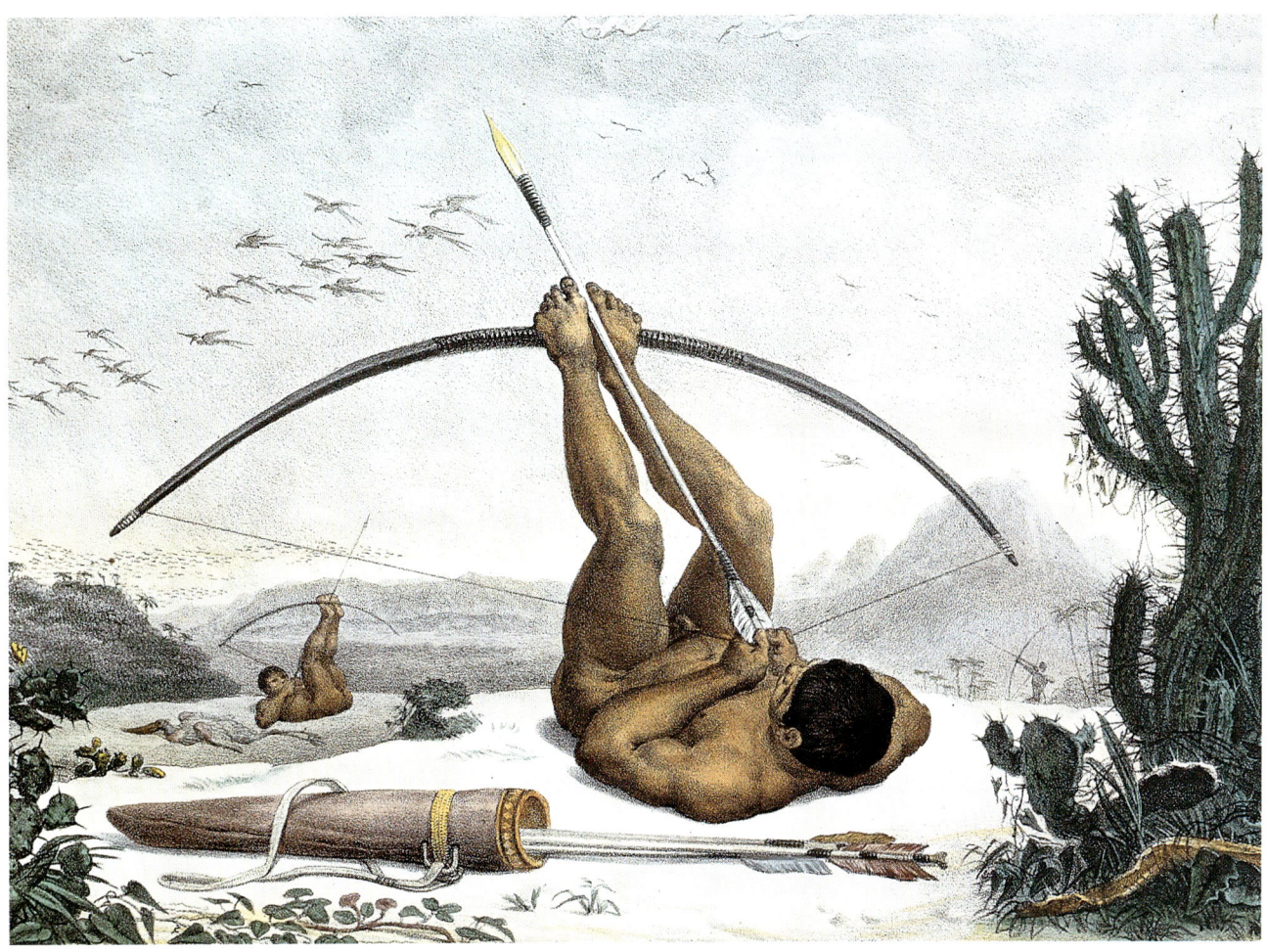

Das Bogenschießen trägt auch Spuren der Gewaltsamkeit: Auf diesem Bild scheint das Spannen der Bogensehne soviel Kraft zu erfordern, daß der Bogenschütze seine muskulösen Beine zur Hilfe nehmen muß. Um seinen Pfeil abzuschießen, benötigt der Schütze ebenso Kraft wie ein Gefühl für das Gleichgewicht zwischen Spannung und Gegenspannung in seinem Bogen. Kupferstich von J.-B. Debret *Cabocle, der indianische Bogenschütze*, 1843 Rio de Janeiro (Brasilien), Nationalbibliothek

das das Gleichgewicht stört und die Wiederherstellung des ursprünglichen Zustands verlangt, das Davonschnellen des Pfeils, der die Luft durchschneidet – alle diese Erschütterungen, sozusagen Miniaturkatastrophen, finden sich beim Geigen wieder: Im Ziehen des Bogens, in der Reibung zwischen den Bogenhaaren und den Saiten, in der Übertragung dieser Bewegung auf das Deckenholz, das dabei den Stimmstock der Geige zum Schwingen bringt und die Schwingung weiter auf den Resonanzboden überträgt – aus kleinsten seismischen Erschütterungen entwickelt sich schließlich der Klang.

DIE VIOLINE

VOM ENTSTEHEN DER TÖNE

*D*er neckische Cupido, das blinde und unschuldige Kind, überläßt die Wahl seiner Opfer dem Zufall. Im Herz des getroffenen Menschen hinterläßt sein Liebespfeil dann ebenso tiefe und süße Wunden, wie es der Bogen der Violine vermag.
Sandro Botticelli (1445-1510)
Der Frühling (Ausschnitt), 1478
Florenz, Uffizien

*I*n Cupido mit Pfeil und Bogen spiegelt sich jene feinnervige Mischung aus Ungestüm und Liebe in wunderbarer Weise wider. Er sendet seinen Opfern einen spitzen Pfeil ins Herz – Verwundung und Liebe, Leid und Glück in einem. Jener geflügelte schelmische Knabe erteilt uns gleich der Violine eine Lektion in Lebensdingen, machen wir doch abwechselnd Zyklen der Liebe mit, aus denen wir Heiterkeit, die Fähigkeit zur Besinnung und Erfahrung gewinnen, und Zyklen des Sich-Wehrens, die bestimmt werden von Schutzinstinkten, Aggressivität – kurz: von Ungestüm. Beides gilt es in harmonischem Maß zu halten, ähnlich dem Yin und Yang, jener tiefen Wechselbeziehung zwischen Ein- und Ausatmen. Wir müssen ein inneres Gleichgewicht zwischen diesen Prinzipien finden, nach dem Vorbild der Violine, die die ihr innewohnende Aggressivität in die harmonische Schwingung umsetzt, eine Schwingung, die wir alle in uns tragen.

SCHWINGUNGEN – NATÜRLICHE NOTWENDIGKEIT

Wie kam der Mensch bloß auf die Idee, einen Bogen zu formen? Wer hat ihm eingeflüstert, damit einen Pfeil abzuschießen? Auf welche Art hat er begriffen, daß er die Sehne anstreichen kann, statt sie immer nur anzuzupfen? Diesen langsamen Prozeß zu verfolgen, die vielen kleinen Schritte, die die Menschheit von einem Punkt zum nächsten führen, fasziniert mich ungemein. Wir haben zwar keinerlei Möglichkeit, diese uralten Entdeckungen nachzuvollziehen – und trotzdem, wenn ich von etwas überzeugt bin, dann davon, daß dieses Fortschreiten nicht möglich wäre, wenn die Uridee dessen, was wir suchen, nicht tief in uns steckte. Rein zufällig kann dies alles nicht entstanden sein.

Auf den Spuren des Ikarus haben Leonardo da Vinci und später etliche andere unermüdlich nach jener genialen Erfindung gesucht, mit der sie sich in die Lüfte erheben konnten. Denn der Wunsch zu fliegen ist einer der ältesten Träume der Menschheit, ist tief in ihr Wesen eingeschrieben. Eines Tages hatten die Menschen es geschafft: Sie schufen erstaunliche Apparate, die die Gesetze der Schwerkraft aufhoben, indem sie mithilfe von Flügeln Geschwindigkeit und Luftwiderstand gegeneinander ausspielten.

Der Mythos von Dädalus und Ikarus beschwört einen der ältesten Träume der Menschheit: den Traum vom Fliegen. Doch gleichzeitig versinnbildlicht er auch die Strafen, die denen drohen, die ihre Grenzen nicht respektieren. Denn weil Ikarus auf seinem Flug der Sonne zu nahe kam, schmolz das Wachs seiner Flügel und er stürzte in die Fluten des Meeres.
Und dennoch: Nur dank seines Wagemutes gelingen dem Menschen große Entdeckungen. Fortschritt und künstlerisches Schöpfertum werden nur möglich, indem der Mensch die Grenzen überschreitet, die ihm von der Gesellschaft und den Regeln der Vernunft gesteckt werden, nur, indem er bedingungslos auf seine innere Stimme hört, die ihm sein Ziel vorgibt. Stradivari, Guarneri, Mozart, Beethoven, Bartók und viele andere – jeder war auf seine Weise ein »Ikarus«, der sich von der eigenen Erfindungsgabe und Schöpferkraft mitreißen und überwältigen ließ.
Jacob Peter Gowy
Der Fall des Ikarus, 1636
Madrid, Prado

21

VOM ENTSTEHEN DER TÖNE

Diese Skulptur, die den menschlichen Körper auf seine wesentlichen Linien reduziert, ihn abstrahiert, erinnert auf verblüffende Weise an die Formen einer Geige. Dieses Götzenbild — die Frau, die Violine –, reckt die Linie seines Halses aufrecht gen Himmel; es fehlt einzig der Mann – der Pfeil, der Bogen – und das Gleichnis von Frau und Violine wäre vollkommen.
Götzenbild aus paridischem Marmor
Athen, Nationalmuseum

Mit dem Fliegen ist es wie mit allen anderen Entdeckungen, vielleicht wie mit den Gesetzen des Lebens überhaupt. Denn wenn es stimmt, daß die verschiedenen Spezies, ob nun Tier oder Pflanze, vollkommen unbewußt von ihrem Selbsterhaltungstrieb geleitet werden, und wenn es uns auch scheint, daß sie mit dem unendlichen Zeitenlauf der Natur verbunden sind, so wird doch jeder Keim, jedes Embryo von etwas Unaussprechlichem, Unbegreiflichem geleitet. Alles reagiert auf einen geheimen Wink, entspricht einer unbekannten Erwartung.

*A*uch in der Musik ist keine Entdeckung zufällig. All die verschiedenen Instrumente, die die menschliche Erfindungsgabe geschaffen hat, entsprechen einer Klangvorstellung, die ein einzelner, ein Volk, eine Gemeinschaft in sich getragen hat. Diese Vorstellung hat sie unbewußt geleitet, wenn sie sich die ihnen zur Verfügung stehenden Materialien zunutze machten: So verwendete man zum Beispiel für den Bau einer Geige jeweils die Holzart, die eben in dieser Gegend zu finden war. Die italienischen Geigenbauer nahmen Ahorn- oder Fichtenholz, die Indianer, die in waldlosen Gegenden lebten, nutzten den Kaktus und die Senegalesen den Flaschenkürbis. Das gleiche gilt für Roßhaar, Seidenfäden, Schafsdärme, Ziegen-, Katzen- oder Schlangenhaut – all das diente auf seine Weise dazu, jenen dem jeweiligen Volk innewohnenden geheimen Schwingungen ein Gehäuse, einen Raum zu geben. Auch die verschiedenen musikalischen Systeme entspringen einer inneren Notwendigkeit. Keineswegs zufällig fanden die Musiker bzw. Komponisten des Abendlandes zur modalen Musik, zur Polyphonie und zum temperierten Tonsystem. Die Chinesen haben ihre Pentatonik vor mehr als 5000 Jahren auch nicht einfach nebenher entdeckt. Lebensraum, Individuum und Gruppe befruchten einander auf vielseitige Weise. Die Schwingungen vermengen sich, manche harmonisieren miteinander, andere erzeugen Dissonanzen. So vollzieht sich im Laufe der Jahrhunderte ein großes und langwieriges Unternehmen, entwickelt sich aufgrund einer unbewußten Bestimmung, mit der gleichen Beharrlichkeit, die die Evolution kennzeichnet.

Nur so kann man die rätselhafte und unglaubliche Mühe der italienischen Geigenbauer verstehen, mit der sie nach dem vollkommenen Klang strebten und dank derer sie ein Mirakel schufen: ein Wunder an Ausgeglichenheit und kunstvoller Ausführung, in der Entwicklung der Streichinstrumente die Krönung. Sie schufen die Violine.

Anatomie von wundervollem Gleichmass

Die Form der Violine erinnert auf verwirrende Weise an den weiblichen Körper. Keine Linie ist gerade, alles ist kurvenförmig, zierlich, gewölbt und zart. Der sinnliche Reiz der Taille, der schlanke Hals, die sanfte Rundung des Rückens – jedes Element fügt sich in den Kanon weiblicher Schönheit und Ästhetik. Die Engländer lagen gar nicht so falsch, als sie zur Beschreibung solch eines sinnlichen Instruments Bezeichnungen aus der Anatomie des menschlichen Körpers entlehnten. Die Decke nennen sie »Leib« (»belly«), den Boden »Rücken« (»back«), das Griffbrett ist bei ihnen der »Hals« (»neck«) und die Schweifung die »Taille« (»waist«). Im Französischen findet man nur eine einzige anatomische Bezeichnung, und zwar das »Gehör« (»ouïe«) für die f-Löcher. Aber es gibt noch mehr Ähnlichkeiten mit dem menschlichen Körper: Die Lackoberfläche einer großen Geige, einer Stradivari oder Guarneri, gleicht dem Widerschein der Sonne auf seidiger Haut. Das glänzende Holz hat deren Wärme, Zartheit, ja, ich möchte sogar sagen, deren Geschmeidigkeit – und dabei erlaube ich mir lediglich, sanft mit meinem Fingerrücken darüberzustreichen. Ein guter Lack besitzt die schimmernde Transparenz und Lebendigkeit, wie sie im Herzen eines Menschen wohnen.

Und schließlich kommt die Violine dem Klang der Frauenstimme am nächsten. Sämtliche Register von Sopran bis Alt sind in ihr enthalten; sie gibt das wieder, was jeder Mensch als bleibende Erinnerung in sich trägt: die Stimme der Mutter, die ihr Kind singend in den Schlaf wiegt.

Zwei Körper treffen sich im duftigen Stoff dieses Kleides: der Körper der Frau und der Korpus der Violine. Die Frau wird zur Violine und das Instrument verwandelt sich in eine Frau. Hinter den weich geschwungenen Zargen errät man die Taille; der Saitenhalter, die Saiten und das Griffbrett zeichnen das Rückgrat nach und finden im Hals ihre Fortsetzung. Und der »Bauch« der Violine vereinigt sich unmerklich mit dem der Frau. Die Violine ist eine Huldigung an die üppigen Formen des weiblichen Körpers: Ihre Rundungen und Wölbungen, ihre zarte Anmut und ihre geschwungenen Verzierungen bilden den Körper der Frau in vollkommener Weise nach.
Hermès, Kollektion Frühjahr/Sommer 1996

DIE VIOLINE

VOM ENTSTEHEN DER TÖNE

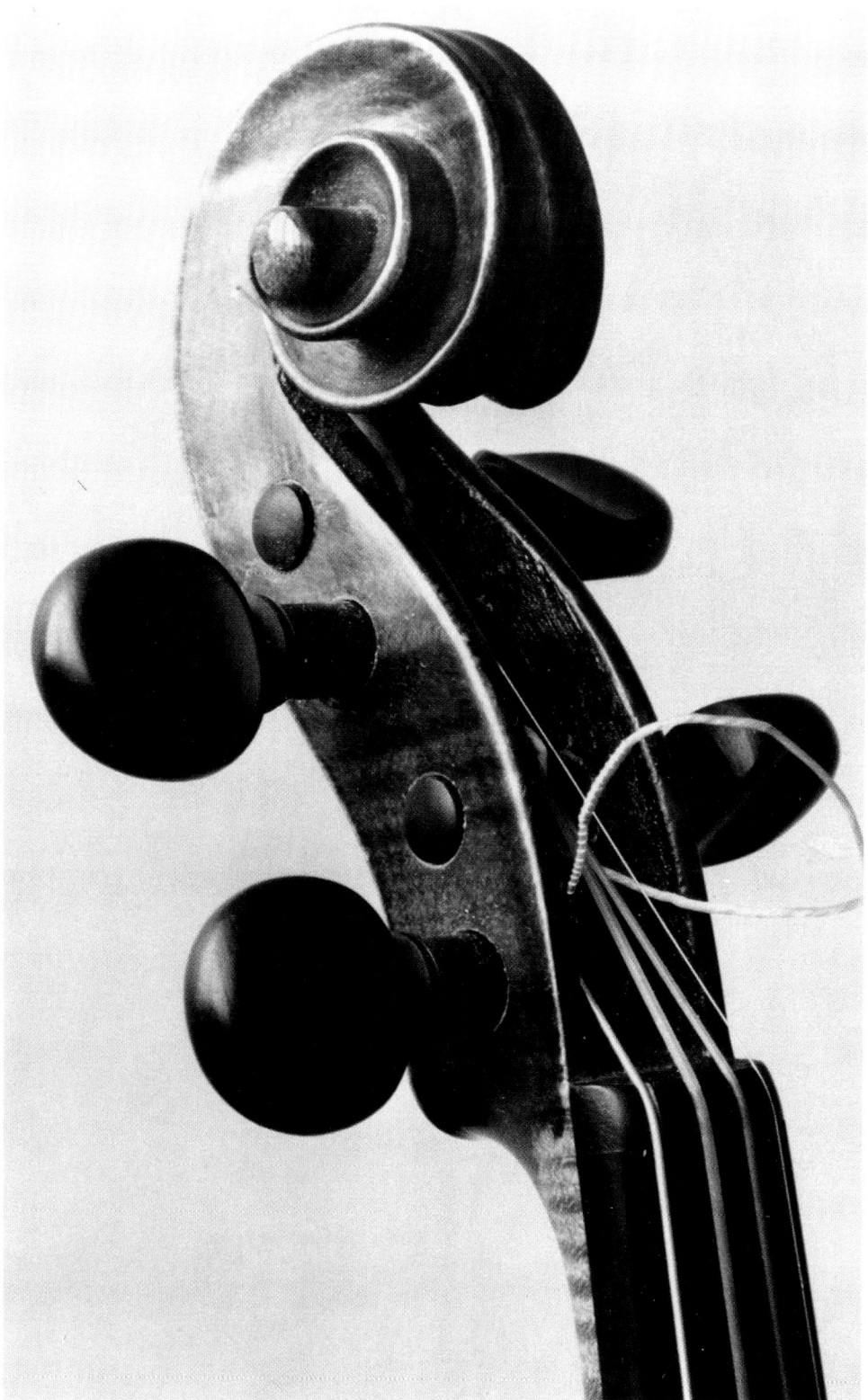

*D*er Kopf einer Violine ist das I-Tüpfelchen und zugleich die Vollendung der Arbeit eines Geigenbauers. Eine wunderbare Art, einen Gegenstand zu vervollkommnen, denn der Kopf ist die Quintessenz all seiner Eigenarten, bringt seine Identität und seinen Charakter zum Ausdruck. Der Kopf offenbart Größe, Kühnheit, Edelmut – bei der Geige wie beim Menschen.
Die Schnecke einer Stradivari-Geige zum Beispiel ist von perfekter Eleganz und läßt in keinster Weise das Ungestüm erkennen,
zu dem das Instrument fähig ist.
Die kraftvolle Schnecke einer Guarneri wiederum erinnert eher an ein Rennpferd, das mit geblähten Nüstern dem Startschuß eines Rennens entgegenfiebert.
Zweifellos waren es die Launen der Natur, von denen sich die ersten Geigenbauer inspirieren ließen:
Die gewundenen Ranken
des Weinstocks oder des Farnkrauts, kurz bevor sie sich entfalten, künden von einer verborgenen Beziehung zwischen den Streichinstrumenten und Mutter Natur: Beide entstammen demselben Ursprung und derselbe Atem ist es, der ihnen Leben einhaucht.

DIE VIOLINE

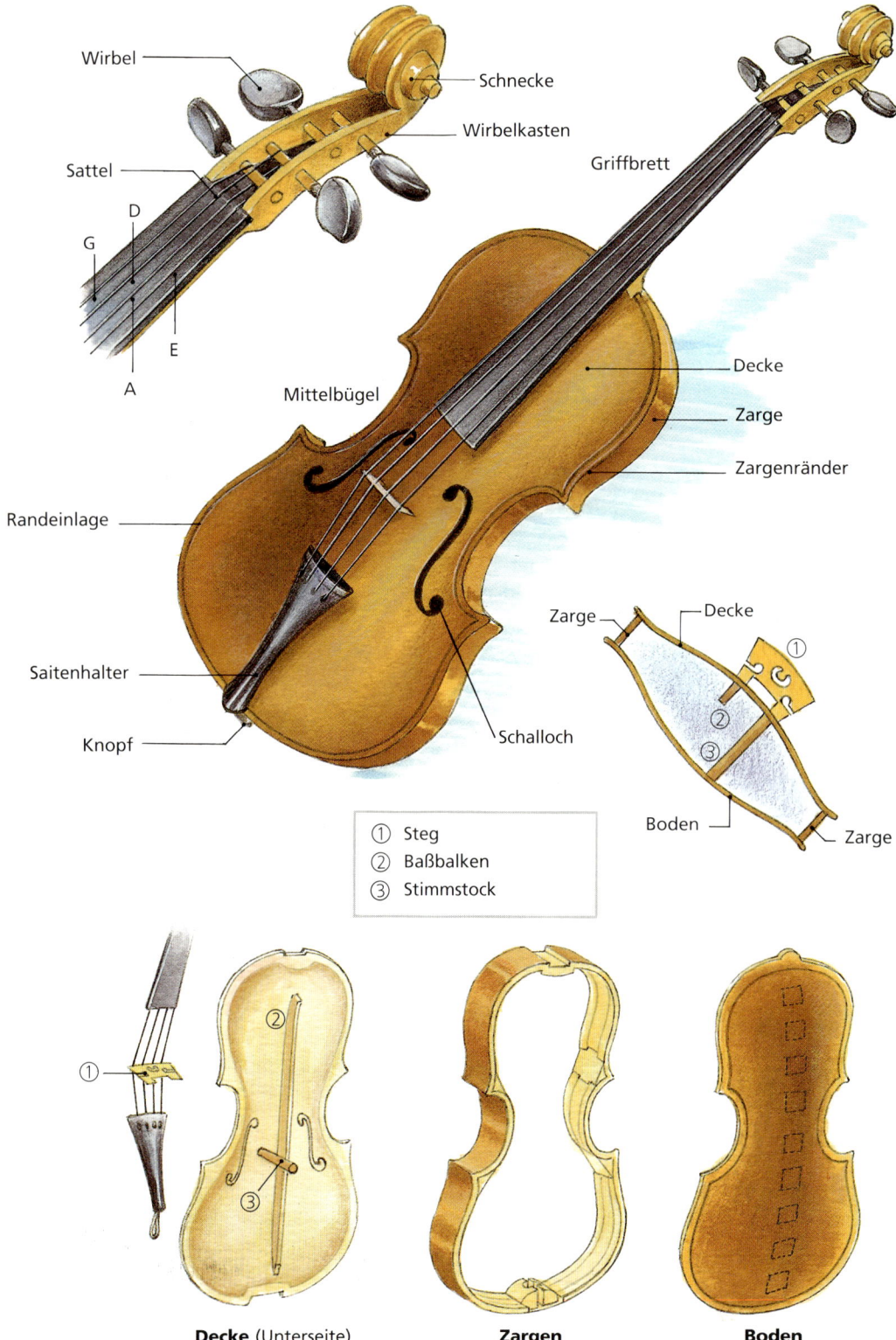

Jeder hat schon einmal eine Violine gesehen. Doch nur der Geigenbauer kennt ihr Innenleben. Er fertigt die 70 verschiedenen Teile, aus denen sich das Instrument zusammensetzt, und fügt sie zusammen. Im Herzen der Geige befindet sich der Stimmstock, jenes kleine Stück Holz, das die Schwingungen von der Decke zum Boden leitet und so den gesamten Korpus mitschwingen läßt. Verrückt man den Stimmstock auch nur um ein winziges Stück, so ändert sich sofort der Klang des Instruments. Der empfindlichste Teil der Violine ist die Decke, denn sie ist unablässig starkem Druck ausgesetzt: Jedesmal, wenn man die Geige stimmt und dabei die Spannung der Saiten erhöht, wird der Steg, der die Saiten über der Decke spannt, einer harten Probe ausgesetzt. Es kann vorkommen, daß er umfällt und dabei die Decke beschädigt. Der Resonanzboden hingegen ist bestens geschützt und verliert seine Schönheit und den warmen Glanz seiner rötlich und gelblich leuchtenden Lackschicht nie.

*D*ie Violine hat einen Körper, den Korpus, und im Innern des Korpus, im Hohlraum zwischen Decke und Resonanzboden, befindet sich der Stimmstock – die Seele des Instruments. Der Stimmstock ist ein unscheinbares kleines Holzstöckchen, doch seine Bedeutung ist außerordentlich groß, leitet er doch die Vibrationen von der Decke zum Resonanzboden. Diese »Seele« muß stark genug sein, die Decke zu stützen, welche ihrerseits durch den Steg, der die Saiten hält, einem ungeheuren Druck ausgesetzt ist. Sie muß geschmeidig genug sein, sich der Wölbung der Decke anzupassen, ohne deren Schwingung zu dämpfen, und zugleich muß sie fest bleiben und darf ihre Lage nicht verändern. Das Anbringen des Stimmstocks ist ein Vorgang, der größtes Feingefühl erfordert. Der Geigenbauer muß das kleine Holzstäbchen durch ein f-Loch ins Innere der Violine einführen und es senkrecht unterhalb des rechten Stegfußes plazieren, etwa in Höhe der E-Saite.

Die Wahl der genauen Stelle hängt von der geheimnisvollen »Alchimie« der Töne ab. Schon eine minimale Veränderung der Lage des Stimmstocks kann sich positiv oder negativ auf den Klang auswirken. Die ideale Position ist von Instrument zu Instrument, ja von Geiger zu Geiger verschieden. Hier sind Instinkt und Begabung des Geigenbauers gefragt.

*O*bwohl es sich bei der Violine um eines der empfindlichsten Instrumente handelt, das man sich überhaupt vorstellen kann, besitzt sie doch auch eine derb-animalische Seite. Auch hier werden wir wieder an ihren ursprünglichen Zusammenhang mit der Jagd erinnert.

Jahrhundertelang wurden die Violinsaiten aus Därmen von Schafen und Lämmern gefertigt. Die Festigkeit einerseits – von ihr rührt die Reinheit des Tons her – und die Elastizität andererseits – von ihr hängt in hohem Maße die Klangfarbe ab – ergänzen sich bei diesem Material auf ideale Weise. Später hat man zwar aus Silber-, Kupfer- oder Stahlfäden gesponnene Saiten bevorzugt, weil sie die Stimmung besser hielten. Heute verwendet man auch Nylon. Ich aber mag den Gedanken, daß im Geigenklang etwas Animalisches liegt. Ich spüre gern die Wärme des Tieres, die in das Herz und den Körper der Menschen dringt.

Auch der Geigenbogen ist als Mittler an diesem engen Band zwischen Geige und Tier beteiligt: Das Bogenhaar, das die Saiten in Schwingung versetzt, der sogenannte Bezug, besteht aus hunderten von Roßhaaren. Für die Herstellung des Bezugs hat man auch heutzutage noch kein Material gefunden, das robuster und elastischer wäre. Während das Bogenhaar früher seine ursprüngliche braune Farbe behielt, wird es heute häufig gebleicht. Es kommt aus Argentinien, Kanada oder Sibirien, aus Ländern, wo die Pferde die Luft weiter Steppen atmen und sich einem rauhen Klima widersetzen lernten.

So erinnert die Geige auch stets an ihren Ursprung bei den Zigeunern und Mongolen und erinnert an Volksstämme, wo Mensch und Pferd und Mensch und Geige noch eins waren.

*I*ndessen entfaltet sich jene tiefe Sinnlichkeit, die in der Violine steckt, nur bei allergrößter Zurückhaltung, erfordert doch das Geigenspiel feinstes Fingerspitzengefühl. Sie ist vergleichbar mit einer Kerzenflamme, die lebhaft lodert und doch so schnell verlöschen kann. Wie alles Leben ist die Violine etwas sehr Zerbrechliches, auch wenn das angesichts ihrer machtvollen, üppigen Klänge, ihres

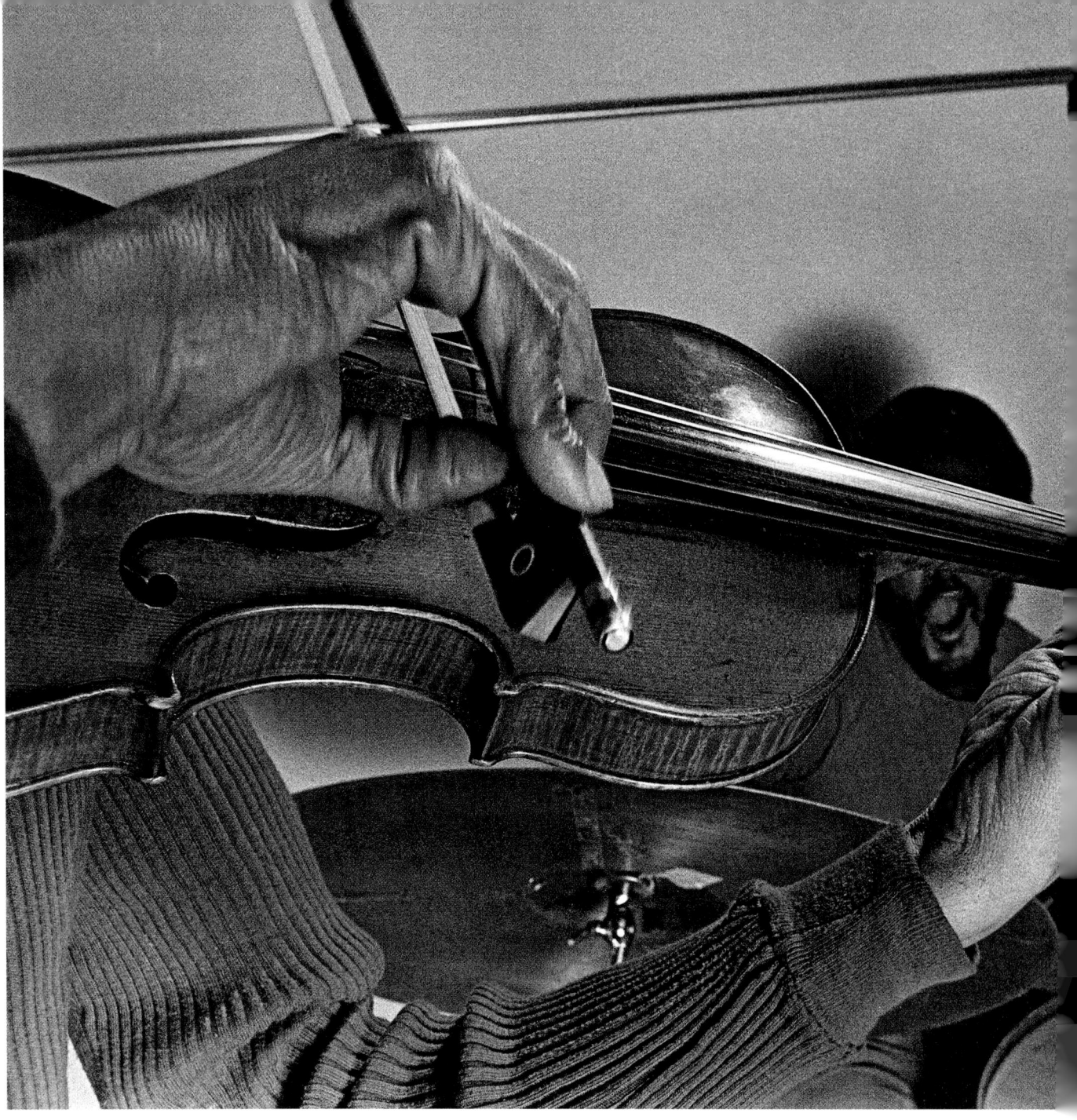

ungestümen Feuers verwunderlich erscheint. Deshalb beschränkt sich ja die Berührung zwischen Violine und Mensch auf Griffbrett und Kinnhalter, auf den der Geiger sein Kinn vorsichtig legt. Man darf eine Geige nur mit Ehrfurcht und Behutsamkeit anfassen. Die Decke ist dabei der Teil des Instruments, der am meisten schwingt, und ein derbes Anfassen würde ihr schlecht bekommen. Wie ich schon erwähnte, besteht die einzige Freiheit, die ich mir hier einräume, darin, leicht mit meinem Fingerrücken über die Lackschicht zu streichen.

Wenn ich meine Geige aus ihrem Kasten – ein Schatzkästlein, in dem sie ruht! – nehme, achte ich darauf, sie lediglich am Geigenhals anzufassen und, wenn nötig, am Wirbelkasten. Und wenn ich sie zum Klingen bringen will, dann halte ich sie mit ebenso viel Zartgefühl und Respekt, wie ich sie ihren Platz an meinem Körper finden lasse. Man darf dieses

Dieses Photo zeigt die Haltung eines Geigers, dessen linke Hand sich in der sogenannten ersten Lage befindet – die tiefste Position, die die Finger einnehmen können. Die rechte Hand hingegen ist in einer sehr hohen Position, da der Geiger den Bogen ganz nah am Frosch auf die Saiten aufsetzt – entweder, weil er gerade einen Ton mit einem kraftvollen Akzent spielen will oder weil er zu einem langauszuhaltenden Ton ansetzt. Im kurzen Moment des Verharrens, den die Photographie hier einfängt, hat man den Eindruck, der Musiker habe gerade aufgehört, sich zu sammeln und lasse nun sofort, durch einen bloßen Hauch, die Stimme seiner Geige erklingen.

---

lebendige Wesen, das die Violine nun einmal ist, niemals zwingen; man muß ihr die Freiheit zum Schwingen lassen.

Manchmal bin ich überrascht, wenn ich sehe, was einige Geiger ihrem Instrument alles antun. Es sollten sich niemals Kolophonium oder Staub auf dem Holz ansammeln. Die Oberfläche muß mit einem weichen Seiden- oder Baumwoll-Läppchen abgewischt werden. Auch sollten das Griffbrett und die Saiten täglich erst mit Benzin und dann mit Alkohol oder Eau de Cologne gereinigt werden – so kann der Ton klarer und freier schwingen. Um das Innere der Geige vom Staub zu befreien, streut man einige Reiskörnchen in die f-Löcher, bewegt das Instrument hin und her und dreht es um. Die Körner ziehen beim Herausfallen eine kleine Staubkugel mit sich. Alle diese Mühen sind ein Gradmesser für die Achtung, die man einem so wertvollen und edlen Instrument schuldig ist.

DIE VIOLINE

Der Bogen ist der Violine, was dem Edelmann der Degen ist

*B*einahe erdrückt wird diese junge Frau von ihrem Instrument, und es sind wohl auch nur recht zaghafte Töne, die sie den fünf Saiten entlockt. Zweifellos ist diese mittelalterliche Fidel zu schwer, als daß die junge Frau sie geradehalten könnte. Und obwohl sie ihren Rundbogen mit viel Feingefühl faßt, obwohl sie, ihre Wange sanft gegen die »Wange« der Fidel drückend, das Instrument innig und mit Zärtlichkeit hält – die merkwürdigen Klänge, die sie ihren abwesenden Zuhörern darbietet, möchte man sich nur ungern vorstellen.
An ihrer linken Hand kann man einen Fehler beobachten, den die meisten Anfänger auf der Geige machen: Den Daumen spreizt sie weit vom Geigenhals ab. Doch vergessen wir hier einmal die Musik und bewundern wir einfach die Anmut und die feine Eleganz dieses Bildnisses.
Boetius de musica, Handschrift aus dem 14. Jahrhundert
Neapel, Nationalbibliothek

*W*enn ich daran denke, was für eine fabelhafte Entdeckung der Geigenbogen darstellt, dann bin ich zwar immer wieder von neuem verwundert und gerührt, habe aber auch Fragen. Nur ein unerhörter Geistesblitz, gepaart mit einer unbeirrbaren, unbewußten Zielsicherheit konnte den Menschen zu dem Einfall führen, daß es möglich sei, eine Saite durch andauerndes Darüberstreichen in fortwährendes Schwingen zu bringen.

*W*ie wir es schon bei unseren ersten Erkundungen gesehen haben, ähnelten die ersten Geigenbögen einer Art rudimentärem Jagdbogen. Bis in die Mitte des 18. Jahrhunderts hinein wiesen sie in ihrer Form noch diese innere Verwandtschaft auf.
Den modernen, konkav gekrümmten Geigenbogen einmal mit einem runden zu vertauschen, war für mich eine interessante Erfahrung. Anläßlich einer Einspielung von Barockmusik hatte ich Gelegenheit dazu. Es war ein Abenteuer, und es hat mir zu neuen Eindrücken und unerwarteten Überlegungen verholfen. Je nach Biegsamkeit des Bogens und je nach Distanz zwischen Bezug und Bogenstange entstehen beim Strich geringfügige zeitliche Verschiebungen – das Bogenhaar reagiert einen winzigen Moment später auf die Bewegung der Stange. Dies verleiht dem Détaché einen sehr natürlichen Ausdruck: Die betonten Noten klingen wie Silben und treten viel klarer hervor als beim Spiel mit dem modernen Bogen. Will man heute einen solchen Effekt erreichen, muß man bewußt mit dem Zeigefinger auf die Stange drücken. Solch ein Kraftaufwand zerstört aber die

*H*ier erkennt man gut die leicht konvexe Krümmung der Bogenstange des Barockbogens. Eingefaßt von diesem grazilen Bogen, scheint die Violine bereit, vom einen auf den anderen Moment ihre süßen Töne in die Licht- und Schatten-Atmosphäre dieses Gemäldes hinein erklingen zu lassen.
Auch ein Stimmenheft liegt bereit: Noten für ein Duo, das die Geige gemeinsam mit der danebenliegenden Laute spielen könnte. Wie viele andere Maler ist auch Caravaggio hier der Faszination der Violine erlegen, ihrer ausdrucksvollen Form und dem sinnlichen Glanz ihres Lackes, der in den Farben des Honigs und des Feuers schillert.
Michelangelo Caravaggio
(um 1571-1610)
Amor als Sieger (Ausschnitt)
Berlin, Staatliche Museen zu Berlin
– Preußischer Kulturbesitz

natürliche Grazie des Détaché bei schnellen Passagen. Darüber hinaus ermöglicht der größere Abstand zwischen Stange und Bezug beim Barockbogen dem Geiger viel mehr Abstufungen zwischen Forte und Piano und erlaubt ihm, den melodischen Ausdruck abwechslungsreicher zu gestalten. Und schließlich die letzte Besonderheit: Mit dem geschmeidigeren Barockbogen kann der Geiger alle vier Saiten auf einmal anstreichen.

Trotzdem – auch wenn es dem modernen Bogen an solchen Feinheiten mangelt, so muß man doch eingestehen, daß er an Kraft gewonnen hat und daß er bestimmte Stricharten wie das Spiccato oder den Springbogen überhaupt erst ermöglicht. Er macht aus der Geige in gewisser Weise ein agressives Instrument, er ist der Degen der Violine.

*Ü*brigens stammt der Geigenbogen, den man heutzutage benutzt, aus Frankreich. Dort wurde gegen Ende des 18. Jahrhunderts gewissermaßen das letzte Kettenglied geschmiedet, das zur Vervollkommnung der Violine noch fehlte. Sie selbst hatte in ihrer vollendeten Form das Licht der Welt in Italien, zwischen Cremona und Brescia, erblickt, aber den besten Geigenbogen verdanken wir den Franzosen, oder genauer: François Tourte (1747-1835). Tourte war eigentlich Uhrmacher. Man nennt ihn auch den Stradivari der Bogenmacher, weil er genauso wie jener große italienische Geigenbauer sein ganzes Leben der Suche nach dem perfekten Bogen widmete und mit Formen und Materialien experimentierte.
So gelangte François Tourte zu der Erkenntnis, daß die Qualität eines Bogens vor allem vom Holz abhängt, das für die Herstellung der Bogenstange verwendet wird. Seine Wahl fiel schließlich auf das

brasilianische Pernambuk-Holz. Er fand es 1775 und feilte seitdem unablässig an der idealen Form des Geigenbogens, bis schließlich das entstand, was man später den Tourte-Bogen nannte: eine nach innen gebogene Stange, die sich vom Frosch ausgehend zunächst leicht, dann zur Spitze hin deutlich stärker verjüngt. Heute sind diese Bögen außerordentlich gefragt und sehr kostbar. Meinen ersten Tourte-Bogen erhielt ich von dem Geigenbauer, bei dem ich meine erste Stradivari erworben hatte.

Dominique Peccato (1810-1874) gehört ebenfalls zu den ganz Großen aus der Zunft der Bogenbauer. Leider signierte er seine Werke nur sehr selten, so daß lediglich Experten sie erkennen können. Und schließlich möchte ich Sartory nicht vergessen, einen ausgezeichneten Bogenbauer, der sich gegen 1890 in Paris niederließ.

Alle diese Handwerker haben am optimalen Gleichgewicht zwischen Masse, Länge, Widerstandskraft und Geschmeidigkeit des Geigenbogens getüftelt. Denn für einen Geiger ist ein guter Bogen ebenso wichtig wie ein gutes Instrument.

*D*er Geigenbogen ist ein sehr persönlicher Gegenstand. Der Spieler ist an ihn gewöhnt und nimmt nicht unversehens einen anderen. Zwischen dem Empfindungsvermögen des Geigers, seiner individuellen Tongebung und jenem Ding aus Holz und Roßhaar entwickelt sich eine unterschwellige Beziehung. Man könnte sagen, daß der Geigenbogen eine gewisse Verwandtschaft mit dem Degen hat, mit dem der Edelmann zum Streite auszieht. Beide sind von ihrem Besitzer geprägt.

Als ich noch ein Kind war, schenkte mir mein Vater drei prächtige, mit Gold ausgelegte Sartory-Bögen.

*B*is ins 18. Jahrhundert hinein baute man die runden Barockbögen. Dann gab François Tourte, der Stradivari unter den Bogenbauern, dem Violinbogen die Form, die er auch heute noch hat, und entwickelte die leicht konkav gekrümmte Bogenstange. An dem Bogen, den der in den Schlaf versinkende Eremit auf diesem Gemälde locker in der Hand hält, ist die bogenförmige Rundung der Stange schön zu sehen. Die Bogenspitze ist hier außergewöhnlich lang und läuft spitz zu.
Welch geheimnisvolle Melodie mag der Eremit wohl gespielt haben, daß er sich so einfach vom Schlaf überwältigen ließ? Überraschte ihn eine göttliche Eingebung oder hat er sich womöglich entsagungsvoll der Ruhe des Todes anheimgegeben?
Joseph Marie Vien (1716-1809)
Der schlafende Eremit
Paris, Louvre

*J*edesmal vor einem Konzert dasselbe Ritual: Der Geiger reibt die Bespannung seines Bogens mit Kolophonium ein, damit die Bogenhaare rauh genug sind, um die Saiten zum Schwingen zu bringen. Ich muß gestehen, daß ich eine gewisse Abneigung gegenüber diesem Kunstharz habe, denn er hinterläßt immer einen weißen, klebrig-zähen Staub auf der samtigen Oberfläche der Violine. Von der Qualität eines Bogens hängt für einen Geiger sehr viel ab: Gewicht und Länge, Festigkeit und Biegsamkeit müssen in perfektem Gleichgewicht zueinander stehen. Hat sich ein Geiger erst einmal an einen Bogen gewöhnt, so kann er nicht auf ihn verzichten – so, wie früher ein Edelmann sich auch nie von seinem Degen getrennt hätte.
Yehudi Menuhin,
Februar 1967

Dabei erinnere ich mich an meine erste Reise nach Rumänien. Ich war 11 Jahre alt und folgte meinem Lehrer George Enescu in sein Heimatland. Von Anfang an übten die riesigen Wälder dort, die majestätischen Berge, der innige Einklang von Mensch und Natur und die Harmonie, in der die Menschen miteinander lebten, einen betörenden Zauber auf mich aus. Ich werde später Gelegenheit haben, von dem Geheimnis zu sprechen, das mich dieses Land lehrte, aber zunächst komme ich auf meine Sartory-Anekdote zurück.

DIE VIOLINE

Wir waren also in Sinaja, einem Marktflecken, der eine gewisse Bekanntheit nur durch die einige Kilometer entfernt liegende Sommerresidenz des rumänischen Königs erlangte. Enescu hatte dort ein Haus, die Villa Lumière. Der Herbst war ins Land gezogen, und die Karpaten strahlten in einem verwirrenden, berauschenden Glanz. In Sinaja gab es einen kleinen Markt, auf dem die Bauern auch selbstgefertigte Waren verkauften, vor allem Baumwollblusen mit phantasievollen, zierlichen Stickereien. Zur Unterhaltung spielten Zigeuner auf. Einer von ihnen war sehr jung und spielte feurig und voller Leidenschaft. Am meisten aber erstaunte mich, daß er so schöne Klänge mit einem so unscheinbaren Bogen zustande brachte: mit einem jungen Ast, an den man unbeholfen Pferdehaare gespannt hatte. Seine Geschicklichkeit verblüffte mich gewaltig. Aus der Pension holte ich einen meiner Sartory-Bögen, marschierte zurück zum Markt und vermachte dem jungen Zigeuner den Bogen. Er war wie geblendet. Bis heute frage ich mich, was aus jenem Geiger und dem Bogen geworden ist.

Das Pernambuk-Holz des Bogens wird heute oftmals durch Kohlefaser ersetzt, manche schwören sogar auf künstliches Bogenhaar. Aber das Ergebnis überzeugt mich nicht. Ich erinnere mich an ein Konzert mit Bronislaw Hubermann vor vielen Jahren in Paris. Er hatte sich für synthetisches Bogenhaar entschieden. Es war recht kurios: Ständig mußte er der Bogen kolophonieren, und wenn er spielte, verschwand er fast in einer Nebelwolke.

Der Gebrauch des Kolophoniums, das ich nur kurz erwähnt habe, gehört zu den täglichen Riten des Geigers. Dieses Pinienharz – es wurde früher in Kolophon, Kleinasien hergestellt – ist für das Streichen der Saiten unerläßlich, denn es verleiht dem Bogen-

---

Dieses Streichinstrument, eine Art der kleinen Sārāngī, verblüfft durch seine Einfachheit und beinahe wilde Bodenständigkeit. Der nepalesische Dichter und Sänger hier hat sie gewiß selbst gebaut und dabei einfach die Materialien und Werkzeuge benutzt, die er in seiner Umgebung fand.
Von den verfeinerten Methoden der abendländischen Geigenbaukunst sind wir weit entfernt: Die wertvollen Pernambukhölzer, die Bogenbespannung, bei der jedes Roßhaar einzeln geprüft wird, die streng geheimgehaltenen Rezepturen für den Lack – dies alles ist den nepalesischen Musikern fremd. Wir befinden uns in einer Welt ohne Lehrer, wo jeder lernt, indem er versucht, die guten Spieler nachzuahmen. Das organische Lernen ersetzt die Theorie. In dieser tief im Volk verwurzelten Kunst zählt nur die Unmittelbarkeit eines instinktiven und natürlichen Spiels, das Vergnügen an der Improvisation und die Freude, für andere zu musizieren: Spontaneität in ihrer reinsten Form.

---

haar die nötige aufgerauhte Oberfläche. Würde man das Haar mit Seife einreiben, würde keinerlei Ton entstehen. Erst durch die vielen Unebenheiten im Roßhaar wird die Saite kurz angezogen und wieder losgelassen – was man natürlich mit bloßem Auge nicht erkennen kann. Aber durch die Kombination von Roßhaar und Kolophonium ist es, als spielten Tausende winziger Fingernägelchen ein ständiges Pizzicato. So entsteht die Schwingung, und so wird die Stimme der Violine zum Leben erweckt.

Die Leere ist eng verwandt mit dem Zustand des Lauschens: Wenn wir angestrengt horchen und versuchen, auch noch das kleinste Geräusch unserer Umwelt zu erfassen, dann halten wir instinktiv den Atem an. So, als ob der aussetzende Atem und die Leere, die dadurch in uns entsteht, uns durchlässiger für die äußeren Schwingungen machte.

Es ist die Leere in uns wie die Leere um uns, welche wir in der stillen und klaren Luft fern vom Lärm der Städte erfühlen können, die der Schwingung Raum zur Entfaltung gibt. Jedes Ding wird dabei von den Schallwellen erfaßt: Unsere Ohren, unser gesamter Körper und alle anderen Wesen, ob belebt oder unbelebt, schwingen mit, wenn sie von der vibrierenden Luft berührt werden.

Von der Leere zur Schwingung

Im allgemeinen wird »Leere« als Synonym für das Nichts oder Nichtvorhandensein benutzt. Welch großer Irrtum! Die Leere ist etwas außerordentlich Aktives, Dynamisches, sie gehört zum Leben und zum Tod, denn nur wo die Leere ist, gibt es auch die Fülle. Dank der Leere in den Lungen kann der notwendige Sauerstoff in unseren Körper strömen. Mit dem Ein- und Ausatmen beginnt unser Leben. Nur weil unsere Blutgefäße hohl sind, kann das Blut in sämtlichen Organen und Gliedern zirkulieren. Unser ganzer menschlicher Körper besteht aus Röhren, Hohlräumen, Bläschen. Selbst die lebenden Zellen sind Hohlkörper.

Die bewohnte Leere

*I*n uns existiert die Leere, damit die Luft, das Blut und das Wasser sich verteilen und uns versorgen können, so wie der Regen die Erde tränkt und die Meere anschwellen läßt. Gäbe es keine Höhlen, Täler, Abgründe, gäbe es auf unserem Planeten auch keine Bäche, keinen Ozean, kein Leben. Die Leere ist eine unentbehrliche Komponente des organischen Lebens und auch der geistigen Existenz des Menschen. Was ist das Denken denn anderes als die Inspiration, die von der Auseinandersetzung mit der Leere herrührt? Diese Einsicht haben die Chinesen ihrer Vorstellung vom Atem des Lebens und dem alternierenden Prinzip von Yin und Yang zugrundegelegt. In China ist die Leere Teil eines allumfassenden Weltbildes; man kann mit ihr nicht nur unsere Welt erklären und begreifen, sondern sie lehrt darüber hinaus jeden die Kunst, sein Leben zu meistern.

*Y*in und Yang verkörpern die Dualität der sich ergänzenden Gegensätze, die allen Dingen eigen ist: Licht und Schatten, Geist und Materie, das Männliche und das Weibliche, Bejahung und Verneinung. Wir kennen alle die verbreitete Darstellung des Yin und des Yang: ein Kreis, den eine Wellenlinie in eine schwarze und eine weiße Hälfte unterteilt.

Doch im Grunde findet das dynamische, fruchtbare Wechselspiel zwischen Yin und Yang sein schönstes Abbild in einer Spirale, in deren Mitte drei Stränge aufeinandertreffen. Zweiheit wird hier zur Dreiheit und entfaltet sich in den leuchtendsten Farben, im ständigen Wechsel zwischen rot, grün und blau.

VON DER LEERE ZUR SCHWINGUNG

Laotse sieht die Leere als die treibende Kraft des Denkens an – sie ist das zentrale Element seiner Philosophie, des Taoismus. Ich beziehe mich oft auf sein Buch »Tao-te-king« (Weg und Sittlichkeit), das für mich seit den 30er Jahren zu einem Lieblingsbuch geworden ist. Ich hatte es in einer deutschen Übersetzung entdeckt, nachdem mich der holländische Pianist Hendrik Endt, mit dem ich zwei Jahre zusammengearbeitet hatte, darauf aufmerksam machte.

Im »Tao-te-king« bezeichnet die Leere den Ursprung, die »erhabene Leere«, die aus dem Universum entstanden ist. Sie ist die Grundlage allen Lebens.

Außerdem versteht Laotse diese Leere als die hauptsächliche Triebkraft aller Dinge und Lebewesen der materiellen Welt, sie ist der Mittelpunkt eines jeden Stoffes. Aus der Kraft der Leere heraus geschieht das Mögliche. Im 11. Kapitel des »Tao-te-king« beschreibt Laotse die essentielle Bedeutung der Leere:

»Dreißig Speichen umgeben die Nabe;
  wo nichts ist,
    liegt der Nutzen des Rades.

Aus Ton werden Töpfe geformt;
  wo nichts ist,
    liegt der Nutzen des Topfes.

Tür und Fenster höhlen die Wände;
  wo nichts ist,
    liegt der Nutzen des Hauses.

Darum bringt das Seiende Vorteil,
  aber das Nichts Nutzen.«

Die Japaner bewohnen ein Land ohne Weite, ein Land, das zu allen Seiten vom Meer eingeschlossen ist und dessen Horizont immer von Bergen begrenzt ist.
Um diese Beengtheit zu vergessen, gleichsam um sich den Raum zu schaffen, der ihnen nicht vergönnt war, brachten die Japaner es zur Meisterschaft in der Kunst, die Illusion des Unendlichen zu erzeugen. Aus dem Geringsten schaffen sie das Unermeßliche, inmitten der Fülle vermitteln sie das Gefühl von Leere.
Die Welt dieses Bildes zum Beispiel ist ganz von Pflanzen und Felsen erfüllt, vom Himmel ist nur ein winziges Stück zu erhaschen. Und doch läßt uns der buddhistische Mönch, wie er mit seinem Wanderstab auf dem Felsvorsprung steht, teilhaben an der inneren Reinheit, zu der ihn seine Meditation führt.
Die Leere, die ihn erfüllt, wird so zum Schwerpunkt des Bildes, der uns anzieht und beruhigt.
Seidenmalerei aus Manotobu
Buddhistischer Mönch in einer Landschaft mit Wasserfall
Tokio, Tokio-Nationalmuseum

VON DER LEERE ZUR SCHWINGUNG

Und so erreicht dank der Leere jedes Ding seine Fülle. »Das Volle ist wie die Leere, also hat sein Wirken keine Grenzen«, heißt es im 14. Kapitel.

Die grundlegende Bedeutung der Leere bestimmt die Gesamtheit des chinesischen Denkens und kommt in vielfältigen Praktiken zum Vorschein, z. B. in der medizinischen Praxis bei der Akupunktur, im Tai-chi (dem chinesischen Schatten-Boxen) sowie in der Kunst, der Poesie, der Musik und sogar der Malerei. Hier taucht die Leere in ihrer ganzen Fülle auf. So bestimmt sie die Lebensweise genau wie die Philosophie.

Man kann sich die Leere als ein Kraftfeld vorstellen, durchzogen von Kraftlinien. Diese Linien sind gewichtslos, substanzlos, sie sind einfach die bloße Kraft von sich an- bzw. abstoßenden Polen – den Lebewesen und den Dingen.

*V*ollkommenster Ausdruck jener japanischen Kunst, das Unendliche vorzutäuschen, ist der Zen-Garten. Die sorgfältig angeordneten Steine als Symbole der Ewigkeit und das Muster, das die Harke feinsäuberlich in den Kies zog und das glauben macht, daß ihn kein Fuß jemals betreten habe – beide Dinge stiften eine Atmosphäre, in der Raum und Zeit aufgehoben scheinen. Dieser Garten im Daisen-in-Kloster in Kyoto ist gleichsam eine Opfergabe für den jungen Mönch auf dem Weg zu innerer Sammlung, die seine Vorstellungskraft anregt. Das Meditieren verbindet sich so mit dem stillen Glück, das auch Forscher oder frühmorgendliche Skifahrer kennen: dem Glück, einen jungfräulich-unberührten Raum zu entdecken.

*N*un ist aber der Mensch nicht nur ein Wesen aus Fleisch und Blut. Er besitzt Seele und Geist. Sein Leben erstreckt sich nicht nur auf den materiellen Bereich und das organische Funktionieren, so vollendet dies auch sei. Der Sinn seines Lebens geht weit über das Körperliche hinaus. Im Menschen wohnt ein unsichtbarer, geistiger Lebensatem. Über diesen Lebensatem, diese innerste Leere kann der Mensch mit dem Universum und dem Unendlichen in Kontakt treten. Wenn wir diese vitale Kraft lebendig halten, können wir uns der Welt stellen, uns auf sie einlassen und uns gegen ihre Angriffe schützen.

Dieser Atem in uns ist etwas Grundlegendes; ohne ihn würden wir – im übertragenen Sinne – geistig ersticken. Tagtäglich müssen wir aus dieser inneren Quelle Kraft schöpfen und uns unserer Zugehörigkeit zum Ewigen und zur Leere bewußt werden. Wären

Der Tahoe-See in Kalifornien. Hier machte ich im Alter von acht Jahren das erste Mal die »Erfahrung der Leere«. In der Abenddämmerung schaukelte ich in einem Boot auf dem See. Ich war tief berührt von diesem eigenartigen Schwebezustand in der Stille des Zwielichts, diesem rätselhaften Moment zwischen dem geschäftigen Treiben des Tages und der Einkehr in die Dunkelheit der Nacht, in dem nicht die kleinste Regung der Natur zu spüren ist. Die Stille ist der Ursprung allen Denkens: Sie vereint uns mit dem Unendlichen und gleichzeitig mit dem innersten Wesenskern unseres Selbst.

wir dieser inneren Freiheit beraubt, würden wir aufhören zu leben. Alles geschieht dadurch, daß die Leere jeden Augenblick des gelebten Lebens in einen vom Lebensatem belebten Raum verwandelt. Nur die Leere erlaubt uns, zur eigentlichen Fülle und Vollkommenheit zu finden.

Daß diese Leere uns ein tiefes Glücksgefühl vermittelt – diese Erfahrung habe ich am Ufer des Tahoe-Sees in der kalifornischen Wüste gemacht, 2000 m über dem Meeresspiegel. Sanft schaukelte mein Boot in den Wellen, die Dämmerung war hereingebrochen – und in diesem unwirklichen Schwebezustand fühlte ich mich wie zurückversetzt an den Ursprung menschlichen Sinnens. Mir war, als bräche sich die allererste Überlegung Bahn, der erste Versuch des Menschen, die geistigen Kräfte zu ordnen, ein flüchtiger Umriß aus dem Kopf unserer Vorfahren. Es war einer jener magischen Augenblicke, in denen man sich eins mit dem Kosmos fühlt, in denen alles in der Schwebe ist. Die Leere in mir und die erhabene Leere um mich herum fügten sich zusammen.

DIE LEERE UND DIE SCHWINGUNG

Die Leere ist von Anfang an trügerisch. Leere im eigentlichen Sinne existiert überhaupt nicht. Sie besteht aus Luft, unmerklichen Schwingungen, Energien. Auf die Welt des Klanges übertragen ist sie die Stille. Und diese Stille erlaubt den Elementen, ins Schwingen zu geraten und von unseren Ohren vernommen zu werden. Die Töne können sich in dieser energiegeladenen Transparenz entfalten, denn die in der Luft schwebenden unzähligen Moleküle geben den von einem Körper ausgehenden Schwingungen überhaupt erst Raum.

DIE VIOLINE

*D*er Mittagsschlaf ist wie eine kleine Oase der Leere, in die der Mensch sich aus dem Getriebe des Tages zurückzieht, um zu entspannen und Kraft zu schöpfen. Hier lädt der Sommer die Menschen ein, im kühlen Schatten der Bäume Erfrischung und Ruhe zu suchen.
Pierre Bonnard (1867-1947)
Der Sommer, 1917
Saint-Paul-de-Vence,
Stiftung Aimé Maeght

Ohne die Leere gäbe es keine Musik, oder allgemeiner und noch härter ausgedrückt: ohne die Leere gäbe es gar keine Kommunikation. Wenn wir so festgefügt wären wie Stein, dann gäbe es auch keinen Widerhall. Wir könnten keine Schwingungen, keine Botschaft empfangen und weiterleiten – kurzum, wir glichen einem Haufen tauber Kieselsteine, unfähig, Informationen oder Empfindungen auszutauschen. In der Leere steckt das Geheimnis der Kommunikation. Sie ist der Resonanzkörper, mit dessen Hilfe wir mit der Welt in Kontakt treten.

VON DER LEERE ZUR SCHWINGUNG

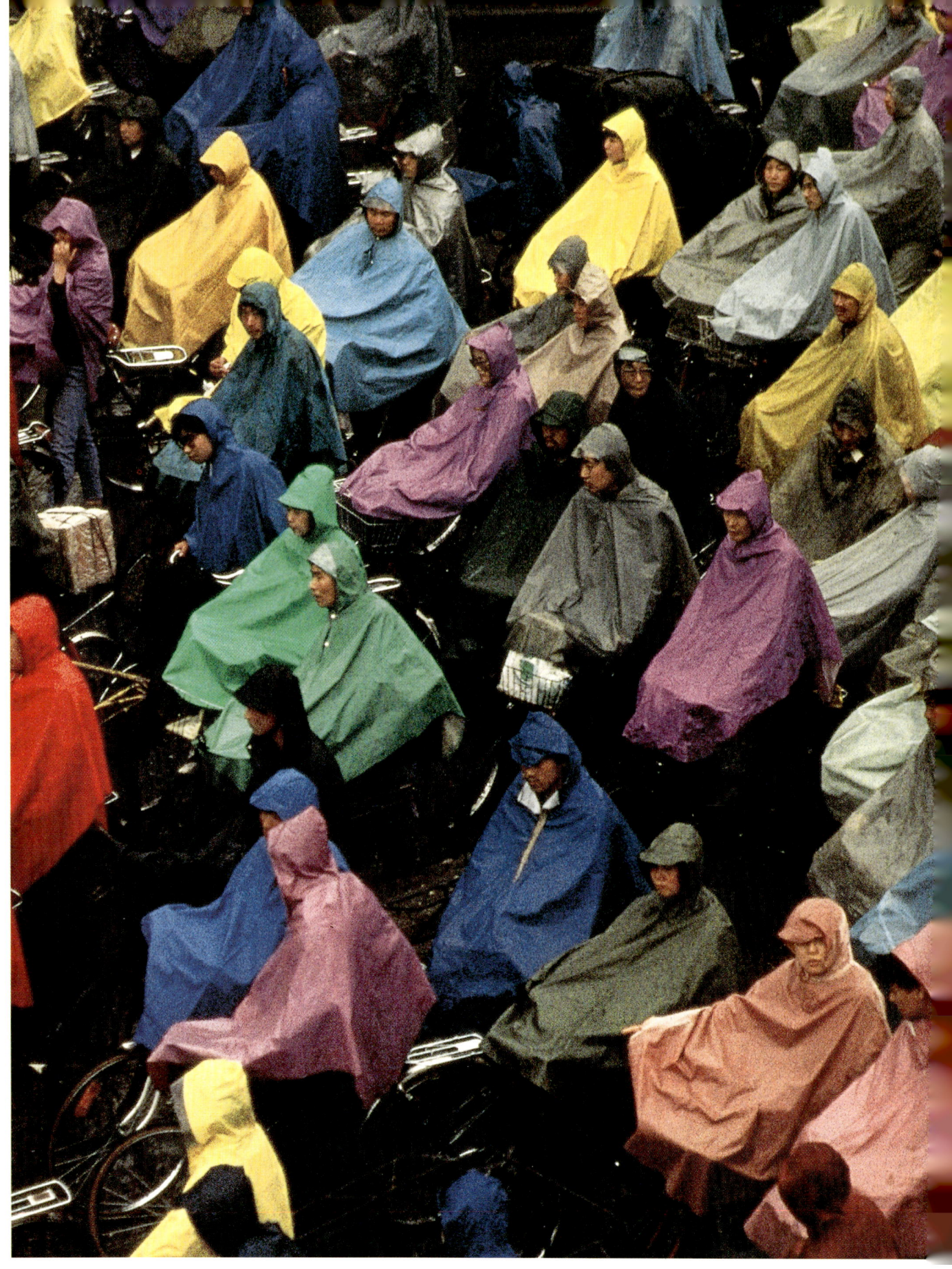

Die Fahrräder in den Straßen von Shanghai: Sie sind ein Symbol für das geschäftige Durcheinander unserer überfüllten Städte. Und dennoch bieten sie den Anblick eines geordneten und rücksichtsvollen Miteinanders, in dem keiner versucht, seinen Vordermann beiseite zu drängen oder zu überholen. Ruhe und Gelassenheit zu bewahren ist hier ungeschriebenes Gesetz. Man stelle sich einmal die Sinfonie aus den hell tönenden Fahrradklingeln und dem Prasseln des Regens auf den Regenmänteln vor! Diese Musik wird beileibe nicht so aggressiv klingen wie die brummenden Motoren und durchdringenden Hupen unserer westlichen Autos.

◆

Das Charakteristikum unserer Zeit ist eine immer erdrückendere Verdichtung des Lebens: Die Bevölkerungsdichte wächst, die Urbanisierung breitet sich immer mehr aus, der Alltag hält immer mehr Streß bereit und der Lärm um uns herum nimmt zu. Unser Lebensraum wird immer mehr eingeschränkt, unser Sauerstoff, unsere Wälder schrumpfen wie Leder, das lange der Sonne ausgesetzt ist. Die Leere, derer wir so dringend bedürfen, um zu leben, wird von der höllischen Zivilisationsmaschinerie allmählich aufgefressen.

Und mehr und mehr betrachten wir die Leere als etwas Störendes und bemühen uns, sie so schnell wie

möglich auszufüllen: Die Minuten des Schweigens während eines Gesprächs, den Augenblick des Nichtstuns im alltäglichen Getriebe, die als beängstigend empfundene Stille im leeren Haus – das sind Momente, die uns mit dem Unendlichen verbinden, denen wir aber schnellstens zu entkommen suchen.
Als Folge dessen nehmen wir die Schwingungen nur noch als einen Ausbruch von ungeordneten Signalen, einen Schwarm sinnentleerter, wirrer Informationen wahr. Wir sind übersättigt und drohen daran zu ersticken.
Im Bewußtsein dieser Vorgänge entwickelte der kanadische Komponist Murray Schaffer sein Konzept eines »soundscape«, was soviel heißt wie »klingende Landschaft«, in Analogie zu dem englischen Wort »landscape« (»sichtbare Landschaft«).
Bei unserer ersten Begegnung erklärte mir Schaffer, wie die Indianer ihre klingende Welt wahrgenommen hätten: Jeder Laut, vom leisesten Geräusch bis hin zum durchdringenden Geknatter, enthielt für sie eine ganz bestimmte Botschaft. Sämtliche Schwingungen in der Natur sagten ihnen etwas über die alltäglichen Vorgänge und Begebenheiten, über Luftfeuchtigkeit, Windstärke, Windrichtung, das Nahen eines Tieres oder eines Wetterumschwungs. Es gab kein Geräusch, das nicht zugleich eine Information enthielt.
Heute steigt der Geräuschpegel unserer Umwelt unaufhörlich an. Wir werden von tausenderlei Geräuschen überflutet, ohne daß sie für uns einen Informationswert hätten. Die Welt von heute ist nicht mehr der Raum für eine riesige Weltensinfonie, sondern ein Ort der Gewalt und der Aggression, gegen die wir uns zu schützen versuchen.
Manche glauben, es genüge, sich hinter Mauern zurückzuziehen und sich dort einzuigeln. Sie haben

> Das Fenster öffnet einen Raum zur Welt; hier begegnen sich Innenwelt und Außenwelt. Dank des Fensters müssen wir uns nicht in uns versenken, wenn wir nachdenken oder träumen wollen: Es genügt zuzusehen, was draußen passiert, denn im Fensterrahmen spielt sich das große Theater des Lebens ab. Trotzdem müssen in den modernen Großstadtbauten viele Menschen in fensterlosen Räumen arbeiten, ohne jeden Kontakt zur Außenwelt. Mitunter scheint es so, als seien Schalldämmung und Klimaanlagen nur erfunden worden, um den lebenswichtigen Austausch zwischen Außen und Innen zu unterbinden.
> An der New Yorker Juillard School of Music sind die Übezimmer rundherum mit schalldämmendem Material ausgekleidet – angeblich, damit die Musikstudenten sich nicht gegenseitig stören. Doch die Räume werden dadurch zu engen Gefängniszellen, in denen die Musik eingesperrt wird – und erstickt.
> Otto Franz Scholderer (1834-1902)
> *Violinenspieler am Fenster*, 1861
> Frankfurt,
> Städelsches Kunstinstitut

die Vorstellung, die einzige Möglichkeit, die Leere zu bewahren, bestünde darin, sie einzuschließen. Aber die Leere braucht Raum, um sich entfalten zu können, so wie die Vögel den Himmel. Sie ist etwas Lebendiges, Dynamisches, das nur in der Bewegung und im Austausch existieren kann.
Wenn heute Schulen gebaut werden, so glauben die Architekten zum Beispiel, daß man den Musikunterricht in schallisolierten, klimatisierten Räumen mit blinden Fenstern abhalten könne. Wie kann man denn nur einen Augenblick annehmen, man könne Mozart spielen ohne das Fenster zu öffnen, ohne das Summen der Bienen zu hören und ohne frische Luft zu atmen, die nach Blumen und Erde riecht?

$\mathcal{D}$ie Musik Indiens und die Faszination, die sie auf uns ausübt, sind Zeichen dafür, daß wir uns in dieser Welt des Mißklangs nach einer Rückkehr zu den Ursprüngen sehnen. Eine große Überraschung erlebte ich 1951 auf meiner Indien-Reise. Ich hatte keine Ahnung vom unerschöpflichen Reichtum der indischen Musik, denn ich bin mit der Musik des Abendlandes aufgewachsen. Mit ihr hat die indische Musik nicht das geringste zu tun: Sie basiert auf jahrtausendealten physiologischen und emotionalen Prinzipien, bei denen die Leere eine grundlegende Rolle spielt.

Werke der westeuropäischen Musik haben Anfang und Ende, während sich die indische Musik als ein Wachsen und Werden darstellt. Es ist, als tauchten die Klänge aus dem Leeren auf wie Aphrodite, die Schaumgeborene, aus dem Meer. Der indische Musiker schafft etwas aus dem Chaos: Er kommt aus dem »Nichts« und beginnt zunächst mit einer formlosen Improvisation. Nach und nach formt sich der ungeordnete Klangraum, Intervalle scheinen auf und lassen allmählich den Râga, der der Improvisation zugrundeliegt, erkennen. Und schließlich entfalten sich die Töne in den wellenförmigen Bewegungen und den Verzierungen, die für diese Musik so charakteristisch sind. Auf den Zuhörer übt sie einen hypnotischen Zauber aus, dem man sich schwer entziehen kann. Der Râga – er könnte als eine bestimmte Tonart beschrieben werden – erzeugt eine spezifische klangliche Färbung und ist so verantwortlich für eine ganz bestimmte musikalische Stimmung. Der Tâla seinerseits strukturiert die musikalische Bewegung in der Zeit gleich einer rhythmischen Zelle: Er wiederholt ein immer gleiches Schema, aber zwischen zwei Akzenten sind die ungewöhnlichsten Improvisatio-

$\mathcal{D}$ie Tambūrā hat in der indischen Musik eine feste Funktion: Sie begleitet die Sänger und Instrumentalisten und gibt den Grundpuls der Musik an. Die Tambūrā-Spielerin (es ist immer eine Frau) spielt dabei nur ein einziges Intervall: die perfekte Quinte. Ihr Spiel läuft organisch und beinahe wie von selbst ab. Grundlage dafür ist die Fähigkeit unserer Ohren, die Größe eines Intervalls zu messen – genauso, wie unsere Augen beim räumlichen Sehen die Entfernung zwischen uns und einem Objekt einschätzen können.

nen möglich. Tâla und Râga bilden das Raster für eine verwirrende Musik, eine Klangfläche, in der die Konturen von Melodie und Rhythmus verschwimmen und in der sich die Grenzen der Wahrnehmung und des Denkens schließlich auflösen.

Die indische Musik gleicht einer Therapie für den Menschen, denn die Schwingungen, die ihn durchdringen, bilden in ihm die Stille ab, aus der die Musik entsteht.

Dabei ist indische Musik ungemein kunstvoll. Sie fordert vom Interpreten, daß er hunderte von Tongeschlechtern mit allen ihren Regeln kennt. Und jeder

Rhythmus, jede rhythmische Gruppierung hat eine ganz bestimmte Bezeichnung. Diese Musik ist von einem Raffinement und von einer Komplexität, wie sie die Musik des Abendlandes erst im 20. Jahrhundert bei Komponisten wie Strawinsky oder Bartók erreicht hat. Gewiß – die europäische Musik hat die Mehrstimmigkeit erfunden, jene göttliche Gleichzeitigkeit von Tönen, der wir seit dem 15. Jahrhundert so viele großartige Werke verdanken und die die indische Musik nicht kennt. Doch damit die verschiedenen Tonarten zueinander paßten und Modulationen möglich wurden, mußte eine temperierte Stimmung eingeführt werden, eine Stimmung, die jeden Ton innerhalb der Naturtonreihe geringfügig verschiebt (»temperiert«) und damit unsere westlichen Ohren für immer an die »falschen« Töne gewöhnt hat.

Die Bereitschaft, uns einer anderen Musik, einer anderen Kultur zu öffnen, könnte eine Chance sein, wieder an die Erfahrung der Leere und der Fülle anzuknüpfen. Die Begegnung mi dem Fremden ist wie ein unerschöpfliches Sauerstoffzelt. Sie sind ein Weg, dem Irrsinn und der Barbarei unserer Zivilisation zu begegnen.

*E*in Besuch in der Werkstatt eines Geigenbauers ist immer ein bewegender Augenblick. Die verschiedenen Arbeitsschritte bei der Herstellung einer Violine sind hier wie im Lehrbuch zur Schau gestellt. Am linken Rand des Bildes kann man eine beinahe vollendete Decke erkennen. Daneben liegt ein Hals, auf dem Schnecke und Wirbelkasten bereits montiert sind. Im Vordergrund schließlich eine Form für einen Geigenkorpus.

Die Leere und die Violine

*D*er Korpus der Violine ist wie ein Organismus ohne Organe, ein Raum ohne Körperlichkeit. In einem geöffneten Klavier findet man eine Menge »Eingeweide«, das Innere der Violine aber ist leer bis auf jenes runde Holzstäbchen, den Stimmstock, ihre Seele. Im vorigen Abschnitt habe ich beschrieben, wie die Leere die Schwingung zum Leben erweckt, wie sie die Schwingung verstärkt und weiterträgt. Ohne Leere kein Korpus, ohne Korpus keine Melodie.

Man könnte sagen, daß die Leere in der Violine ihre vollkommenste Gestalt angenommen hat. Vier in Quinten gestimmte Saiten lassen die eingeschlossene Leere erklingen, die dabei zur Fülle wird. Die Violine besitzt vier Stimmen in einer, jede davon entspricht

VON DER LEERE ZUR SCHWINGUNG

DIE VIOLINE

VON DER LEERE ZUR SCHWINGUNG

*B*eschwörer der Leere, der er ist, lauscht ein Geigenbauer dem Klang einer Decke. Jedes Teil einer Violine besitzt seinen eigenen Klang; wenn ein Instrument entstehen soll, bei dem die verschiedenen Teile harmonisch miteinander schwingen, muß der Geigenbauer sie mit viel Fingerspitzengefühl zusammenfügen.

Der Beruf »Geigenbauer« trägt im Französichen und Italienischen übrigens die Bezeichnung »luthier« bzw. »liutaio«, was in wörtlicher Übersetzung »Lautenbauer« heißt. Die Begriffe sind ein Relikt aus der Frühzeit des Geigenbaus, denn früher war es ein und derselbe Handwerker, der Geigen, Lauten und andere Saiteninstrumente baute.

Wenn ich versuchen sollte, den wesentlichen Unterschied zwischen Zupf- und Streichinstrumenten zu fassen, dann würde ich ihn folgendermaßen beschreiben: Der Mensch, der Geige spielt, möchte den Klang der menschlichen Stimme nachahmen; der Gitarrist hingegen ist meist in einer begleitenden Rolle und sucht die menschliche Stimme als Gegenüber.

einem anderen Register der menschlichen Stimme und hat dabei einen ganz eigenen Stimmcharakter. Die tiefste, die G-Saite, hat einen vollen, sonoren, edlen Klang. Der Charakter der D-Saite ist leidenschaftlicher, lebhafter. Der Ton der A-Saite öffnet und entfaltet sich weit im Raum. Die hervorstechendste und brillanteste der vier ist die E-Saite. Die Leere der Violine braucht diese vier Saiten, um in Schwingung zu geraten; umgekehrt nähren sich die vier Saiten von der Leere des Korpus, die ihrem Ton Raum gibt und ihn verstärkt.

Das Ohr des Geigers befindet sich ganz nahe an diesem klingenden Hohlraum. Es kann vollständig in sein Klingen eintauchen, um es optimal formen zu können. Nicht das Auge ist wichtig; das Ohr ist unumschränkter Herrscher, lenkt das Spiel, bestimmt die Präzision der Fingersätze auf dem Griffbrett, des Vibratos, einer jeden Bewegung. Die Leere des Ohres und die Leere der Violine treffen im intimen Dialog aufeinander, einem nicht wahrnehmbaren Gespräch mit der Geschwindigkeit des Lichtes.

Doch bevor der Geiger sein Instrument überhaupt in die Hand nimmt und es sanft gegen seinen Körper drückt, war ein anderer damit beschäftigt. Dieser hatte schon der Leere gelauscht, um herauszufinden, zu welcher Klangfülle das Instrument fähig sei. Wahrscheinlich ist der Geigenbauer einer der größten Beschwörer der Leere. Er ist es, der das Klanggehäuse der Geige formt, auf daß es sich mit den süßesten und goldensten Tönen fülle, die je an ein menschliches Ohr gedrungen sind. Er bestimmt Größe, Proportion, Wölbung des Gehäuses, er mischt die Ingredienzen für den Lack, mit dem das Holz einst überzogen werden wird. Zuweilen sucht er schon im Wald nach geeigneten Bäumen. Guarneri erzählt, daß der große

VON DER LEERE ZUR SCHWINGUNG

*W*enn man die Entwicklung der abendländischen Musik allgemein betrachtet, sich einen Überblick über ihren Werdegang seit dem Ende des Mittelalters verschaffen will, so bemerkt man, daß die Harmonie unser Hören geprägt hat. Sie stellt eine unübertreffliche Vereinnahmung der Leere dar, denn das harmonische Denken hat sich in Gegenbewegung zm melodischen Denken entwickelt. Bei einer Melodie erklingt ein Ton nach dem anderen, der Mensch aber wollte die Leere viel dichter und üppiger zum Klingen bringen. Genau wie er Kathedralen errichtete, die mächtiger Strebebögen bedurften, schuf der Mensch eine Lehre der Akkorde, ihrer Kombinationen und Verknüpfungen. Diese Lehre baut auf den theoretischen Grundsätzen der Akustik auf, denn zwischen den Obertönen, die sich über einem Grundton bilden, und den Dreiklängen besteht eine enge Verbindung.

Dennoch fehlt dieser Harmonielehre, wenn sie auch den Hörern Zufriedenheit und Vergnügen verschafft, der Stachel. Die Menschen aber brauchen Gemütsbewegungen, nichts fürchten sie so sehr wie die finstere Trostlosigkeit, die von der Monotonie und der damit verbundenen Langeweile ausgeht. Deshalb entstand parallel zur Lehre von den Konsonanzen die Lehre von den Dissonanzen. Genauer ausgedrückt: Es wurde eine Kunst entwickelt, die mit beiden auf subtile Weise spielt, die das von der Dissonanz herrührende Ungleichgewicht kurz streift und sich erleichtert in der sicheren Ruhe der Konsonanz auflöst. Einige Augenblicke lang erduldet man gern die unerträgliche Reibung, um dann die Besänftigung durch harmonische Klänge um so mehr zu genießen.

Wenn nämlich das menschliche Ohr eine Dissonanz, d. h. zwei Schallwellen mit allzu nahe beieinanderlie-

---

*I*m Bogen siegt die Form über die Leere: Weil der Mensch die Nähe zu Gott suchte und das Verlangen spürte, immer größere und weitere Räume zu bauen, damit sich darin die Stimme des Menschen und der Orgel bis zum Himmel erheben könnten, konstruierte er die mächtigen gotischen Kathedralen. Der Strebebogen gestattete ihm, dieses ehrgeizige Unterfangen zu verwirklichen. Ohne diese Bögen gäbe es keine hohen Kirchenschiffe, und ohne diese Kirchenschiffe hätte der Mensch nie den weiten Raum umfaßt und gestaltet, der ihn von Gott trennt.
Der Regenbogen, der für alle Kulturen die Brücke zwischen Himmel und Erde ist, der Bogen Cupidos mit seinem Liebespfeil, der Musikbogen, der Jagdbogen... – in all seinen Formen steht der Bogen für den Sieg des Menschen über die Leere.
Reims, Kathedrale Notre-Dame, Blick auf die Strebebögen des Kirchenschiffs an der Südseite

---

Stradivari ihm eines Tages anvertraute, wie er die Bäume belauschte: »Die dicken rötlichen Tannen klingen im Wald wie eine Stimmgabel.«
Es sind also viele aufmerksame Ohren, die zusammenkommen und zusammenwirken müssen, wenn ein schöner Ton auf einer Saite erklingen soll. Verschiedene Vorstellungen von der Leere treffen aufeinander, und im Austausch dieser Räume und eines Erfühlens, das sich ganz auf die Musik richtet, entsteht der Ton.

genden Frequenzen wahrnimmt, dann hat es das Bedürfnis, diese Schwingungen zusammenzuführen und zu harmonisieren. So kommt es zur Auflösung: Der dissonante Ton vereinigt sich mit dem Ton, von dem er angezogen wird – entweder löst sich der Leitton aufwärts in die Tonika auf, oder der höhere fügt sich in die Terz oder die Quinte des Grunddreiklangs. In der Dialektik von der Wahrnehmung des Konflikts, der durch die Dissonanz hervorgerufen wird, und seiner Auflösung liegt die Ursache für unsere Gemütsbewegung. Ohne diese Dialektik hätte die Musik niemals solche Macht über unsere Gefühle. Wieso ruft beispielsweise eine Moll-Terz solch ein intensives Gefühl von Sehnsucht und Melancholie in uns wach? Wieso verbinden wir mit ihr eine dunklere, gedämpftere Stimmung als mit einer Dur-Terz? Mit einem Wort – weshalb rührt sie uns stärker an? Die Antwort ist ganz einfach: Weil die Moll-Terz mit der Dur-Terz, die in den Obertönen des Grundtons mitschwingt, in Streit liegt, erzeugt sie einen leichten Mißklang, der unsere Sinne und unseren Gemütszustand durcheinanderbringt.

Karajan meinte einmal: »Was wäre unsere Musik ohne die Appogiatur?« Die Appogiatur (abgeleitet von ital. appogiare = drücken, dt. auch = Vorschlag) ist ein Ton, der zum erklingenden Akkord eine Dissonanz bildet: Man verweilt einen Moment auf diesem Ton und erhält so für kurze Zeit eine störende Reibung, bis sich die Appogiatur in einen Akkordton auflöst. Um diesen Moment der Erregung auszukosten, hielt man früher die Vorschlagsnote sogar etwas länger aus als den eigentlich »gemeinten« Ton. Die Appogiatur war wie eine Liebkosung, ein Liebesbiß, mit dem der Musiker seine Zuhörer hinreißen konnte. Manche Geiger und Sänger verstehen es darüber hinaus, die Expressivität

*Wie der Regenbogen eine Brücke zwischen Himmel und Erde schlägt, so sind auch die Engel Mittler zwischen Gott und dem Menschen. Oft verkünden sie ihre Botschaft mit den Mitteln der Musik und viele Kirchenportale und -gewölbe sind mit musizierenden Engeln geschmückt.
Auf diesem Gemälde sind die Engel nicht – wie so oft – mit Trompeten abgebildet, deren durchdringender Schall das Nahen Gottes ankündigt. Stattdessen sehen wir ein verträumt musizierendes Engelsquintett mit verschiedenen Instrumenten: Rechts oben ein Tamburin, vorne eine kleine Orgel und links ein Rebec – vielleicht begleiten diese drei Instrumente den Gesang der anderen zwei Engel.
Obwohl das Rebec einer Laute zum Verwechseln ähnlich sieht, ist es entfernt mit der Geige verwandt. Wahrscheinlich hat es sich aus dem arabischen Rabab entwickelt und die feinen Verzierungen seines Schallochs verweisen noch auf diesen orientalischen Ursprung.
Stefano de Verona
(um 1374 – nach 1438)
Musizierende Engel
Venedig, Museum Correr*

DIE VIOLINE

ihres Spiels dadurch zu unterstreichen, daß sie den Leitton bei der Appogiatur unmerklich erhöhen – eine Sache, die auf dem Klavier mit seinen unveränderbaren Tonhöhen unmöglich wäre.

Dem Geiger ist gegenüber dem Klavier noch eine andere Freiheit gestattet, nämlich die Scordatura, eine früher sehr verbreitete Praxis. Es handelt sich hierbei um eine veränderte Stimmung der Geige, wie das italienische Wort »scordare« (verstimmen) andeutet. Man kann eine oder mehrere Saiten umstimmen. Die Scordatura wird benutzt, um den Tonumfang zu vergrößern oder um bei schwierigen Passagen einfachere Fingersätze spielen zu können oder sie leichter spielbar zu machen. In Wolfgang Amadeus Mozarts *Sinfonia concertante für Violine, Viola und Orchester Es-Dur* KV 364 werden aus technischen wie aus klanglichen Gründen alle Saiten der Bratsche einen halben Ton höher gestimmt. Leider spielen die meisten Bratscher dieses Werk heute ohne Scordatura, doch das erhöht die Schwierigkeit des Parts und mindert die klangliche Präsenz der Viola. Am meisten haben sich die Komponisten und Musiker des Barock dieses Verfahren zunutze gemacht, doch auch einige zeitgenössische Komponisten wurden davon angeregt.

Ich schreibe dies alles, um zu zeigen, daß die Violine von dem, der sie spielt, Intuition und ein ganz besonders feines Gespür für Klangfärbungen und Intervallspannungen verlangt. Der Geiger ist derjenige, der die Leere, welche zwischen den Tönen existiert, wahrnimmt, sie verändert und gestaltet, um das Empfindungsvermögen des Zuhörers noch unmittelbarer anzusprechen. Er ziseliert die Leere wie ein Goldschmied seinen Schmuck, er ist der Künstler des kleinsten Details, der Beschwörer des Möglichen.

*G*anz andere Töne erwarten uns bei diesem Bild. An die Stelle der himmlischen Sphärenharmonie treten hier die Mißklänge aus der Melodie des Todes. Einen Fuß auf eine Sanduhr, dem Sinnbild der Vergänglichkeit, gestützt, fordert ein Knochenmann einen reichen Herrn zu seinem letzten Tanz auf; anstatt einer Sense hat er eine Geige bei sich.
Der unheilvolle, diabolische Charakter, den hier die Geige erhält, kennzeichnet auch manche Werke des Violinrepertoires. Zum Beispiel den Violinpart in Strawinskys *Geschichte vom Soldaten*, in der ein junger Soldat seine Seele – symbolisiert von einer Geige – an den Teufel verkauft.
Frans II Francken (1581-1641)
Der geigende Tod
Privatbesitz

*I*n einem mit peinlicher Sorgfalt arrangierten Durcheinander zeigt dieses Gemälde verschiedene Arten von Streichinstrumenten: Die aufrecht an Schemel oder Sitzkissen gelehnten Instrumente sind Gamben; man erkennt sie an ihren c-förmigen Schallöchern und der sechssaitigen Bespannung. Vor ihnen auf dem Boden liegt ein Rebec, dessen Hals auf einer Taschengeige abgestützt ist. Und am rechten Rand, auf einer Partitur, sehen wir eine Lira da braccio. Hier und dort mischen sich außerdem ein paar Blasinstrumente wie exotische Vögel unter die Streichinstrumente. Im Hintergrund dieses reich ausgestatteten Interieurs erkennt man eine Gruppe von Menschen beim gemeinsamen Musizieren.
Bruegel de Velours (1568-1625)
Allegorie des Gehörsinns
(Ausschnitt)
Madrid, Prado

*G*eduld und Fingerspitzengefühl sind unerläßlich für die Arbeit eines Geigenbauers: Die Kunst des Gleichgewichts hat in diesem Handwerk den Gipfel der Verfeinerung erlangt.

VOM MENSCHEN, DER DIE VIOLINE BAUT

*E*s ist keineswegs ein Zufall, daß die Zunft der Lauten- und Geigenbauer in Norditalien entstehen konnte. Seit jeher gilt Italien als die Heimat der Melodie, birgt doch die italienische Sprache den Gesang in sich wie die Sonne das Licht. Wo man auf dieser Halbinsel auch spazierengeht, immer hört man nur klingende A's, O's, I's. Die Vokale beherrschen die italienische Sprache – sie schwingen im Mund, tönen beim Sprechen und klingen mit anderen zusammen. Ohne Vokale kein Klang, ohne Klang kein Wort und umsoweniger irgendwelche Musik. Die Stimmbänder werden über den Vokal in Schwingung versetzt, und nur durch ihn kann der ursprüngliche Klang der Stimme gefärbt und verstärkt werden. Dagegen wirken die Konsonanten wie Steinchen, die in den klingenden Strom der Stimme geworfen werden. Der Vokal ist das Eigentliche!

ITALIEN, DIE WIEGE DES GEIGENBAUS

Dies ist auch der Grund, weshalb das Italienische eine zutiefst vokale Sprache ist, und es ist auch der Grund, weshalb Musik und Gesang zum Erbgut eines jeden Italieners gehören, genauso wie sein Sinn fürs Dramatische und seine unwiderstehliche Lebenslust.

Erst haben die Italiener die Oper erfunden, in der sich die menschliche Stimme selbst zum Musikinstrument erhebt – zweifellos der schönste Schrein für jenes Juwel, das man Melodie nennt. Und einige Jahre später, in dem Bestreben, ihrer übergroßen Liebe zur menschlichen Stimme und zum Gesang Ausdruck zu verleihen und sich ihr ganz hinzugeben, haben sie schließlich jenes akustische Wunderwerk geschaffen: die Violine. Und sie schufen sie gleich in ihrer vollendeten Gestalt, denn seitdem hat sie sich im Grunde nicht mehr verändert.

Im umfassenden Sinne war Italien seit der Renaissance das Geburtsland des modernen kulturellen Lebens in Europa. Alle Musen waren dort versammelt: von der Musik über die Malerei bis zur Architektur. Lange Zeit gehörte eine Italienreise zum Pflichtprogramm eines Künstlers. Sowohl die Existenz von Musikverlagen, durch die der Druck und die Verbreitung von Musik möglich wurde, als auch die Unterstützung durch prunkliebende Mäzene – zu ihnen gehörten einige Päpste sowie mehrere Fürstenhäuser wie die Medici – machten Italien nach und nach zum Zentrum des europäischen Musiklebens, und dies über mehrere Jahrhunderte hinweg. Die Oper feierte kurze Zeit nach ihrer Entstehung derartige Triumphe, daß man im 17. Jahrhundert innerhalb weniger Jahre in Venedig mehr als 60 Theater erbaute. Welche heutige Stadt könnte sich dessen noch rühmen? Selbst wenn man die Kinos dazuzählt, wo ließe sich eine ähnliche Fülle von Kultureinrichtungen finden?

Die Folge davon war, daß jahrhundertelang die italienischen Künstler wegen ihres Talents und Könnens an sämtliche europäische Höfe eingeladen wurden. Der französische König Franz I. ließ sich seine Loire-Schlösser von italienischen Architekten errichten und protegierte auch Leonardo da Vinci, den Maler und genialen und visionären Erfinder erstaunlicher Apparaturen. Im 18. Jahrhundert kamen die Italiener scharenweise nach St. Petersburg und halfen mit, auf sumpfigem Boden die Stadt Peters des Großen zu errichten.

Im frühen 17. Jahrhundert erblickte in Italien die Oper das Licht der Welt. Den fürstlichen Ursprung dieser Kunstform bezeugen die prächtige Kulisse und die prunkvollen Bühnenaufbauten auf diesem Bild. Die italiensichen Opernhäuser mit ihrem hufeisenförmigen Zuschauerraum hatten eine ausgezeichnete Akustik: Sie waren weder trocken noch war ihr Nachhall zu stark, sodaß Stimmen und Instrumente sich in einem ausgewogenen Verhältnis mischen konnten.

Giovanni Paolo Pannini (um 1691-1765)
Die Feierlichkeiten unter Kardinal La Rochefoucauld im Teatro Argentina in Rom am 15. Juli 1747 anläßlich der Hochzeit des französischen Dauphin Ludwig und Maria-Josepha von Sachsen. Paris, Louvre

DIE VIOLINE

*I*n früheren Zeiten waren Könige, Prinzen und Fürsten die Mäzene der Musik. Im Auftrag dieser hochstehenden Persönlichkeiten komponierten Bach, Haydn, Mozart und Beethoven Musik für religiöse und weltliche Feierlichkeiten oder einfach zur Unterhaltung.
Heutzutage sind nicht mehr Einzelne die Gönner, die den Geschmack und die kulturelle Entwicklung einer Epoche bestimmen, sondern es sind die anonymen Repräsentanten des Geldes, das heißt Banken, Industriebetriebe, öffentliche und private Institutionen.
Antonio Domenico Gabbiani
(1652-1726)
Prinz Ferdinand von Medici mit seinen Kammermusikern
Florenz, Galleria Palatina

VOM MENSCHEN, DER DIE VIOLINE BAUT

DIE VIOLINE

Das Musikleben ganz Europas wurde von italienischen Sängern und Geigern beherrscht: Der Violinvirtuose Nardini ging an den württembergischen Hof nach Stuttgart, Jommelli ebenfalls, Salieri ging nach Wien, Lully nach Versailles, Locatelli nach Amsterdam – alle diese Komponisten, die sich in fremden Ländern niederließen, bezeugen Italiens unglaublichen Reichtum an künstlerischer Schaffenskraft. Trotz der Verständigungsschwierigkeiten wirkte dieser Austausch außerordentlich befruchtend: So lernte etwa Johann Sebastian Bach Werke von Arcangelo Corelli und Antonio Vivaldi kennen und bearbeitete einige ihrer Konzerte.

*A*uf subtile Weise fügt sich eine Gambe hier in das Arrangement eines Stillebens: Das leblose Wild wurde von der Kugel des Jägers getroffen – das Instrument, das »tote« Holz, hingegen wartet darauf, daß eine erfahrene Hand es berührt und zum Leben erweckt. Im Gegensatz zum Cello, das auf einem Stachel ruht, wird eine Gambe zwischen den Beinen gehalten – daher auch der Name, abgeleitet von Viola da gamba (ital. gamba = Bein). Die Kunst des Gambenspiels erreichte ihren Höhepunkt im 17. Jahrhundert, als die englische und die französische Schule bedeutende Gambisten hervorbrachten, z.B. M. de Sainte-Colombe oder Marin Marais. Danach wurde die Gambe vom Cello und den anderen Instrumenten der Violinfamilie verdrängt.
François Desportes (1661-1743)
Stilleben mit Wild, Früchten und Viola da gamba
Schloß Gien (Frankreich),
Musée international de la chasse

*L*inks ein Ausschnitt aus einer Freskenmalerei von Juan Oliver (geb. 1330) in der Kathedrale von Pamplona.
Pamplona, Museo de Navarra

Italien war also die Wiege der Violine, dieses verheißungsvollen, neugeborenen Kindes der Musik. Gewiß, es existierten schon andere Streichinstrumente auf der Welt: So das Rebec, ein Verwandter der arabischen Rebab, eine kleine birnenförmige Geige mit drei Saiten, die die Sarazenen im 8. Jahrhundert nach Europa gebracht hatten; oder die mittelalterliche Gambe mit sechs Saiten und c-förmigen Schallöchern – heute kennt man von ihr noch eine Verwandte, die Viola da gamba.

Im Italien des 16. Jahrhunderts gab es außerdem ein Instrument, das als sonderbarer Vorläufer der Violine angesehen werden kann. Ich spreche von der Lira da braccio – im Gegensatz zur Viola da gamba (ital. gamba = Bein), die man zwischen den Knien hält, wurde dieses Instrument mit dem Arm gehalten (ital. braccio = Arm). Die Lira da braccio hatte vier Saiten in Quintstimmung, ihr Mittelbügel war stark gewölbt, und sie besaß zwei f-förmige Schallöcher – genauso wie die Violine. Aus ihr entstand eine ganze Familie

*I*nmitten einer fröhlich musizierenden Engelsschar sehen wir hier die allerersten Vertreter der Violinfamilie versammelt. In der Mitte erkennt man ein Violoncello, links darüber, etwas versteckt und mit dem Rücken zum Betrachter gewandt, eine Geige, und rechts davon, ein wenig selbstbewußter hervortretend, eine Bratsche. Wir sind noch weit entfernt von den Cremoneser Meisterwerken des 16. und 17. Jahrhunderts, und sicherlich klänge die Musik, das die Engel auf das Programm ihres himmlischen Konzerts gesetzt haben, für unsere Ohren auch sehr ungewohnt.
Gaudenzio Ferrari (um 1475-1546)
Freske mit musizierenden Engeln
(Ausschnitt)
Wallfahrtskirche zu Saronno

von Instrumenten in größerem und kleinerem Format, die alle Stimmlagen, vom tiefen bis zum hohen Register umfaßten. Auf dem Fresco in der Kuppel der Kirche Santa Maria della Grazia in Saronno wird diese fröhliche Familie zum ersten Mal dargestellt; eine Gruppe von Engeln spielt mit diesen Instrumenten ein himmlisches Konzert. Das kleinste Instrument, der »violino piccolo alla francese«, scheint unserer heutigen Violine dabei am nächsten zu kommen. Von dem wunderbaren Stradivari-Klang war man jedoch weit entfernt. Noch hatten Giovanni Paolo Magini, Gasparo da Salò und die Amati-Familie – jene Geigenbauer, die Antonio Stradivari vorausgingen – keines ihrer Meisterwerke geschaffen.

*I*n jenem künstlerisch so reichen und fruchtbaren Italien des 16. Jahrhunderts, inmitten der Lombardei im Herzogtum Mailand lag das Städtchen Cremona, berühmt durch seinen Campanile aus dem 13. Jahrhundert, welcher der höchste Italiens war.

*D*ie Geigenbäume. Diese jungen Tannen, mit ihren hochaufgeschossenen, fast zerbrechlich wirkenden Stämmen, müssen noch viele Jahre warten, bis ein Geigenbauer sie vielleicht zum Singen bringt. Erst im Alter von rund 200 Jahren ist der Durchmesser einer Tanne, Fichte oder Kiefer groß genug, damit ihr Holz für den Geigenbau verwendet werden kann. Zu diesem Zeitpunkt ist auch der Abstand der Jahresringe zueinander ideal. Wir blicken hier auf einen Tannenwald im Jura-Gebirge, hier wächst das Holz, aus dem der schönste Geigenklang kommt. Sind die Bäume einmal geschlagen und ihre Stämme zurechtgeschnitten, muß das Holz noch mehrere Jahre lagern und ganz allmählich durchtrocknen, bevor es verarbeitet werden kann (fünf Jahre sagen die einen Geigenbauer, fünfzig und mehr Jahre die anderen).

Hier wurde Andrea Amati geboren. Und hier soll er 1550 das allererste Instrument der neuen Gattung geschaffen haben, die Violine mit vier Saiten und in der heute noch üblichen Grundform. Seine Nachfolger, die Söhne Antonio und Girolamo, und vor allem sein Enkel Nicolò Amati vervollkommneten dieses Instrument, das alsbald alle Herrscher Europas in Aufregung versetzen sollte.

Doch verweilen wir noch ein wenig in Cremona. Wieso war es gerade diese Stadt an den Ufern des Po, die die Violine hervorbrachte? Gewiß war sie eine blühende Handelsstadt, doch sie hatte keinen so bedeutenden Ruf wie Venedig oder Florenz. Weshalb fand man bis ins 19. Jahrhundert gerade hier die bedeutendsten Geigenbauer der Welt? Ruggeri, Guarneri, Giovanni, Bergonzi und natürlich der große Stradivari – sie alle wurden in Cremona geboren, arbeiteten hier ihr ganzes Leben lang in ihrer »bottega«, ihrer Werkstatt, um schließlich den Fürstenhäusern in ganz Europa ihre Geigen zu verkaufen.

Vielleicht sollte man zunächst in den Wäldern, die rund um Cremona die Berghänge der Alpen bedecken, nach einer Antwort suchen. Dort findet man Rottannen, eine Tannenart, die nur in großer Höhe wächst und vor allem lange Zeit bis zum vollen Wuchs braucht. Das Holz der Rottanne ist für den Geigenbau von großer Bedeutung. Denn daraus werden die Decke, der Baßbalken und der Stimmstock der Violine gefertigt. Die Arbeit des Geigenbauers beginnt also im Wald. Dort wählt er die Bäume, aus denen dann seine Violinen entstehen sollen. Dort stellt er sich jenen Holzvorrat zusammen, den er 20 Jahre später benötigt, um seine Instrumente zu bauen. Es heißt, daß die Geigenbauer früher mit einem Hämmerchen den Baumstamm abklopften und dem Klang lauschten, um erkennen zu können, welche Bäume »klingen« könnten.

Für den Bau einer Geige braucht man also das Holz der Rottanne (es kann aber auch durch das Holz der Kiefer oder der gewöhnlichen Tanne ersetzt werden), sowie Ahorn, das man für den Boden, die Zargen, den Hals und den Steg benötigt, und außerdem Ebenholz für das Griffbrett und die Wirbel.

Dann ist da noch die delikate und sehr geheimnisvolle Phase der Lackierung. Auch hier war Cremona in einer günstigen Lage: Durch Handelsbeziehungen mit dem Orient konnten die Geigenbauer von dort die Harze einführen, die sie für die Lackierung benötigten.

Schließlich gibt es noch eine weitere Erklärung für die erstaunliche Entstehungsgeschichte der Violine: In Cremona und den anderen Städten dieser Landschaft herrschten ideale klimatische Bedingungen, um das Holz und den Lack zu trocknen. Alle Häuser dort haben breite, überdachte Terrassen, die nach außen

*W*as für einen Lack die Geigenbauer der Vergangenheit benutzten, wird wohl immer ein Geheimnis bleiben: Niemandem ist es je gelungen, dessen tiefdunkle Tönung und Transparenz nachzuahmen – ähnlich wie bei dem bunten Glas alter Kirchenfenster, von dem wir auch nicht mehr wissen, wie es hergestellt wurde. Doch auch heute wendet man die raffiniertesten Verfahren an. Lack herzustellen heißt nicht einfach, eine simple chemische Reaktion in Gang zu setzen. Die Wahl der Zutaten, ihr Mischungsverhältnis, der Kochvorgang ebenso wie am Ende die Trocknung – all dies ist ausschlaggebend für das Ergebnis, und um alles optimal aufeinander abzustimmen, muß man fast ein wenig zaubern können.
Lackierwerkstatt in einer Geigenbauschule
Cremona, Palazzo Raimondi

offen sind, so daß die Luft frei zirkulieren kann. Nach jedem Auftragen einer Lackschicht können die Instrumente dort trocknen. Wenn man bedenkt, daß bis zu 30 Lackierungen nacheinander nötig sind, dann kann man ermessen, wie langsam und sorgfältig jene Verwandlung vonstatten geht, die aus der Larve – dem hölzernen Resonanzkörper – so etwas wie einen wundervollen musikalischen Schmetterling zaubert. Und man versteht, wie wichtig Luftqualität, Temperatur und Luftfeuchtigkeit für das Entstehen einer Geige sind.

Unzählige, einzeln für sich kaum wahrnehmbare Faktoren spielen bei diesem geheimnisvollen Prozeß ineinander, und es ist noch heute unmöglich, all die Arbeitsgänge der Geigenbauer von einst genau nachzuvollziehen. Nur so erklären sich die astronomischen Preise, die die Instrumente aus dem Ende des 17. Jahrhunderts und dem 18. Jahrhundert heute erzielen können.

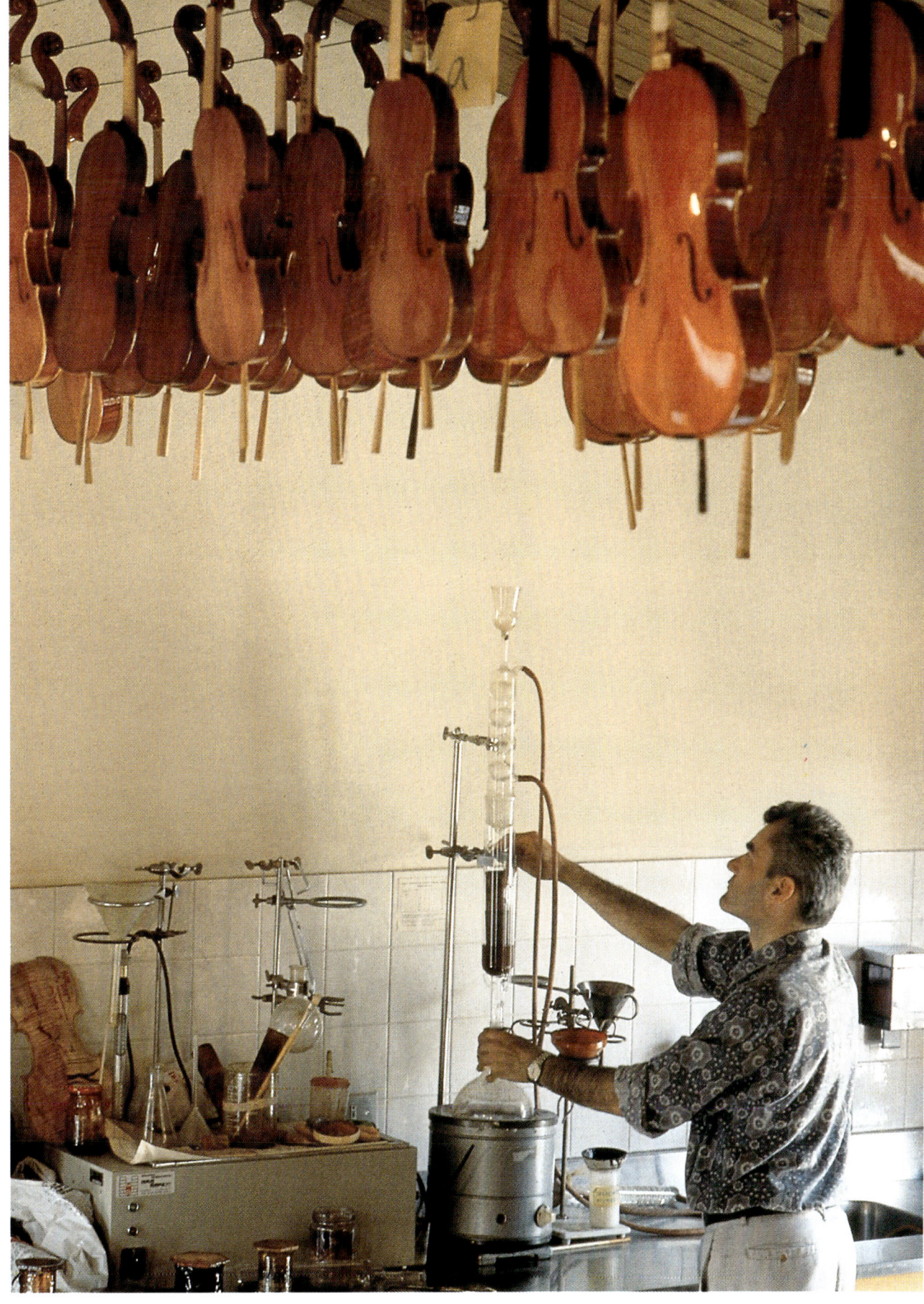

DIE GROSSEN GEIGENBAUER

*I*n diesem besonderen Umfeld entfaltete sich die Kunst des Geigenbaus. Alsbald wurden in Cremona, später auch im benachbarten Brescia Violinen für sämtliche Orchester Italiens hergestellt. Nicolò Amati bildete hervorragende Schüler aus: Ruggieri, Andrea Guarneri, der Großonkel des berühmten Guarneri »del Gesù«, und natürlich Antonio Stradivari.

Und es wurde zur Gewohnheit für all diese, heute so berühmten Geigenbauer, ihre Kunstwerke zu signieren. Im Inneren des Geigenkorpus klebten sie ein Etikett, den Geigenzettel, der Herstellungsjahr und -ort und vor allem den Namen des Geigenbauers in lateinischer Sprache angibt. Aus Stradivari wurde so Stradivarius, aus Guarneri Guarnerius und so fort.

Letzterer nimmt unter den großen Geigenbauern eine Sonderstellung ein: Giuseppe Guarneri (1690–1744). Er stammte aus einer bekannten Geigenbauerfamilie. Nicht immer war die Qualität seiner Arbeit gleich gut, und nicht alle seine Violinen fanden denselben ungeteilten Beifall. Doch jedem Instrument gab der Meister etwas ganz Besonderes mit: Guarneri veränderte ständig seine Modelle, so daß jede seiner Geigen eine

*I*m vierten Kapitel der Schöpfungsgeschichte, das vom Brudermord zwischen Kain und Abel berichtet, ist auch kurz von Kains Nachfahren Jubal die Rede, der dort als Erfinder der Musik bezeichnet wird. Diese kurze Episode hat der Kupferstecher hier illustriert und dabei aus Jubal den Urahnen der Geigenbauer gemacht. Dichtgedrängt liegen in seiner Werkstatt alle möglichen Musikinstrumente und jeder der Handwerker scheint ganz vertieft in seine Arbeit zu sein. Daneben tanzt eine Gruppe von Nymphen und Cupidos zu den Klängen von Geige, Flöte und Dudelsack.
Maarten De Vos (1532-1603)
Illustration zur Schöpfungsgeschichte (4.Kapitel)
Paris, Nationalbibliothek

einmalige Schöpfung darstellt – jede spricht eine andere Sprache als ihre Schwestern. Wenn man sich Guarneris Modellskizzen anschaut, findet man darin oft die Spuren seiner Ungeduld. Er signierte seine Geigen mit den Initialen IHS (Jesus Hominum Salvator = Jesus, Erlöser der Menschheit) – schon dies zeigt sein leidenschaftliches, eigenwilliges, manchmal gar von Besessenheit gezeichnetes Wesen. Er war ein Genie, viel bäurischer, viel erdverbundener als Stradivari, aber eben dadurch auch ein fesselnder Charakter. Gerade in dem Moment, als er den ihm gebührenden Ruhm erlangen sollte, starb er.

Ganz anders verlief die Entwicklung Stradivaris (1644-1737). Er war ein sehr fleißiger und penibler Mensch, der sowohl an sich selbst als auch an die Materialien, die er verarbeitete, höchste Anforderungen stellte. Sein langes Leben hatte er der Suche nach dem Absoluten verschrieben: Stradivari unterwarf sich permanenter Selbstkritik, um dem Ideal der Vollendung nahezukommen; er zerstörte sogar mehrere Geigen, die ihn nicht völlig zufriedenstellten. Jahrelang war er auf der Suche nach dem idealen Holz. Außerdem befaßte er sich unablässig mit der Frage, welche Form, welcher Krümmungsgrad, welche Wöl-

DIE VIOLINE

Stradivari-Geigen sind große Schätze. Sorgfältig geschützt vor den Blicken der Öffentlichkeit werden sie aufbewahrt und nur von Zeit zu Zeit kann man sie in Ausstellungen bewundern. Rund 400 Violinen sind von dem großen Geigenbauer heute noch erhalten; drei davon können wir hier sehen und uns so ein Bild von der eleganten und vornehmen Silhouette einer Stradivari machen.
New York,
Metropolitan Museum of Art

bung den schönsten Klang hervorbrachten. Endlich, im Alter von 50 Jahren, gelangte er ans Ziel seines Strebens: Er fand das optimale Verhältnis von Material, Rundung und Lack. Es blieben ihm noch 41 Jahre seines Lebens, 41 Jahre, in denen er jene Wunder an Klangschönheit schaffen konnte, die uns heute immer noch so stark berühren.

Diese Handwerker aus Cremona und Brescia – einige von ihnen gingen später nach Mailand, wie Grancino, oder nach Venedig, wie Santo Serafino – erfreuten sich schon zu Lebzeiten großer Berühmtheit. Sie waren meist wohlhabend (Stradivari war sogar sehr reich), denn aufgrund ihres guten Rufs hatten sie Kunden in aller Welt, Fürsten und Könige, die bereit waren, jeden Preis zu zahlen.

VOM MENSCHEN, DER DIE VIOLINE BAUT

Die Kunst des Geigenbaus entwickelte sich in Italien. Doch schon seit dem 17. Jahrhundert wetteiferte Jacobus Steiner aus Absam bei Innsbruck mit den lombardischen Meistern, deren Arbeit er vielleicht sogar aus eigener Anschauung kennengelernt hatte. Er ist der Begründer der deutschen Geigenbauschule. Im 19. Jahrhundert florierte der Geigenbau schließlich auch diesseits der Alpen, vor allem im deutschen Mittenwald und im französischen Mirecourt. Seitdem entstanden auch in Spanien, England, Tschechei, Slowakei und sogar in Japan Geigenbauwerkstätten.

Alle Versuche, Geigen auch industriell zu fertigen, waren zum Scheitern verurteilt. Wie kann man auch glauben, daß ein Instrument, bei dem jedes Teil vorgefertigt ist und dessen Holz im Ofen getrocknet wurde, wie kann man glauben, daß ein solches Instrument die Modulationsfähigkeit und Klangfülle erreichen könnte, die die Stimme einer Violine auszeichnen?

Lange Zeit blieben die Preise für solche Instrumente stabil. Doch inzwischen klettern sie in astronomische Höhen. Die Unsummen, die man heutzutage für ein sehr gutes Instrument zahlen muß, tragen nicht nur seiner Seltenheit und seinen außergewöhnlichen Qualitäten Rechnung, sondern auch den Kosten für seine Instandhaltung und Versicherung sowie der Geldentwertung durch die Inflation.

Häufig werden diese Geigen auf Auktionen versteigert, wobei ihre Käufer meist gar nicht in der Lage sind, darauf zu spielen – auch wenn sie ihr Instrument wirklich lieben. Die Interpreten wiederum können sich solche Instrumente allzuoft nicht leisten.

Auf jeden Fall gibt es heute auch weniger kostspielige, aber dennoch hochwertige Instrumente, z. B. Geigen aus der spanischen Schule des 18. Jahrhunderts oder aus Böhmen. Diese sind natürlich für alle, die Geige spielen wollen, leichter zu erwerben. Übrigens unterstütze ich aus tiefer Überzeugung die Arbeit heutiger Geigenbauer, denn sie haben den Staffelstab dieses so anspruchsvollen und wunderbaren Handwerks übernommen und führen es weiter. Ich denke dabei besonders an den Franzosen Étienne Vatelot. Ich möchte die Vertreter dieser Handwerkskunst ermutigen, die wie so viele andere Handwerker von unserem Industriezeitalter überrollt zu werden drohen. Ich bin überzeugt, daß das Handwerk des Geigenbauers viel Intuition, Geschick und Sachkenntnis erfordert und daß es gerade darum junge Leute herauszufordern vermag. Es ist eine sehr kreative Arbeit, aber auch eine, an die man sein Herz hängen muß. Geigenbauer sind so etwas wie Ärzte für die Violinen, die uns aus früheren Jahrhunderten erhalten sind: Sie müssen mit großer Sorgfalt alte Instrumente reparieren können, um die Kunstwerke ihrer

Wir bewundern die Violine, wir hören, fühlen, spielen täglich dieses wunderschöne Instrument, das so eine lange Geschichte hat und an dem so viele Träume und Versprechen hängen. Doch nur ein begabter Geigenbauer versteht das Instrument wirklich. Étienne Vatelot ist einer dieser weisen Menschen, die unermüdlich für die Geige und ihre Instandhaltung Sorge tragen – und, wenn nötig, sie auch gegenüber den Geigern in Schutz nehmen. Meistens ist der Geigenbauer aber ein Vertrauter und Verbündeter des Geigers, der diesem und seinem Sachverstand große Achtung entgegenbringt.
Von links nach rechts:
Alain Meunier, Mstislav Rostropovitsch, Étienne Vatelot, Salvatore Accardo, Franco Petracchi, Régis und Bruno Pasquier.

Kollegen aus dem 18. Jahrhundert zu erhalten. Doch wie wenige nur verstehen es heute noch, diese Kunst fachkundig und mit der nötigen Ehrfurcht auszuüben. Wieviele Instrumente sind nicht schon von Pfuschern beschädigt, ja verdorben worden!

Ich besitze selbst mehrere moderne Violinen. Es sind schöne, solide Instrumente, die mir viel Freude machen, aber einen wirklich vollen, farbigen Klang hat keine einzige von ihnen. Es wäre interessant, die Arbeit von heute lebenden Geigenbauern kennenzulernen, die keinerlei Tradition in diesem Handwerk besitzen, wie zum Beispiel die Japaner. Ich bin sicher, daß es unter ihnen exzellente Geigenbauer gibt; die Japaner sind ein Volk, das viel vom Holz und dessen Klangmöglichkeiten versteht.

Auf jeden Fall gibt es nirgendwo auf der Welt zwei ganz und gar identische Geigen, seien sie nun alt oder neu. So wie jede Stimme einmalig ist, so wie man nirgends zwei Personen mit demselben Fingerabdruck finden kann, hat auch jede Violine ihre ureigene Identität. Dies ist eine der faszinierenden Seiten dieses Instruments.

Die Arbeit eines Geigenbauers ist in der Tat außerordentlich umfassend und deswegen nur schwer nachzuahmen, denn er muß einen Gegenstand herstellen, der keine einzige gerade Linie, keine einzige ebene Oberfläche besitzt, den man aus 70 Bestandteilen ohne einen einzigen Nagel zusammenfügen muß – und jedem Handgriff geht eine fast mystische Inspiration voraus. Die Kunst des Geigenbauers wächst in einer fragilen, geheimnisvollen Welt heran.

Gerade deshalb trägt jede Violine einen ganz individuellen Charakter und prägt auch denjenigen, der sie spielt, prägt seine Gesten und seine Klangvorstellungen wie ein Freund, dessen Verhalten auf uns abfärbt. Das ist leicht zu begreifen, wenn man bedenkt, daß ein Geiger täglich mehrere Stunden mit seiner Violine verbringt. Das Instrument gehört zu seinem Leben, und bestimmt es häufig auch. Man könnte fast sagen, daß Violinen lebendigen Wesen gleichen. Haben sie nicht ebenfalls eine Seele?

*D*er Geigenbauer ist der Vater der Violine und gleichzeitig ihr Arzt: Mit einem feinen Gehör, Augenmaß und einer geschickten Hand repariert er die Geige, optimiert ihren Klang und vermag bisweilen auch einem kaputten Instrument neues Leben einzuhauchen. So entwickelt sich eine enge Beziehung zwischen Geiger und Geigenbauer, denn der Rat des Instrumentenbauers ist nicht nur beim Kauf einer Geige gefragt, sondern während ihres ganzen langen Lebens, und das heißt auch während der gesamten Laufbahn eines Geigers. Man mag es den jungen Lehrlingen in dieser Cremoneser Werkstatt von Herzen wünschen, daß sie das Talent und die Beharrlichkeit besitzen, die sie einmal zu so großen Geigenbauern werden läßt, wie zum Beispiel mein geschätzter Étienne Vatelot einer ist.

DIE VIOLINE

Meine Violinen

Meine erste gute Geige erhielt ich im Alter von acht Jahren. Es war eine 7/8-Grancino-Geige, d. h. sie war nur um ein weniges kleiner als ein normales Instrument und kostete damals 800 Dollar, die ein Gönner mir zur Verfügung stellte. Schon 1927 konnte ich durch die Vermittlung meines Onkels eine große Grancino-Geige kaufen. Meine Eltern und ich hatten sie in Paris bei Tournier, einem Geigenbauer in der Rue de Rome entdeckt. Mit diesem Instrument gab ich mein Debüt in New York. Während meiner darauffolgenden USA-Tournee im Jahr 1928 spielte ich dann auf einer geliehenen Guarneri.

Meine Karriere hatte schon ernsthaft begonnen, als mir ein günstiges Geschick eine unerwartete Überraschung bereitete. Mr. Henry Goldman, ein für seine

Die Haltung der linken Hand ist hier perfekt, der vierte Finger leicht gerundet – alles ist vorbildlich. Und dies, obwohl das Instrument für solch einen kleinen Jungen wie mich damals noch gewaltig groß ist. (Ob es schon die Grancino-Geige ist, die mir meine Eltern in Paris gekauft haben?)
Yehudi Menuhin, 1927

Großzügigkeit berühmter, leidenschaftlicher Musikfreund, hatte gehört, daß ich auf einer geliehenen Geige spielte, und lud mich und meinen Vater in seine luxuriös ausgestattete Wohnung in New York ein. Er war ein begeisterter Sammler, und obwohl er sein Augenlicht verloren hatte, führte er uns zunächst durch sein Privatmuseum. Und dann kam jenes unglaublich generöse Angebot: Mr. Goldman war bereit, mir eine Violine meiner Wahl zu kaufen, zu welchem Preis auch immer. Mir war, als habe eine Märchenfee verkündet, mir einen Wunschtraum zu erfüllen. Meine Wahl fiel auf eine Violine, die ich ein Jahr zuvor in San Francisco entdeckt hatte – eine Stradivari. Sie trug – wie üblich – den Namen ihres vorigen Besitzers, des Prinzen Khevenhüller. Stradivari hatte sie im Alter von 90 Jahren im Auftrag dieses Adeligen aus Österreich-Ungarn gebaut.

Mr. Goldman schrieb also einen Scheck über 60 000 Dollar aus. Das war 1929, kurz nach dem Börsenkrach an der Wallstreet. Dank Mr. Goldmann besaß ich nun ein Instrument von eindrucksvollen Proportionen: Seine Rundungen und die voluminöse Weite des Korpus waren zugleich zart und füllig, so wie der Ton, den diese Geige hervorbringen sollte. Außerdem hatte sie einen wunderschönen Lack, er schimmerte in einem merkwürdig rötlichen Glanz mit solcher Intensität, daß er der Glut des Feuers glich. Ich war damals 13 Jahre alt, und diese Violine paßte vollkommen zu meinem romantischen und heftigen Charakter.

Meine zweite Stradivari, die »Soil«, unterschied sich sehr wesentlich von ihrer älteren Schwester. Sie war im Jahre 1714 entstanden, in einer Zeit, als der 61jährige Meister im Vollbesitz seiner Kräfte stand – in seinen sogenannten »goldenen Jahren«.

Die »Soil« gehört zu einer ganz besonderen »Rasse«, einem edlen Rennpferd vergleichbar: stolz und zu den größten Sprüngen fähig, aber auch widerspenstig und wild sich gebärdend. Sie fordert von ihrem Spieler die gleiche Perfektion, die der Erbauer ihr gewidmet hat.

Bei aller Treue zu den Kunstwerken des großen Stradivari habe ich mir aber doch immer meine heimliche Leidenschaft für Guarneri del Gesù bewahrt. Mein Leben als Geiger wurde von diesen beiden gegensätzlichen Genies bestimmt. Wie ich schon erwähnte, unternahm ich meine erste Tournee mit einer Guarneri, die mir geliehen worden war: die »Bâle«. Einige Jahre später überließ mir Emile Français leihweise eine andere Guarneri – und zwar das Instrument von Ysaÿe. Sie zu spielen, war eine erstaunliche Erfahrung: Es kam mir vor, als wohne die Seele des großen belgischen Geigers in diesem Instrument, und als spielten seine Finger mit den meinen. Man könnte sagen, daß sein Können und seine Ausstrahlung über seine Violine auf mich übergingen. Heute besitzt Isaac Stern dieses Instrument.

1968 reiste ich nach Deutschland, wo mir Herr Lutz eine der schönsten Guarneri-Geigen, die »Graf von Egville«, als Leihgabe überließ. Obwohl sie ein wenig kleiner als meine Stradivari war, hatte diese Violine eine unvergleichliche Klangfülle und war unglaublich reich an Klangschattierungen. Sie reagierte auf jeden noch so geringen Impuls, den ich ihr gab. Es war ein großes Glück für mich, daß ich dieses Kleinod in den Farben des Herbstes 18 Monate lang spielen durfte, bevor ich sie wieder ihrem Besitzer zurückgab.

Später wurde sie von einem Physiker und großen Musikliebhaber erworben. Als er sie mir einige Jahre später in London zeigte, war ich bestürzt: Angeblich

VOM MENSCHEN, DER DIE VIOLINE BAUT

*E*ine Geige ist ein äußerst empfindliches Instrument und man muß sie mit liebevoller Sorgfalt behandeln. Die Nachlässigkeit mancher Geiger, die ihr Instrument nie von Staub, Kolophonium und Schweiß befreien, ärgert mich sehr. Schon ein Kind sollte von Beginn an lernen, sein Instrument zu achten und zu pflegen. Die träumerische, zauberhafte Aura beim Musizieren sollte nicht vergessen lassen, daß Geige und Geiger eine organische Verbindung eingehen, in der auch Verantwortung gefragt ist.

Yehudi Menuhin, 1929

aus restauratorischen Gründen war die Violine mit einem harten Lack behandelt worden, der ihr Aussehen ebenso wie ihren Klang verunstaltet hatte. Glücklicherweise nahm sich Jacques Français, Enkel von Emile Français, des Instrumentes an. Stück für Stück entfernte er in einem Jahr mühevoller Arbeit die neue Lackschicht und brachte so den Original-Lack wieder zum Vorschein. Dadurch konnte die »Graf von Egville« ihre Schönheit und ihre Stimme wiederfinden. Auch heute noch besitze ich eine phantastische Guarneri aus dem Jahr 1742, die »Lord Wilton«. Ich habe sie bei dem letzten Gstaader Festival gespielt, wo ich gemeinsam mit Gidon Kremer auftrat.

*D*er Theoretiker Pierre Trichet schrieb 1630 in seiner Abhandlung *Traité des instruments de Musique:* »Die Geige gebraucht man vor allem beim Tanz, bei Balletten, Maskeraden und Festen, beim Abend- oder Morgenständchen und allem möglichen vergnüglichen Zeitvertreib; denn vor allen anderen Instrumenten haben die Menschen die Geige als das passendste für diese Arten des Zeitvertreibs befunden«. Die unterhaltende und volkstümliche Seite der Violine zeigen auch die zwei ländlichen Szenen: Die Geige atmet hier den Duft der Natur, noch hat sie sich nicht in die Welt der feinen Salons zurückgezogen.

François Louis Joseph Watteau (1758-1823)
Der Fiedler
Lille, Musée des Beaux-Arts

Rechts: Teller mit Musikern aus dem 19.Jahrhundert
Porto, Museum Soares dos Reis

VOM MENSCHEN, DER DIE VIOLINE SPIELT

*U*rsprünglich war die Violine ein Musikinstrument des einfachen Volkes: In den Dörfern hatten die Geiger den Hochzeitszug zu begleiten und zum Tanz aufzuspielen. Da fiedelten sie dann im Stehen, stampften mit dem Fuß den Takt dazu, und die Hochzeitsgesellschaft wurde vom fröhlichen Gesang der Geige mitgerissen. Mit keinem anderen Instrument kann man den Tanzrhythmus besser betonen als mit der Geige, und wegen ihres hervortretenden Klangs kann sie ohne weiteres im Freien und in Schänken gespielt werden.

Diese volkstümlichen Ursprünge werden auch in der Violinliteratur deutlich: Anfangs gab es nur

Tanzstücke – Allemanden, Pavanen, Gaillarden – oder Tanzlieder. Erst gegen Ende des 17. Jahrhunderts wurde die Violine ins klassische Repertoire einbezogen. Komponisten wie Arcangelo Corelli und Antonio Vivaldi begannen, eigens Werke für die Violine zu schreiben, mit denen sie die reichhaltigen Klangmöglichkeiten dieses Instruments erkundeten.

Kind des Volkes und des Tanzes

Die Dorfmusikanten aus vergangener Zeit, die umherziehenden Spielleute, diese musikalischen Herolde, die in der Sprache des Volkes redeten – sie sind die Vorfahren von uns Geigern. Wie gern sehe ich mir auf den Bildern von Chagall an, wie sie von Ort zu Ort ziehen und durch ihr Spiel bei den Einheimischen Freude und zugleich Mißtrauen wecken. Denn ein Geiger wurde stets mit einer Mischung aus Bewunderung und Argwohn angesehen. Man bewunderte seine Virtuosität, doch sein wild tanzender Bogen wirkte auch beängstigend. Wer Geige spielt, setzt Emotionen frei, erregt die Sinne und weckt Leidenschaften bei seinen Zuhörern. Auch kann er seine Gefühle nicht verbergen, was wohl ein wenig schamlos und beunruhigend wirkt. Zweifellos aus diesem Grunde hat man die Geiger zuweilen mit dämonischen Mächten in Verbindung gebracht. So erzählte Guiseppe Tartini, der Satan habe ihn im Traum zu seiner *Teufelstrillersonate* inspiriert. Auch in Igor Strawinskys *Geschichte vom Soldaten* ist der Teufel zu allem bereit, nur um in Besitz der Geige eines Soldaten zu gelangen.

Die scheinbar unkalkulierbare Verzückung des Geigers und seines Publikums und der volkstümliche Ursprung dieses Tanzmusikinstrumentes erklären die

Schlau und gerissen wie alle Bettler scheint dieser ganz in rot gekleidete Geiger zu sein: Von Dorf zu Dorf wandernd ist er auf seinem langen Weg ein guter Menschenkenner geworden. Gewiß ist es ein Jude, der mit seinem Sohn an die Großzügigkeit der Menschen appelliert. Die Dorfbewohner aber halten mißtrauisch Distanz, auch wenn sie das Spiel des fahrenden Musikers bezaubert.
In dieser naiv-rührenden Szene scheinen Chagalls Kindheitserinnerungen an sein russisches Heimatdorf auf, gebrochen und verwandelt durch ein Prisma von leiser Sehnsucht, Phantasie und Humor.
Marc Chagall
Der Geiger, 1912/13
Düsseldorf, Kunstsammlung Nordrhein-Westfalen

*A*uch dieses Bild zeigt, wie tief die Geige im Volk verwurzelt ist. Sie erklingt in der freien Natur oder auf der Straße, immer für ein Publikum aus einfachen Leuten: Für die russischen Bauern, wie bei Chagall, oder, wie auf diesem Bild, für die Schaulustigen in Venedig: Die Wurzeln der Violine liegen in der Folklore – was die Geiger von heute nie vergessen sollten. Hier begleitet die Geige ein Marionettenspiel und untermalt die verschiedenen Szenen der Handlung mit ihrer Musik. Die völlig korrekte Handhaltung des Geigers läßt vermuten, daß der Maler das damals in Venedig sehr beliebte Instrument auch selbst spielte.
Domenico Maggiotto (1713-1794)
Marionettentheater in Venedig
Mailand, Theatermuseum der Scala

untergeordnete Stellung, in der die Violine lange Zeit verbleiben mußte. Der Rang eines Geigers war früher sehr viel geringer als etwa der eines Lautenisten oder Cembalisten. Und es ist noch gar nicht so lange her, daß der Geiger in den Salons als Unterhalter angesehen wurde, als »Entertainer«, wie die Engländer sagen. Und die Engländer waren es auch, die solche großen Geiger wie Viotti oder Paganini zwar zum Musizieren zu sich einluden, die sich aber dann keineswegs dazu herabließen, sie auch an die Tafel zu bitten – und dies trotz der musikalischen Tradition, die dieses Land besaß.

Im Laufe der Zeit ist diese ignorante Haltung verschwunden, doch so ganz hat der Geiger den Ruch eines Domestiken nie verloren. In diesem Zusammenhang kann ich nicht widerstehen, eine köstliche Anekdote zu erzählen, die mir Fritz Kreisler, der große österreichische Geiger, selbst berichtet hat. Er erfreute sich in England großer Popularität, und eines Tages lud ihn eine Dame der besseren Gesellschaft ein:
»Mister Kreisler, hätten Sie die Liebenswürdigkeit, morgen abend bei uns zu dinieren?«
»Aber gern«, antwortete er.
»Und Sie bringen doch gewiß Ihre Geige mit?«
»Oh nein«, antwortete Kreisler, »meine Geige ißt nichts.«

*G*lücklicherweise kennen die Geiger und die Musiker von heute diesen Domestikenstand nicht mehr. Doch niemals sollten sie vergessen, daß die Wurzeln ihrer Kunst im Tanz liegen. In der Erntezeit und auf Bauernhochzeiten hat der Tanz den Fiedler angeregt und sein Herz im Rhythmus einer Farandole, Gavotte oder Gigue schlagen lassen. Wie Fröhlichkeit und ländliche Einfachheit sich verbinden können, dafür gibt der Bauernchor zu Beginn des II. Aktes von Mozarts *Don Giovanni* ein entzückendes Beispiel. Als ich 1994 bei meinem Festival in Gstaad eine konzertante Aufführung der Oper dirigierte, machte ich eine ganz besondere Erfahrung. Ich hatte die Choristen – es waren Laien – gebeten, ihren Part der Hochzeitsszene von Zerlina und Masetto auf der Vorbühne zu singen und sich im Rhythmus der Musik zu wiegen. Die Szene geriet daraufhin zauberhaft lebendig und war ebenso musikalisch überzeugend wie amüsant. Durch die leichte tänzerische Bewegung wird der Körper geschmeidig, und dies ist wiederum eine Voraussetzung, damit der Ton im Körper schwingen kann. Die Töne können sich im Raum nicht entfalten, geschweige denn den Zuhörer anrühren, wenn man als Interpret nicht locker und beweglich ist.

Die Musiker dieser halb weltlichen, halb geistlichen Szene gruppieren sich um eine zentrale Figur; mit ihrem gesenkten Blick und dem leicht geneigten Kopf gleicht sie ein wenig einer Madonna. Ihre linke Hand hat sie auf das Herz gelegt und die Rechte hat sie zum Segensgruß erhoben. Ob der Segen den sie umgebenden Musikern oder dem Betrachter dieser Freske gilt? Die Musik jedenfalls scheint eher der Besinnung als dem fröhlichen Feiern zu gelten. Der Geiger verfolgt die Reaktionen der Frau aufmerksam. Die Harfe spielt ein Mann – was sehr außergewöhnlich ist. Und die Spieler von Gitarre und Blasinstrument hören angestrengt aufeinander, um sich in vollkommener Harmonie in den Zusammenklang zu fügen.

Ländliches Konzert
Freske in einer Kapelle aus dem Ende des 18. Jahrhunderts, Cuzco (Peru), Museum für Kolonialkunst Santa Catalina

VOM MENSCHEN, DER DIE VIOLINE SPIELT

Diese fundamentale Einsicht versuche ich meinen Schülern zu vermitteln: Wenn die jungen Geiger sich bemühen würden, während des Spielens ein wenig zu »tanzen«, dann würde es ihnen einfacher fallen, sich frei zu fühlen und aus sich herauszugehen. Oft begegne ich Kindern, die sich beim Geigen anspannen und angestrengt auf ihre gerade Haltung achten – begreiflich, daß sie dann kaum ausdrucksvoller wirken als ein Telegrafenmast.

Aus diesem Grunde möchte ich in meiner Schule gern das Fach »Tanz« einführen – nicht etwa die verfeinerte Form des Gesellschaftstanzes, sondern irische, schottische, norwegische oder böhmische Volkstänze. Die Violine sollte niemals ihre volkstümliche Herkunft verschweigen. Wenn sie sich nicht zu ihrer Vergangenheit bekennt, dann wird sie allmählich welken und vertrocknen wie ein entwurzelter Baum.

*D*ennoch sind die folkloristische Herkunft der Geige und die entsprechenden Stücke für die »zivilisierten« Geiger so etwas wie ein verlorenes Paradies, dem sie sich allenfalls nähern, in das sie aber nicht wirklich eindringen können. Die Geiger aus dem einfachen Volk – seien es nun Zigeuner, Norweger oder Ungarn – haben etwas an sich, das man nicht nachahmen kann, ein eifersüchtig gehütetes Geheimnis, das nur ihnen allein zugänglich ist.

Bei den Dreharbeiten zu einem Film von Bruno Monsaingeon lernte ich einen jungen Geiger kennen, einen Zigeuner aus Ungarn. Zuerst wurden die berühmten *Zigeunerweisen* von Sarasate mit mir aufgenommen. Ich legte all meine Energie, mein ganzes Herz in mein Spiel. Danach sollte der ungarische Geiger das gleiche Stück spielen. Mit einem Schlag fühlten wir uns in eine andere Welt versetzt. Das waren nicht mehr dieselben Klänge, das war nicht mehr dieselbe Musik. Der Zigeuner fügte eine Menge effektvoller Verzierungen hinzu, Sarasates Stück bildete bei ihm nur die Skizze für ein Klanggemälde in schillernden Farben, die plötzlich und gleichsam wider Willen aus der Violine auftauchten. Es war, als ob ein Volk – sein Volk – seine Stimme wiedergefunden hätte.

Wir sind es uns selbst schuldig, diese reichen kulturellen Traditionen, die sich von Generation zu Generation vererben, zu respektieren. In unserer modernen Zivilisation hat sich ein derartiges Überlegenheitsgefühl breitgemacht, daß wir alles, was nicht unseren Vorstellungen entspricht, verachten. Statt andere Kulturen kennenzulernen und sie zu verstehen, neigen wir dazu, sie zu unterwerfen. Früher waren es die

*W*ie ein Schutzschild gegen den Lärm und die Unruhe der Straße umgibt diesen Musiker der Gesang seiner Geige: Inmitten der Menschenmenge lebt er in seiner eigenen kleinen Welt, die Augen geschlossen, doch die Ohren ganz wach und offen. Daran, wie er seine Geige hält, erkennt man auf Anhieb, daß er ein Musiker des Volkes ist; er möchte keine virtuosen Kunststücke vollbringen, sondern mit seinem Geigenspiel einfach den eigenen Gesang begleiten.
Straßenmusikant in Prag

*H*ier bin ich mitten unter den Meinen: den Zigeunern. Zwar spreche ich ihre Sprache nicht, doch sie sind mir so nahe, daß ich mich wie einer von ihnen fühle. Denn uns vereint dieselbe Liebe zur Musik und zur Geige, dasselbe innere Feuer und dieselben Irrfahrten des Lebensweges.
Auf beeindruckende Weise erzählt das Gesicht jedes einzelnen von ihnen eine Geschichte: das Glück dessen, der in die Hände klatscht, der Stolz der Frau, die im Vordergrund tanzt, der fragende und erwartungsvolle Blick des Kindes.
Yehudi Menuhin nach einem Konzert mit Zigeunern bei Amboise, 1983

VOM MENSCHEN, DER DIE VIOLINE SPIELT

Die Taschengeige, jene merkwürdige schmale Violine, die in einer Rocktasche Platz findet, war das Instrument der Tanzmeister. Sicherlich war es nicht ihr spitzer, dünner Ton, der ihr zum Erfolg verhalf. Ein Tanzmeister benötigte solch eine Geige vielmehr, um den Tanzrhythmus vorzugeben.
Rechts sehen wir eine äußerst reich und kunstvoll verzierte Geige, die wohl nur in den prächtigsten Salons erklang.
Links hingegen sind wir Zeugen einer eher bürgerlichen Szene: Die Musiker spielen hier nicht zum Tanz auf, sondern liefern die musikalische Untermalung für ein liebliches Tête-à-tête.
Links: Ludolf de Jongh (1616-1679)
Das Konzert mit dem Taschengeiger
Aix-en-Provence, Museum Granet
Rechts: Taschengeige aus dem 19.Jahrhundert

Indianer Amerikas, heute sind es die Amazonas-Indianer, die gezwungen werden, sich »der« Zivilisation – nämlich unserer – anzupassen.

Dabei hat die Volksmusik, besonders die osteuropäische, auf den Westen immer einen äußerst befruchtenden Einfluß gehabt. Einer der bekanntesten Mittler war Béla Bartók: Er schöpfte aus der ungarischen und rumänischen Volksmusik und bereicherte damit die klassische Musiksprache. Auch Zoltán Kodály gehörte zu den Künstlern, die Östliches und Westliches zu verbinden verstanden. Ludwig van Beethoven und Felix Mendelssohn Bartholdy haben sich ebenfalls bemüht, Elemente der Volksmusik, insbesondere der schottischen, in die klassische Musik einzubeziehen. Jenseits aller Traditionen und musikalischen Formen ging es allen dabei um die Suche nach der einen Sprache, die das Herz der Zuhörer erreicht – der Sprache der Gefühle.

Die Volksmusiktradition hat dem kultivierten, gelehrten Okzident immer etwas gegeben, was ihm eigentlich fehlt – nämlich Spontaneität und Ungebundenheit. Ohne diesen volkstümlichen Untergrund würde der Okzident austrocknen und zu einem sterilen Reich des Akademismus und der strengen Selbstbeherrschung werden. Niemals darf der Geiger, als Sohn des einfachen Volkes, diese Nabelschnur zertrennen.

Zwischen dem Tanz und der Violine besteht aber noch eine weitere enge Verbindung; sie ist weniger bodenständig und volkstümlich als die Tradition der bäuerlichen Feiern und Feste und trägt eher den Charakter verfeinerter Geselligkeit. Ich meine die Tanzstunden, in denen der besseren Gesellschaft Tanzschritte, Verbeugungen sowie tausend andere Artigkeiten beigebracht werden. Die Tanzmeister

DIE VIOLINE

benötigten dazu ein Instrument, mit dem sie den Rhythmus und den Takt angeben konnten. Es sollte zierlich sein, leicht zu handhaben und einfach zu transportieren. So entstand die »Pochette«, die Taschengeige. Sie war so klein, daß man sie tatsächlich in die Tasche gleiten lassen konnte. Dieses erstaunliche Instrument, dessen Korpus eine längliche Form hatte und das im ganzen nur etwa 20 bis 30 Zentimeter maß, war im 17. und 18. Jahrhundert in Europa sehr beliebt. Oft waren diese Taschengeigen sehr elegant gestaltet und reich mit Perlmutt- oder Ebenholzeinlagen verziert.

Noch verblüffender ist die »Stockgeige« – sie ist so schmal, daß man sie in einen Spazierstock aus Bambus stecken konnte. Man stelle sich die scharfen, ja säuerlichen Töne eines solchen Instruments einmal vor. Doch das war nicht wichtig; vor allem zählte, daß man mit ihr den Rhythmus angeben konnte, das Wesentliche beim Tanz. Heute interessieren sich in erster Linie Sammler für diese extravaganten Stücke, und sie sind der Stolz mancher berühmten Auktion.

Nach und nach ist die Volksmusik domestiziert worden, aus dem bäuerlichen Vergnügen wurde eine höfische Kultur. Die Dorffideln fanden Einlaß in die königlichen Gemächer, aus der Straßengeige wurde die Violine, die zum Ball aufspielte, und bei Hofe fand man Gefallen an den diabolischen Rhythmen der Polkas und Quadrillen. In den Wiener Salons raschelten die Seidenroben im Walzertakt.
Johann Strauß der Ältere, Geiger und Direktor des Hofballorchesters in Schönbrunn, ist der geniale Schöpfer einer Musik, die man als »urbane Folklore« bezeichnen könnte. Er verstand es besser als jeder andere, ganz Wien unaufhörlich tanzen zu lassen.

Nach einer großen Glanzzeit mischte sich in die wirbelnde, duftige Leichtigkeit des Walzers bald ein übler Beigeschmack. Dekadenz und Verfall machten sich breit und ein teuflischer Dämon schien den Dreivierteltakt zu schlagen. Für eine ganze Generation von Wienern, die sorglos und ausgelassen gelebt hatte, zerschlug sich mit einem Male der Walzertraum: Der Erste Weltkrieg brachte das sichere Bollwerk zu Fall, hinter dem sich die bessere Gesellschaft verschanzt hatte.
W. Gause
Kaiser Franz-Joseph I. von Österreich auf dem Bal du jour im Jahre 1900
Wien, Historisches Museum der Stadt Wien

Es ist kein Zufall, daß Wien lange Zeit die angesehenste Musikstadt der Welt war, eine Stadt, die immer wieder bedeutende Komponisten hervorgebracht hat, von Mozart über Beethoven bis hin zu Mahler und Webern. Im Herzen Europas gelegen, hat sie sich künstlerisch vom Osten und Westen, vom Norden und Süden befruchten lassen, bis hin zu türkischen und ostasiatischen Einflüssen.

Aus diesem großen kulturellen Schmelztiegel kommt der Walzer. Er ist berauschend wie der Heurige und trägt in sich den Duft des Wienerwalds, wo sich

Schubert bei seinen Spaziergängen inspirieren ließ. Mit seinem leichtfüßigen Charakter gleicht er den feinblättrigen Croissants, die die Türken einst nach Wien gebracht haben, und er ist süß wie die Sachertorten, die in den Schaufenstern der Konditoreien stehen.

Verweilen wir noch ein wenig bei diesem Tanz, lassen wir uns hineinziehen in seinen verführerischen Sog. Der Walzer verrät eine Menge über das Lebensgefühl der Wiener, über den leichtlebigen Charakter jener, die im Dreivierteltakt ihre Kreise drehen: »Glücklich ist, wer vergißt, was doch nicht zu ändern ist«, singt Alfred in Johann Strauß' *Fledermaus*. Anders ausgedrückt: Laßt uns alles vergessen, worauf wir ohnehin keinen Einfluß nehmen können, laßt uns nicht in nutzlosem Mitleid versinken. Wenn ein Unschuldiger gehenkt wird, was können wir da schon ausrichten? In diesem Glaubensbekenntnis, diesem Triumph der Sorglosigkeit, liegt die ganze Wiener Seele begründet. Eine Dame aus Wiens bester Gesellschaft erklärte mir einmal mit der unschuldigsten Miene der Welt, daß sie während des Krieges die allerschönsten Jahre ihres

Mitte des 18. Jahrhunderts erblickte in Österreich der Walzer das Licht der Welt. Der Tanz, in dem alles sich drehte, jedes Paar um seine eigene Achse und alle Paare umeinander im Kreis – dieser Tanz war etwas ganz neuartiges für die damalige Gesellschaft und löste an den deutschen und österreichischen Fürstenhöfen ein richtiggehendes Walzerfieber aus. Im 19. Jahrhundert hatte es sich schließlich über ganz Europa ausgebreitet. Obwohl der Walzer eigentlich aus dem Volk kommt, tanzt er sich besser auf dem spiegelnden Parkett der Ballsäle als auf den groben Holzplanken eines Bauernhauses.
Martin Meytens (1695-1770)
Konzert zur Hochzeit von Joseph II. und Isabella von Parma in Wien. Serenade im Redoutensaal
Wien, Schloß Schönbrunn

Lebens verbracht habe. Jeden Abend besuchte sie Konzerte oder Bälle, ohne sich im mindesten um die Tragödien, die sich um sie herum abspielten, zu kümmern. Vor dem Antisemitismus, der so viele große Köpfe dieser Stadt ins Exil getrieben hatte, verschloß sie einfach die Augen.

Zur Ehrenrettung der Wiener muß ich aber daran erinnern, daß sie sich 1956 während des Ungarn-Aufstandes gegenüber den ungarischen Flüchtlingen sehr großherzig verhalten haben.

So wie Wien ist auch der Walzer etwas Betörendes und Hinfälliges zugleich; Reichtum und Unbeschwertheit sind den Wienern seit langem zur Selbstverständlichkeit geworden, so daß sie beim kleinsten Schicksalsschlag gleich zusammenbrechen. Wie bei allen epikuräischen Kulturen, die das Wohlleben zum Kult erheben, liegen auch hier Lachen und Weinen, Freude und Schwermut, Walzer und Suizid sehr nahe beieinander.

»Lachen und Weinen zu jeglicher Stunde« heißt es in einem Lied von Schubert. Der Zusammenbruch ist immer latent vorhanden, und der Walzer spielt dabei die Rolle einer gigantischen Bühnendekoration, so wie der betörende Duft von Blumen, der die Pforte zum Vergessen öffnet. Zuweilen zeigen sich an der Fassade des Bauwerks aus Leichtfertigkeit und Weltflucht einige Risse: Dann verläßt der Walzer die goldenen Gemächer und zerfließt fast vor Weltschmerz, wie zum Beispiel in dem wundervollen *Violinkonzert* von Alban Berg.

Im Walzer sind Unbeschwertheit ebenso wie tiefe Verzweiflung verborgen; viele Komponisten, von Strauß bis Ravel, haben sich gerade von diesem Reichtum anziehen lassen.

Zum Abschluß meines Exkurses zur »urbanen Folklore« will ich von einem mir unvergeßlichen Erlebnis berichten. Vor einigen Jahren spielte ich mit meinem Orchester zur Abschlußveranstaltung des Bath-Festivals. Der Saal war äußert prunkvoll in einem Stil erbaut, wie er in dieser Stadt aus dem 18. Jahrhundert vorherrschte, und das Publikum sah im Schein der mächtigen Lüster höchst seltsam aus: Man trug Kostüme des 18. Jahrhunderts. Nun bin ich ja besessen, wenn eine neue musikalische Dimension zu entdecken ist. Ich forderte also meine Zuhörer auf, sich die Musik, die wir spielten wollten, nicht nur passiv anzuhören wie in einem gewöhnlichen Konzert, sondern wie auf einem Ball zu tanzen. Wir reihten Polonaisen, Walzer, Polkas aneinander, und ich finde kaum die Worte, die beschreiben könnten, welches Vergnügen ich angesichts der Tanzenden empfand. Mit ihren Bewegungen antworteten sie auf die Musik. Aber ich war es, der sie dazu animierte. Ich glaube, an diesem Abend konnte ich nachempfinden, was Strauß in seinem Leben tagtäglich gefühlt haben muß.

Dieses reizende Familienbild zeigt in einer betont ländlichen Atmosphäre den jungen Haydn mit seinen Eltern: Gesegnet vom Heiligen Geist, der in Form einer Taube die Szene krönt, scheinen sie das Lied der Glückseligkeit zu singen. Joseph Haydn spielt Taschengeige, der Vater Violine und die Mutter Harfe. Diese Zeichnung verrät viel über die Zukunft des Komponisten, sie weist auf die große Bedeutung hin, die Glaube und Religion in seinem Werk spielen werden, auf die Momente des Glücks und der gelassenen Heiterkeit in seiner Musik, die ihren Ursprung in einer glücklichen und harmonischen Kindheit haben. Beinahe glaubt man, hier schon die göttlichen Melodien und Akkorde der Schöpfung zu hören.
Familie Haydn bei Musizieren: Matthias Haydn (Vater), Anna Maria Koller (Mutter) und Joseph, der älteste von zwölf Kindern. Rohrau (Österreich), Haydn-Museum

Der Charakter der Violine

Jedes Instrument hat etwas ganz Typisches, Eigenes an sich. In seinem Bestreben, die Welt der Klänge zu ordnen, hat der Mensch ein breitgefächertes Instrumentarium erfunden: die Blasinstrumente (die man man mit dem eigenen Atem zum Klingen bringt), die Zupfinstrumente (Harfe, Gitarre, Cembalo), die Streichinstrumente (sämtliche Instrumente der Geigenfamilie gehören dazu), die Schlaginstrumente (zu denen in gewisser Weise auch das Klavier gehört). Jeder kann sich aus der Fülle das Instrument heraussuchen, das seiner Vorstellungswelt am meisten entspricht und seiner inneren Schwingung am nächsten kommt.

Die Violine übt auf den, der sie spielen will, einen ganz besonderen Reiz aus, vor allem auf ein Kind, das sie sich zu seinem Instrument gewählt hat. Im Gegensatz zum Klavier, einem schweren, platzraubenden und statischen Instrument, zeichnet sich die Form der Violine durch die Nähe zum menschlichen Körper aus und paßt sich den Dimensionen an, in denen das Kind

die Welt erlebt. Sie ist wie ein Spielzeug, noch mehr als eine Puppe, und sie ist sogar lebendig, denn sie hat eine Stimme, die mit dem Kind sprechen und ihm antworten kann. Es kann seine Geige in den Arm nehmen, sie wiegen und im Kasten mit sich herumtragen – mit einem Klavier wäre das alles nicht möglich.

Überdies ist die Geige ein sehr schlichtes Instrument (zumindest hat es den Anschein): Sie besteht nur aus einem Resonanzkörper und vier Saiten, während das Klavier eine sehr komplexe Mechanik benötigt, um die vielen, vielen Saiten in seinem Innern zum Klingen zu bringen. Vielleicht spricht das Klavier eher den intellektuellen Typus an. Die Violine hingegen ist eher sinnlicher Natur: Als Verlängerung des menschlichen Körpers ruht sie auf dem Schlüsselbein und überträgt ihre Schwingungen auf die Knochen und die Hohlräume des Körpers, die ihrerseits zu schwingen beginnen. Das Knochengerüst, der Kopf, die Lungen – der gesamte Körper beginnt zusammen mit der Vio-

VOM MENSCHEN, DER DIE VIOLINE SPIELT

*O*b das Mädchen hier eines Tages Geigerin wird? Aus ihrem Blick spricht große Bewunderung und Begeisterung für dieses Instrument. Zwar habe ich bei den Zigeunern noch nie eine Frau gesehen, die Geige spielt, doch ich denke, daß sich das ändern wird. Denn inzwischen gibt es auch viele koreanische und japanische Geigerinnen, was vor einiger Zeit noch undenkbar gewesen wäre. In meiner Schule in Stoke D'Abernon sind die meisten Schüler Mädchen. Faszinieren die Jungen heutzutage die Berufe in der Wirtschaft womöglich mehr als die Musik? Musikanten in Guadeloupe (Mexico), 1988

line zu vibrieren. Deshalb zieht dieses Instrument bestimmte Kinder ganz besonders in seinen Bann, nämlich diejenigen, die sich zu allem, was atmet und schwingt, besonders hingezogen fühlen und die auf ihre Eltern und Freunde, ja ihre ganze Umgebung immer offen und fröhlich zugehen.

Die Mentalität und Vorstellungswelt der Kinder, die sich ein Blasinstrument aussuchen, ist ganz anders gelagert. Besonderes Interesse an Blechblasinstrumenten, der Trompete oder dem Horn etwa, haben oft machtbesessene Kinder. Diejenigen, die sich Holzblasinstrumente wählen, z. B. Klarinette, Oboe oder Fagott, suchen ein Klangerlebnis, das ihrem Bedürfnis nach Zärtlichkeit und Natürlichkeit entspricht. Kinder, die mathematisch begabt sind und ein ausgeprägtes Abstraktionsvermögen besitzen, bevorzugen eher Schlaginstrumente – weil diese ihrer starken Willenskraft und ihrem Verlangen nach Rhythmus entgegenkommen.

Man muß zugeben, daß die Violine in der Welt der Musikinstrumente ein wenig abseits steht, stillt sie doch das Verlangen nach Glanz und Pracht ebenso wie das nach Milde und Sanftheit. Sie befriedigt sowohl die heftigen, gewaltbereiten Triebe als auch das Bedürfnis nach Harmonie, das Männliche wie das Weibliche im Menschen. Die Palette ihrer Klangfarben ist so reichhaltig und ihr Repertoire so umfangreich, daß sie die Eigenschaften mehrerer Instrumente in sich vereint. Ich verglich die Geige vorhin mit einem Spielzeug. Und tatsächlich habe ich nie wirklich Spielsachen besessen. Denn mit meiner Violine hatte ich sämtliche Spielsachen auf einmal in meiner Hand.

Im Lauf der Zeit wird aus der Geige eine Gefährtin, ein anderes Selbst; sie wird zu einem Wesen, mit dem man leben und sich verstehen muß. Wir möchten sie überreden, uns ihr Bestes zu geben, und wir erwarten sehnlichst, daß sie unser Verlangen nach Ausdruck erwidert. So entwickelt sich ein fortdauernder Dialog zwischen zwei Komplizen.

*W*ie jeder Gefährte weiß auch die Geige, was es bedeutet, ein enger Vertrauter zu sein. Vielleicht haben Juden und Zigeuner sie deshalb zu ihrem Lieblingsinstrument erkoren, denn nur mit ihr konnten sie der Welt entfliehen. Beide Völker mußten Verfolgungen erdulden; nur weil sie anders waren, wurden sie gejagt und gequält. Sie haben die gleiche Klage angestimmt, in der gleichen Tonart, dem Zigeuner-Moll. Sie haben sich beide im Morgengrauen auf die Flucht begeben und ein Nomadenleben geführt – wobei sich als weiterer Vorzug der Geige zeigte, daß man sie leicht auf alle Irrfahrten mitnehmen konnte. Manchmal haben Juden und Zigeuner auf ihren weiten Reisen sogar am selben Ort Halt gemacht. Und sie

DIE VIOLINE

haben durch ihren immerwährenden Leidensdruck die menschliche Seele besser kennengelernt als jeder andere. Während aber die Juden sehr belesen sind – ihre Kultur und Identität gründen sich auf das Buch der Bücher, die Bibel –, haben die Zigeuner nur ihre mündliche Überlieferung, Geschriebenes ist ihnen fremd. Daher rührt wahrscheinlich auch ihre musikalische Begabung und ihre Improvisationskunst. Solange sie ohne gedruckte Noten musizieren, verkörpern sie die pure, klare Spontaneität, die Rückkehr zur blinden, unverbildeten Emotion, die nach Ausdruck verlangt.

VOM MENSCHEN, DER DIE VIOLINE SPIELT

*M*an kann sich kaum ein Instrument vorstellen, das man besser mit auf die Reise nehmen kann, als die Geige. Aus diesem Grund ist sie den Juden und Zigeunern auf ihren Wanderungen und Irrwegen auch wie ein zweiter Schatten gefolgt. Einer der ersten Rabbiner, den meine Mutter in New York kennenlernte, erzählte mir einmal, daß es unter den Juden, die vor den russischen Pogromen nach Palästina geflohen waren, keinen gab, der nicht einen Geigenkasten bei sich trug. Und mit jeder neuen Einwanderungswelle aus Rußland schossen in Israel neue Orchester aus dem Boden. So ist gut zu verstehen, daß man gerade in Israel besonders viele gute Geiger findet.

und in diesem Zusammenhang einige wichtige Dinge ansprechen, die mir am Herzen liegen. Fälschlicherweise nahm man früher an, die Zigeuner stammten aus Böhmen; aber ihr langer Irrweg verlief in Wirklichkeit von den Wüsten Rājasthāns nach Mitteleuropa, bis nach Andalusien. Sehr geschickt verstanden sie es, ihre Kultur mit den Traditionen zu verknüpfen, denen sie auf ihren Wanderungen begegneten. Einerseits bereicherten die Zigeuner die anderen, andererseits übernahmen sie selbst einige Elemente, die fortan zu ihrer eigenen Identität gehören sollten. Die Geschichte dieses fortwährenden Austausches ist für mich das Symbol des Lebens. Es ist ein Geben und Nehmen, Liebe zum Nächsten und Liebe zu sich selbst. Jene Musikanten aus der Wüste, ausgestattet mit einer majestätischen Würde, anmaßend in ihrer Schönheit und Kunstfertigkeit, zeigen uns mit ihrer Musik, wie sich Menschen und unterschiedliche Kulturen begegnen und voneinander lernen können.

Die indische Sitār, die Geige aus Osteuropa oder auch die heisere, belegte Stimme eines Flamencosängers – alle singen das uralte Lied der Zigeuner und knüpfen zwischen jedem von uns ein unsichtbares, dauerhaftes Band. Denn wir alle haben in unserer Geschichte irgendwann einmal Leid und Qual erfahren. Uns alle verbindet die Suche der Menschheit nach einem Weg durch das Hin und Her der Gefühle. Die Musik vermag dies am schönsten auszusprechen.

Deshalb habe ich im November 1995 in Brüssel ein Konzert an der Seite von Ravi Shankar veranstaltet. Ich nannte es »Von der Sitār zur Gitarre«. Es war ein Konzert über die Geschichte der Zigeuner, über ihr Wanderleben, von dem die Musik Zeugnis gibt. Zigeuner aus Rājasthan, aus Osteuropa, die wunder-

Ich gäbe gern dieser Spontaneität nach, die mich immer angezogen hat wie ein Licht im Dunkeln. Tief in meinem Innern fühle ich sie schlummern, und ich warte nur auf einen passenden Moment, um sie freizulassen. Deshalb werde ich noch ein wenig bei der faszinierenden Geschichte der Zigeuner verweilen

DIE VIOLINE

VOM MENSCHEN, DER DIE VIOLINE SPIELT

So wie hier habe ich einen großen Teil meines Lebens verbracht: Auf meinen Tourneen mußte ich oft viel Zeit im Zug verbringen. Dann schloß ich die Tür meines Abteils, setzte mich in den Schneidersitz, stützte den Rücken mit einem Kissen und war bereit für lange Stunden des Übens. Die Wohnwagen der Zigeuner, die von Pferden auf holprigen Straßen gezogen wurden, eigneten sich weniger für diese Art des Übens. Doch ich zweifle, ob die modernen Wohnwagen in dieser Hinsicht besser sind.
Yehudi Menuhin in einem Zigeunerwagen bei Amboise, 1983

DIE VIOLINE

volle Flamencotänzerin Blanca del Rey, begleitet von Gitarristen und Sängern, und viele andere Künstler kamen zusammen. Ihre Stimmen sollten uns daran erinnern, daß uns dieselbe Geschichte und dasselbe Schicksal brüderlich vereinen. Wenn wir gegen Intoleranz, Rassismus und Ausländerfeindlichkeit kämpfen wollen, dann kann uns ihre Kunst dabei helfen.

Als ein Instrument, das die Sinne anregt und uns in andere Sphären versetzt, erfordert die Violine ein hohes Maß an intuitiver Kraft. Denn jedes Instrument verlangt von seinem Interpreten spezifische Qualitäten. Bei der Violine ist es vor allem die Fähigkeit, sich so auf das Instrument einzustellen, daß man direkt und unmittelbar reagieren kann – ohne nachzudenken und ganz seiner Intuition vertrauend. Nur so können Geiger und Instrument im Einklang und in Sympathie miteinander schwingen.

Bevor ein Geiger zu spielen beginnt, muß er jedesmal die Wirbel justieren und die Quinten so rein wie möglich stimmen. Stets geht dem Musizieren diese

Die Flamencotänzerin Blanca del Rey ist eine wundervolle Frau, sie verkörpert die Jahrhunderte des ungebrochenen Widerstands und Überlebenswillens der Zigeuner. Für jene, die von Osten nach Westen zogen, war Spanien das Ziel ihrer Wünsche und Träume. Sie ließen sich dort nieder und brachten aus Rājasthān den ganzen Reichtum ihrer Folklore mit. Die Frucht dieser Verschmelzung der Kulturen ist der Flamenco. Bei Blanca zeigt er sich in seiner größten Schönheit: Wenn ein Geigenbauer einen vollendeten Körper für diesen Tanz hätte erfinden müssen – er hätte ihn nicht schöner machen können. Ihre kraftvollen Bewegungen und das Wechselspiel zwischen dem Rhythmus ihrer Füße und ihrer Kastagnetten sind ebenso beeindruckend wie das virtuose Spiel der indischen Musiker, die man hier auf dem linken Bild sieht.
Konzert »Von der Sitār zur Gitarre«, Brüssel, November 1995

Hör-Arbeit voraus, und auch während des Spiels formt er die Töne allein über das Gehör. Im Gegensatz zu den meisten anderen Musikinstrumenten gibt es bei der Violine keinerlei sichtbare Orientierung für die Griffe. Der Geiger muß auf dem schwarzen Griffbrett aus Ebenholz ohne jeglichen Anhaltspunkt die richtige Position für seine Finger herausfinden. Auf dem engen Raum des Griffbretts liegen unendlich viele Möglichkeiten, um alle erdenklichen Ausdrucksnuancen zu gestalten. Der Spieler muß sämtliche Griffe und Bewegungsabläufe blind und mit geradezu nachtwandlerischer Sicherheit beherrschen.

Und so ist das Geigenspiel keine mechanische oder geistige Tätigkeit, sondern es fordert vor allem die musikalische Intuition und die Fähigkeit des inneren Hörens heraus.

Überdies eignet sich die Violine besser als jedes andere Instrument für die Kunst des »Rubato«. Die Bezeichnung »Rubato« stammt aus dem Italienischen und bedeutet im wörtlichen Sinne »geraubt«; in der musikalischen Praxis heißt das: einer Note etwas von ihrer Dauer wegnehmen, um es der folgenden zu überlassen. Diese winzige rhythmische Schwankung verleiht dem musikalischen Vortrag einen pulsierenden Charakter, einen Hauch von Freiheit und Improvisation.

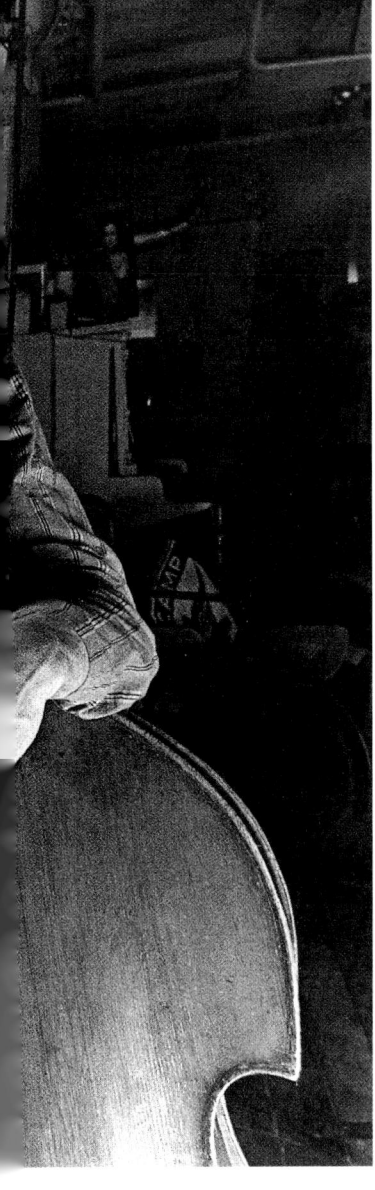

*D*er Kontrabaß war das erste klassische Musikinstrument, das in die Welt des Jazz Eingang fand – jedoch nur als gezupftes Baßinstrument. Die Geige mit ihrem Bogen kam erst später hinzu. Jazzmusiker haben den Rhythmus im Blut; nicht Metronome bestimmen den Puls ihrer Musik, sondern ihr Gefühl und ihre Lebenserfahrung. Sie können den Rhythmus formen wie ein Bildhauer den rohen Stein. Die Mechanik eines Metronoms und die Logik ihres Rhythmusgefühls verhalten sich zueinander genauso gegensätzlich wie Geometrie und Zeichenkunst.

Besonders Cembalisten sind häufig große Meister im Rubato-Spiel. Weil ihre Ausdrucksfähigkeit im Dynamischen beschränkt ist – das Cembalo hat kaum Nuancen zwischen *piano* und *forte* –, haben sie gelernt, virtuos mit der Dauer der Töne zu spielen, dem süßen Pendeln zwischen metrischen Impulsen. Eigentlich sind sie viel romantischer als die Pianisten. Um es noch ein wenig auf die Spitze zu treiben, möchte ich sogar behaupten, daß ihre Musik dadurch fast dem Jazz ähnelt.

Selbstverständlich entsteht ein Rubato nicht rein zufällig; es muß immer kontrolliert geschehen und dem musikalischen Ausdruck dienen. Dem Hörer wird diese rhythmische Dehnung oft nicht einmal bewußt – ähnlich wie man ein leckeres Essen genießt, ohne das Gewürz herauszufinden, das ihm diesen besonderen Geschmack verleiht.

Und darum ist für den Geiger die Intuition so wichtig: Nur intuitiv kann er erkennen, was möglich ist (bei Bach oder Beethoven kann man niemals die gleichen Rubati spielen wie in einem neapolitanischen Lied), und durch die Intuition kann er die genauen Proportionen dieser musikalischen Goldschmiedekunst bestimmen. Gleichgültig, ob es sich um ein Rubato oder ein Ritardando handelt, es kommt immer auf das Verhältnis zum Ganzen an. Das Ritardando ist ein fortschreitendes Verlangsamen des musikalischen Vortrages, etwa am Ende eines Stückes. Solch ein Ritardando muß ganz organisch erfolgen, niemals darf man das Tempo abrupt zurücknehmen. Vielmehr muß die Musik nach und nach langsamer werden und wie von allein ausklingen, so wie ein Chauffeur sehr genau weiß, wann und wie er zu bremsen hat, damit sein Auto an Fahrt verliert und ganz sanft zum Stehen kommt. Die Dynamik und die Dauernverhältnisse zwischen den Tönen müssen sich als innerlich notwendig ergeben und dürfen nicht aufgesetzt erscheinen.

Ganz allgemein kann man sagen, daß jeder grobe und unverhältnismäßige Eingriff beim musikalischen Vortrag unsere Empfindungsfähigkeit beeinträchtigt. Während der Übephase kann man Effekte durchaus einmal übertreiben, aber man muß sie dann auch wieder zurücknehmen können. Manchmal sage ich zu jungen Interpreten: »Dies hier darf man nur mit dem Mikroskop wahrnehmen. Vor dem bloßen Auge muß es verschwinden. Es ist weiterhin noch da, ohne unmittelbar wahrnehmbar zu sein.«

DIE GEIGER

*I*n der Vergangenheit waren die großen Geiger zugleich Interpreten und Komponisten, denn sie führten die Werke, die sie schrieben, auch selbst auf: Corelli, Vivaldi, Locatelli und Geminiani zum Beispiel, später dann Paganini, Sarasate, Wieniawski, Vieuxtemps, Ysaÿe, Kreisler bis hin zu Enescu (der unter den Geigern des 20. Jahrhunderts eine Ausnahme bildet). Die meisten der berühmten Geiger waren zugleich auch bedeutende Komponisten. Mit Brahms und Joachim wandelte sich allmählich diese Tradition; Komposition und Interpretation wurden getrennt.

Die Aufgabe der heutigen Geiger besteht darin, die Werke der Vergangenheit zum Leben zu erwecken. Die in den gedruckten Noten schlummernde Musik wird vom Interpreten wachgeküßt wie eine schlafende Schöne vom Märchenprinzen. Vor Jahrzehnten, ja vor Jahrhunderten wurde diese Musik komponiert, und ihre Schöpfer haben uns nur ein paar Zeichen in einer Partitur hinterlassen: Noten, Tempo- und Rhythmusangaben, dynamische Zeichen, Ausdrucksbezeichnungen – alle möglichen Elemente sind hier beisammen wie die Kiesel, die der kleine Däumling auf seinem Weg findet. Entlang dieser Kiesel muß der Interpret seinen Weg zur musikalischen Interpretation suchen.

In seiner Funktion als Botschafter unseres kulturellen Erbes hat es der Musiker heute in gewisser Hinsicht einfacher als früher, doch gleichzeitig ist diese Rolle auch um ein Vielfaches belastender. Es geht darum, eine Gefühlswelt wiedererstehen zu lassen, die ein

VOM MENSCHEN, DER DIE VIOLINE SPIELT

*U*nerschütterlich war die Freundschaft zwischen Joseph Joachim und Johannes Brahms: Joachim gab technische Ratschläge, wenn Brahms für die Geige komponierte, spielte ihm die Werke vor und brachte sie zur Uraufführung. Zärtlichkeit, Würde und eine geheimnisvolle Atmosphäre zeichnen die Musik Brahms' aus. Das Geheimnisvolle hat seinen Ursprung in der zauberhaften Landschaft seiner Heimat; die Musik atmet die Weite und Tiefe des norddeutschen Flachlandes, über das die Meeresnebel ihre kühlen Schleier legen. Wenn Brahms ein *Allegro* schreibt, denkt er es eigentlich als ein *Andante*, und sein *Presto* hat den Habitus eines *Allegro*. Hierin liegt das Geheimnis der Würde und Erhabenheit, die seine Werke durchdringen. Deren Zärtlichkeit wiederum erinnert bei ihm nie an gekünstelte Herzensergießungen, sondern sie ist der wehmütige Ausdruck einer überwältigenden Liebe, die er gegenüber den Menschen empfand.
Links: Joseph Joachim.
Rechts: Johannes Brahms.
Wien,
Gesellschaft der Musikfreunde

Komponist aus früherer Zeit in seinem Werk geschaffen hat – eine schwierige, sehr verantwortungsvolle Aufgabe! In der Tat vermag ein begabter Interpret die Ausdruckskraft eines Werkes zu verzehnfachen – doch genausogut kann er sie auch ersticken. Ununterbrochen und immer wieder muß der Musiker sich auf die Suche nach dem wahren Ausdruck begeben. Auch wenn er lange Zeit an einem Werk arbeitet, muß er dessen Frische und das Zündende daran stets bewahren. Denn wenn er stundenlang mechanisch übt, ohne sich zu besinnen, ohne mitzuschwingen, dann läuft er Gefahr, daß sich Gewohnheit und Routine wie ein grauer Schleier über die Musik legen, daß die Konturen verschwimmen und das Charakteristische des Werkes verflacht. Routine ist eine der größten Gefahren, die einen Interpreten bedrohen.

Und dann ist da eine anspruchsvolle Mätresse, die die gesamte Laufbahn eines Geigers begleitet: Ich meine die Technik. Gewiß, manchen Geigern gelingt es, trotz technischer Mängel und Schwächen unglaublich ausdrucksstark zu spielen – so viel haben sie zu sagen. Dennoch ist die technische Beherrschung des Instruments die Basis für jede interpretatorische Arbeit. Einem Geiger – und ganz allgemein jedem anderen Instrumentalisten auch – erlaubt erst eine perfekte Technik, das auszudrücken, was er will und wie er es will. Im Laufe der Jahre hat er eine Reihe von Reaktionen und Reflexen eingeübt, automatisiert und im Gehirn gespeichert – auf den winzigsten Impuls hin können diese Bewegungsabläufe dann abgerufen werden.

Nun kommt noch eine weitere Größe ins Spiel, gewissermaßen das Fundament für die Vermittlungsarbeit, die der Interpret zwischen Komponisten und Hörer leistet: die Analyse.

Dieses Bild dokumentiert die bedauerliche Tatsache, daß die Geige ihre Stimmung oft nach dem Klavier richten muß. Eigentlich müßte doch das Klavier, dessen temperierte Stimmung im Grunde eine »verfälschte« Stimmung ist, sich einmal an den reinen Quinten der Violine orientieren. Für wirklich verstimmte Klaviere allerdings habe ich eine gewisse Schwäche, denn sie verleihen volkstümlichen Liedern, zum Beispiel den Liedern Griegs, eine reizvoll rustikale und leicht wehmütige Atmosphäre. Man hat das Gefühl, in die Zeit zurückversetzt zu sein, in der das Klavier zum letztenmal gestimmt wurde. Schubert oder Mozert wären mit solchen Klängen natürlich kaum zufrieden gewesen.

Der Interpret muß den Stil des Komponisten begreifen, um ihn respektieren zu können. Dieses Wissen kann man sich auf verschiedene Art und Weise aneignen, Instinkt und Intellekt verbinden sich dabei unmerklich, und im Augenblick des Spielens müssen dann all diese Vorbereitungen und Überlegungen miteinander verschmelzen, um in Gefühl aufzugehen. Keinesfalls darf dieser Schritt ausgespart werden, denn nur durch genaue Analyse kann die eigentliche und einzig richtige musikalische Vorstellung, nämlich die des Komponisten, wiedergegeben werden. So verbinden sich Erfahrung, Technik, Verstand und Gefühl und leiten den Geiger fast unbewußt bei seiner Interpretation eines Werkes.

All diese Dinge müssen harmonisch und ausgeglichen zusammenwirken. So dürfen z. B. die technischen Fertigkeiten nicht alles andere »kannibalisch« auffressen. Genausowenig darf ein Künstler durch seine aufdringliche Emotionalität den Geist einer Komposition verfälschen. Während des Übens muß man die beteiligten Kräfte gewissermaßen homöopathisch ausgleichen. In dem Maße, wie man zu einem gleichförmigen

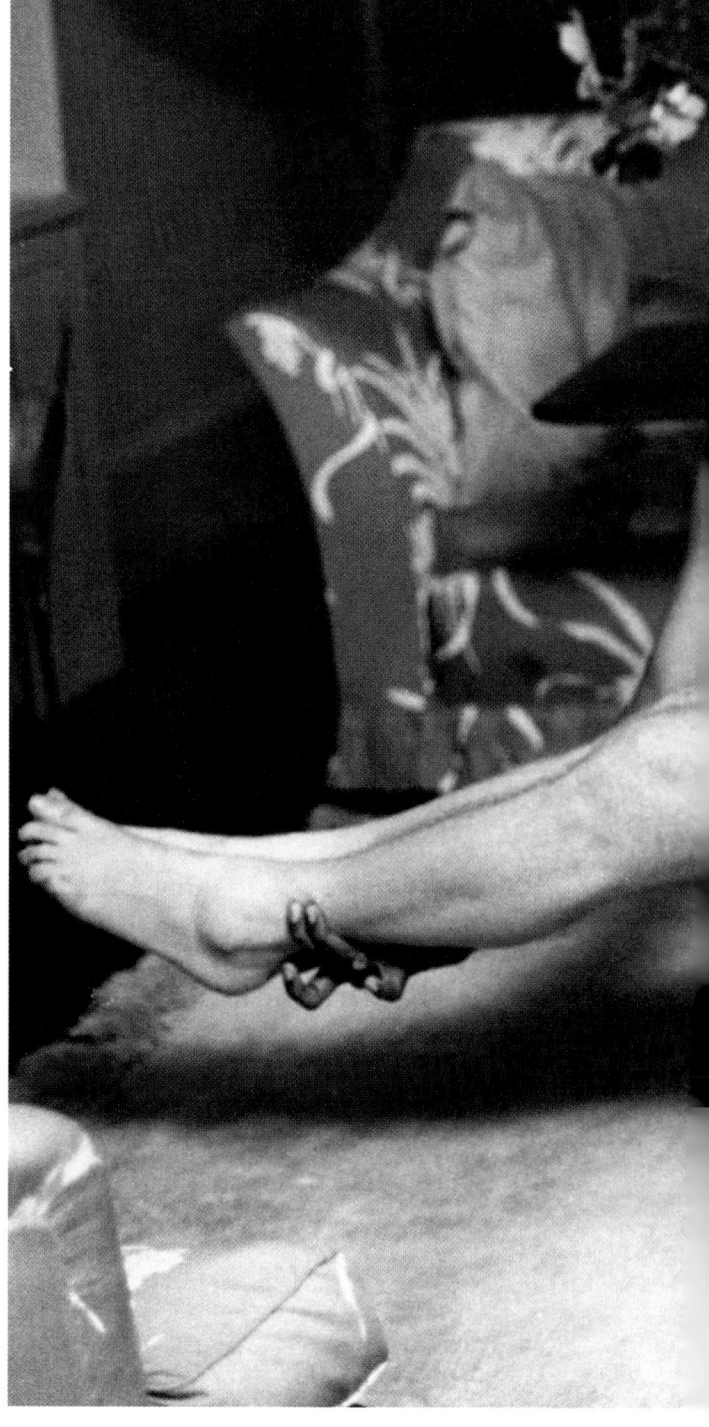

*E*inem Zufall verdanke ich es, daß ich Yoga entdeckte: Eines Tages im Jahr 1951 blätterte ich in einem Wartezimmer in einer Broschüre. Es war eine Einführung ins Hatha-Yoga, d.h. jener Form des Yoga, die auf körperlichen Übungen beruht. Es war für mich wie eine Erleuchtung, ich erkannte, daß ich damit den Schlüssel zu manchem Geheimnis gefunden hatte, mit dem ich auch die Technik des Geigenspiels besser begreifen und vervollkommnen könnte. Es war der Beginn einer Erfahrung, die mein ganzes Leben prägen sollte. Denn das Yoga hat nicht nur einen praktischen Nutzen. Ethymologisch betrachtet heißt Yoga »zusammenführen, vereinigen«, das heißt es hilft den Menschen, zur Einheit zwischen Körper und Geist zu finden, zur Einheit mit anderen Menschen und – in seiner tiefsten mystischen Bedeutung – zur Einheit mit dem Unendlichen. Deswegen muß die Einführung in die Kunst des Yoga auch unter Anleitung eines Meisters geschehen. Dieser »Guru« war für mich Iyengar, bei dem ich immer Unterricht nahm, wenn ich in Indien war, aber auch jeden Sommer in Europa. Er ist ein warmherziger, wohlwollender Mensch, doch wenn es um Yoga geht, ist er so fordernd, streng und hartnäckig, wie es nur große Künstler sind. Seit über 40 Jahren hilft mir Yoga, meine innere Ruhe und Ausgeglichenheit zu wahren. Yehudi Menuhin und Iyengar

Spiel in der Lage ist, kann man danach dieses Spiel auch wieder auflockern und dem musikalischen Ausdruck Raum geben. Genauso muß man während der Arbeit an einem Stück das Studium des mühelosen Spiels, in dem man sich so wohl fühlt, hinter sich lassen, zugleich aber fähig sein, immer wieder dorthin zurückzukehren.

Andernfalls bürdet man sich eine Last nach der andern auf. Wenn ich einen Künstler oder Schüler etwas üben lasse, beobachte ich so manches Mal, wie er sich plötzlich verkrampft, und von da an geht nichts mehr. Dann sage ich: »Nehmen Sie ein Bad! Entspannen Sie sich! Finden Sie Ihre Elastizität wieder.« Entspannung ist eine unerläßliche Vorausset-

zung für das Geigenspiel, denn sie ermöglicht, daß die Energie effizienter eingesetzt und die verschiedenen Bewegungsabläufe koordiniert und aufeinander abgestimmt werden. Kraft kommt nicht aus forcierter Anstrengung, sondern entsteht aus dem Gleichgewicht von Anspannung und Entspannung. Ich habe diese Einsicht durch das Yoga gewonnen, durch dessen Übungen ich viel für die Bewegungsabläufe beim Geigen gelernt habe. Ohne Yoga wäre ich jahrzehntelang umhergeirrt, bevor ich das gefunden hätte, was ich unbewußt schon lange gesucht hatte. Seit dieser heilsamen Entdeckung ist Yoga ein fester Bestandteil meines Lebens, gleichsam eine Medizin für Geist und Körper.

DIE VIOLINE

Pablo de Sarasate war ein von allen vergötterter Violinvirtuose. In seinem Geburtsort Pamplona kann man in einem Museum die Geschenke bewundern, die er von den Herrschern aus der ganzen Welt bekam. Dieses Photo zeigt ihn mit der würdevollen Distinguiertheit eines Dandy.
Zu früheren Zeiten gaben die Geiger übrigens bei weitem nicht so häufig Konzerte wie heutzutage: Es gab keine Festivals, die besucht werden wollten, und ohne Flugzeuge konnte man auch schwerlich am einen Abend in dieser und am nächsten Abend in jener Hauptstadt auftreten.
Die Geiger von heute hingegen gleichen eher Handelsreisenden als Gentlemen.
Auf dem kleinen Bild rechts sieht man eine *Hardingfela*: Diese volkstümliche Geige, die reich mit Perlmutt verziert ist und vier zusätzliche Resonanzsaiten besitzt, ist in Norwegen nach wie vor sehr verbreitet.

VOM MENSCHEN, DER DIE VIOLINE SPIELT

𝒰nter all den Virtuosen und berühmten Dienern der Geigenkunst, von all den illustren Namen von einst, möchte ich zwei hervorheben, die mir besonders nahestehen. Sie sind der ureigenen Wesensart ihres Instruments treu geblieben und haben ihre Bodenständigkeit, ihre Verbindung zum einfachen Volk und zum Tanz stets bewahrt.

Der eine ist Pablo de Sarasate. Dieser spanisch-baskische Komponist (1844-1908) stammt aus Pamplona. Im Alter von sieben Jahren gab er sein erstes Konzert. Später ging er an das Pariser Konservatorium, wo er bei Delphin Alard studierte. Er besaß eine glänzende Technik, sein Spiel zeugte von großer Eleganz, und die berühmten Komponisten des 19. Jahrhunderts stritten sich um die Gunst, von ihm aufgeführt zu werden. Lalo schrieb für ihn seine virtuose *Symphonie espagnole* sowie das *Violinkonzert in F-Dur*; Saint-Saëns komponierte auf seine Anregung hin das *Violinkonzert h-moll* sowie *Introduction et Rondo capriccioso* in a-moll; Max Bruch widmete ihm die *Schottische Phantasie*. In der ganzen Welt war Sarasate berühmt, seine Tourneen führten ihn durch Europa, Nord- und Südamerika und in den Orient.

Was mich an seiner Persönlichkeit aber besonders fesselt, ist sein kompositorisches Schaffen, die Begeisterung und Beharrlichkeit, mit der er aus der Folklore seiner spanischen Heimat schöpfte und die ihn unglaublich farbige und feurige Stücke schreiben ließ: Seine Sammlungen von *Spanischen Tänzen* (mit dem populären *Jota aragonesa*) haben den Charme, den Reiz und die innere Glut jener Musik, die er in den Straßen und Cafés seines Vaterlandes hörte. Noch vor Albeniz und de Falla gelang es Sarasate, seiner Heimat Klang und Stimme zu geben. Obwohl er für seine meisterhafte Interpretation der großen Werke der Violinliteratur weltweit geschätzt wurde, behielt er immer den Kontakt zu den volkstümlichen Traditionen Spaniens und war ein Bindeglied zwischen der Kunstmusik und der Musik des Volkes.

Einen ganz ähnlichen Platz nimmt Ole Bull im Pantheon der großen Geiger ein. Dieser norwegische Musiker (1810-1880) war in Europa und Amerika außerordentlich bekannt, sowohl als Virtuose – mit Liszt spielte er in London Beethovens *Kreutzer-Sonate* – als auch als Dirigent. Das Publikum schätze die Wärme und den Elan seines Spiels, und Bull nutzte dieses Ansehen, um Musik und Traditionen seiner Heimat bekannt zu machen. In der Tat gehört die Geige zur Identität des norwegischen Volks wie Fjorde und Trolle. Sie wird dort *Hardingfela* (Hardangerfidel) genannt. Es ist eine volkstümliche Geige, die im 17. Jahrhundert ursprünglich geschaffen wurde, um den Gesang der Barden zu begleiten. Dieses erstaunliche Instrument besitzt außer den vier regulären Saiten noch vier Resonanzsaiten, die wie ein Bordunbaß mit den anderen Saiten mitschwingen. Außerdem ist der Steg flacher als bei einer Violine, so daß man gut Doppelgriffe spielen kann. Bull hatte das Spiel auf diesem Instrument bei Bauern gelernt und

DIE VIOLINE

Ole Bull und Edvard Grieg sind die Galionsfiguren der norwegischen Musik. Bull, Autodidakt und begnadeter Geiger, feierte auf der ganzen Welt Triumphe. Als Komponist ließ er sich von der Folklore seines Landes, von ihren Tänzen, Balladen und dem Gesang der Schäfer inspirieren und legte so das Fundament für einen norwegischen Nationalstil.
Ole Bull 1877 in Berlin

ging so weit, seine eigene Geige, eine Amati, dieser Fidel anzugleichen, um auf ihr die Musik seiner Heimat spielen zu können.

Bull hat zahlreiche Stücke komponiert, die von jener Mischung aus Sehnsucht und Rauheit geprägt sind, die für die norwegische Folkore und ihre Sagenwelt typisch sind. Seine Werke haben zwar keine musikgeschichtliche Epoche begründet, aber Bull war der erste patriotisch gesinnte Musiker und er ebnete den Weg für eine Rückbesinnung auf die Ursprünge und das Erbe seines Vaterlandes.

In seiner Nachfolge hat Edvard Grieg diese Folklore zu neuem Leben erweckt, sie bereichert und damit den volkstümlichen Traditionen Norwegens eine weithin hörbare Stimme verliehen. Im übrigen gebührt Bull das Verdienst, Griegs Talent entdeckt zu haben, und dank seiner Fürsprache bei Griegs Eltern wurde der junge Komponist nach Leipzig geschickt.

VOM MENSCHEN, DER DIE VIOLINE SPIELT

Grieg setzte fort, was Ole Bull begonnen hatte: Seine Werke, ganz besonders seine Lieder, sprechen eine Sprache, die volkstümlich und zugleich von universalem Anspruch ist. Einmal gab ich vor norwegischem Publikum ein Konzert ausschließlich mit Werken von Grieg – und bemerkte plötzlich, daß meine Zuhörer Tränen in den Augen hatten.
In dieser Musik kam ihre ureigenste Identität zum Ausdruck.
F. von Lembach
Edvard Grieg
Bergen (Norwegen), Grieg-Haus

DIE VIOLINE

Fritz Kreisler und Jaques Thibaud verkörperten – jeder auf seine Weise – musikalische Eleganz und Raffinesse. Als ich noch ein Kind war, faszinierte mich Kreisler, weil er aus einer anderen Welt kam: der mondänen Wiener Gesellschaft. Ich kannte die russische Seele, die deutsche, die französische – doch die Wiener Kultur war mit völlig fremd. Seine Arrangements der wienerischen Musik spielte Kreisler mit diesem gewissen Etwas, das ich unmöglich nachahmen konnte. Ich mußte warten, bis ich zwanzig Jahre alt war, um *Schön Rosmarin* und die *Caprice viennois* einzuspielen. Thibaud war immer ein Dandy und Verführer, im Leben wie auf der Bühne. Niemals werde ich vergessen, wie er Anfang der dreißiger Jahre in Paris Mozarts *Violionkonzert in G-Dur* spielte. Seitdem waren wir gute Freunde.
Links: Fritz Kreisler mit Yehudi Menuhin.
Rechts: Bildnis von Jaques Thibaud von Abel Faivre.

VOM MENSCHEN, DER DIE VIOLINE SPIELT

Nun könnte ich natürlich auch von anderen Geigern sprechen, die ich persönlich kennengelernt habe und die ich außerordentlich verehre: den französischen Geiger Jacques Thibaud (1880-1953) mit seiner typisch französischen Leichtigkeit und Grazie, die ihn zu einem idealen Mozart-Interpreten machte. Oder Fritz Kreisler (1875-1962), der die Gabe hatte, allem, was er auch spielte, einen besonderen Hauch von Farbigkeit, Heiterkeit und Herzenswärme zu verleihen.

Doch ich möchte lieber auf ein Phänomen zu sprechen kommen, das allenthalben Erstaunen und Neugier hervorgerufen hat: Ich meine die unglaublich große Zahl von Geigern, die zu Beginn des 20. Jahrhunderts aus der Ukraine kamen. Efrem Zimbalist, Toscha Seidel, Mischa Elman, Nathan Milstein, David Oistrach – sie alle sind aus der ukrainischen Schule hervorgegangen. Wie läßt sich eine solche Häufung von Talenten erklären? Warum ausgerechnet in dieser Region rund um Odessa?

Vielleicht liegt es daran, daß in der Ukraine viele verschiedene kulturelle Traditionen zusammenflossen, die der Kunst des Violinspiels einen fruchtbaren Boden bereiteten. Die geigenden Zigeuner hatten gewissermaßen den Rohstoff geliefert: sicheren musikalischen Instinkt und ein feuriges Temperament. Die Juden, die dort lebten, brachten die ihnen angeborene Gabe mit, Emotion mit analytischem Geist zu verbinden – und damit das Fundament für eine umsichtige Pädagogik. Eine dritte Voraussetzung geht schließlich auf die ukrainischen Bauern selbst zurück, nämlich ihre Neigung zum Dramatischen und zu heftigen Gefühlsausbrüchen.

Darüber hinaus war in der rauhen, ja feindseligen Umgebung der Ukraine die Violine der einzige

David Oistrach war der vollkommenste Geiger unseres Jahrhunderts: Feurigste Leidenschaft verband er mit absoluter Strenge und Disziplin. Und seine außergewöhnliche künstlerische Persönlichkeit war nicht zu trennen von seinem aufrichtigen, warmen und großzügigen Herzen. Als Jude russischer Herkunft blieb er auch seinem eigenen Land gegenüber loyal. Er hätte seine Karriere überall auf der Welt fortsetzen können, doch er entschied sich, der UdSSR treu zu bleiben. Kein anderer Kollege war mir so nahe wie er, bis zu seinem vorzeitigen Tod war er mir ein unschätzbarer Freund. Ihm verdanke ich es, daß ich das *Violinkonzert* von Schostakowitsch im Westen spielen und bekanntmachen konnte: Das Konzert war ihm gewidmet und er gab mir seine Partitur – welch schönes Beispiel für seine Uneigennützigkeit und Großzügigkeit!
Von rechts nach links:
David Oistrach, Ravi Shankar, Yehudi Menuhin.

Zufluchtsort. Die Menschen führten ein elendes Leben, es spielte sich zwischen Schnee und Schlamm ab. Die einzige Möglichkeit, ihre Not zu vergessen, sie wie einen Dämon auszutreiben, war das Geigenspiel. Wie damals in Italien bei der Geburt der Amati-Geige trafen auch in der Ukraine verschiedene Umstände aufeinander, aus denen eine »Russische Schule« entstehen konnte. Ohr und Temperament von Lehrern und Schülern, die dort lebten, waren wie geschaffen für eine Geigenmusik, die glänzend wie die Sommersonne und feurig wie die Hengste aus den weiten Ebenen war.

$\mathcal{H}$eutzutage ist dieses jüdisch-russische »Monopol« durchbrochen, überall auf der Welt tauchen Talente auf. Dies vor allem in China, Korea und Japan – vielleicht deshalb, weil die Menschen aus dem Fernen Osten schon immer jene Geschmeidigkeit und Körperbeherrschung besitzen, die für einen Geiger so wichtig ist.

Auch ist die Violine nicht mehr alleinige Domäne der Männer. Und deswegen möchte ich hier jenen dummen Vorurteilen entgegentreten, unter denen die Geigerinnen von jeher zu leiden haben - immer noch werden sie nur selten erwähnt, wenn man von der

Ginette Neveu war die erste große Geigerin. Ich habe kaum einen Künstler kennengelernt, der seinem Instrument so ergeben war, Tag und Nacht konnte sie üben. Sie hatte bei Enescu und Carl Flesch gelernt und war eine beeindruckende Persönlichkeit. Ihr Spiel zeugte von großer Hingabe, aber auch von einer Kraft und Autorität, die einem Ysaÿe würdig gewesen wären. Es gab noch andere Geigerinnen, zum Beispiel die anmutige Cecilia Hansen; deren Spiel aber war eher durchsichtig und zart. Ginette Neveu hingegen gehörte zu jener Sorte Mensch, in der ein leidenschaftliches, vulkanisches Feuer lodert.

---

war es für einen Amerikaner, der die Musikerlaufbahn anstrebte, undenkbar, nicht in Europa zu studieren: Paris, London, Berlin waren Pflichtstationen. Auch mein Lehrer Louis Persinger mußte sich diesem Brauch beugen. Heute ist eher das Gegenteil der Fall: Musiker aus aller Welt, insbesondere Opernsänger, kommen zum Studium an amerikanische Schulen. Maud Powell begann ihre Laufbahn mit einem glänzenden Debüt in Berlin, eroberte sich dann auf zahlreichen Tourneen die Gunst des Publikums in Europa und Amerika und gründete schließlich ein Streichquartett. Sie hinterließ auch mehrere Violinkompositionen und Lieder.

Noch viele andere folgten ihr und trugen ihre Fackel weiter: die englische Geigerin Isolde Meyer, die Russin Cecilia Hansen, die bei Leopold Auer studiert hat und an deren weißgekleidete, engelsgleiche Erscheinung ich mich bewegten Herzens erinnere, Ida Händel, die Freundin aus meiner Kinderzeit, sowie die leidenschaftliche Ginette Neveu. Und heute spielen ohne jeden Unterschied Mädchen und Jungen die Geige. In einigen Ländern, z. B. in Japan, spielt das Instrument immer noch eine wichtige Rolle bei der Emanzipation der Frau, so wie es einst in Europa und Amerika der Fall war.

Eine andere Gruppe von Künstlern, denen kaum Anerkennung zuteil wird und die bei allem Glanz, den sie verbreiten, ein Schattendasein führen, sind die Geiger im Orchester. Sie verdienen bei weitem mehr Achtung als heute noch üblich. In Reihen gezwängt, oftmals hinter ihrem Pult verborgen, arbeiten und feilen sie am homogenen Klang ihrer Gruppe, und das Publikum hört nur diese eine Stimme und verfolgt ihre anmutig tanzenden Bögen, die alle von demselben Uhrwerk angetrieben scheinen. Dennoch müssen

Violine spricht. Natürlich war den Frauen der Zugang zu einer Laufbahn als Geigerin in der Vergangenheit lange verwehrt, aus Gründen, die nichts mit dem Instrument direkt zu tun haben. Frauen hatten sich ausschließlich um die Erziehung der Kinder zu kümmern. Erst seit der Mitte des 19. Jahrhunderts konnte man ab und an auch Geigerinnen hören. Eine der ersten war Maud Powell (1868-1920), eine außergewöhnliche Musikerin. Sie war amerikanischer Herkunft und hatte zuerst bei Charles Dancla in Frankreich, später in Deutschland bei dem großartigen ungarischen Geiger Joseph Joachim studiert. Damals

DIE VIOLINE

diese dem Publikum meist unbekannten Musiker Qualitäten besitzen, die mitunter höher einzustufen sind als die eines Solisten, vor allem die Konzertmeister: Sie müssen jedem Wink des Dirigenten folgen und sich, einem Chamäleon gleich, in alle möglichen Werke des Repertoires hineinversetzen. Denn während die Solisten oftmals nur mit einem sehr beschränkten Repertoire Karriere machen, haben die Orchestermusiker eine Vielzahl von Werken einzustudieren und zu spielen. Und schließlich müssen die Konzertmeister auch solistisch spielen, manchmal nur eine Phrase, ein Thema, manchmal aber auch eine längere Passage. Glücklicherweise würdigen sowohl Fachleute als auch Musikfreunde heute mehr und mehr das Können dieser Musiker, doch daß dies so spät geschieht, ist Grund genug für eine erneute Hommage.

*W*enn ich gegenüber den Geigern von morgen einen Wunsch äußern dürfte, dann ohne zu zögern den folgenden: Ich wünschte, daß die alte Tradition der Geiger-Komponisten wieder aufleben würde. Denn diese Tradition, selbst zu komponieren, zu transkribieren und zu improvisieren, ist seit mehreren Generationen in Vergessenheit geraten. Mir scheint aber, daß wir schon wieder den Weg zurück zu diesen Ursprüngen einschlagen. Ich für meinen Teil tue alles, um die jungen Menschen an meiner Schule dazu zu ermutigen: Jeder Schüler muß sich mit der Kunst des Komponierens auseinandersetzen. Ein Lehrer aus Israel unterrichtet bei uns Improvisieren mit klassischer Musik, d. h. er löst aus einer Melodie das harmonische Gerüst heraus und läßt es die Schüler auf neue Weise umkleiden. So erschaffen die Schüler die Musik, die sie spielen, neu und lernen sie gewis-

*E*in Orchester ist ein Kollektiv, in dem jeder seinen festen Platz hat und in dem jedem auch die Achtung entgegenbracht werden sollte, die ihm gebührt. Wie oft vergessen wir diese Künstler im Schatten, von denen wir häufig nicht einmal das Gesicht sehen und die in den Spitzenorchestern der Welt (wie hier bei den Wiener Philharmonikern) immer auf ihren Pult und das kleine elektrische Licht angewiesen sind. Und doch ist es einzig dem Talent und dem Können jedes einzelnen von ihnen zu verdanken, daß ein Dirigent daraus die Schönheit und Ausdruckskraft des vollen Orchesterklangs zaubern kann.

sermaßen »von innen heraus« zu verstehen, anstelle nur mechanisch ihr Programm herunterzuspielen. Mehrere Geiger bestätigen die Anzeichen für das Wiederaufleben der Improvisationskunst: so etwa Volker Biesenbender, ein Kenner der Folklore Amazoniens und der indischen Musik. Er hat eine kleine Instrumentalgruppe gegründet, die – ähnlich wie die Gruppen auf den Bildern von Chagall – aus Violine, Akkordeon und Kontrabaß besteht. Mit dieser Gruppe kam er auch zum Gstaader Festival und machte Straßenmusik – die Leute folgten ihm wie dem Rattenfänger von Hameln.
Der französische Geiger Gilles Apap – bekannt vor allem aus einem Film von Bruno Monsaingeon – ist

ein weiteres Beispiel für jenen Typus des »improvisierenden Geigers«. Ein anderer meiner Schüler, der durch die Medien um ein Vielfaches bekanntere Nigel Kennedy, vereint ebenfalls mehrere musikalische Welten. Stéphane Grappelli ermutigte ihn dazu, als er meine Schule besuchte. Nigel bewunderte Grappelli grenzenlos, und so nahm dieser ihn unter seine Fittiche und führte ihn auf seinen Weg.

Vielen zeitgenössischen Geigern fehlt diese musikalische Zwanglosigkeit, diese Fülle an improvisatorischen Fähigkeiten. Sie verstehen nicht, in die Musik, die sie spielen, etwas unverwechselbar Persönliches hineinzulegen, und geben sich damit zufrieden, das immergleiche Repertoire abzuspulen. Oder aber sie drücken der Musik einen extrem eigenwilligen Stempel auf, der nichts mit dem Stil des Stückes zu tun hat. Dennoch: Es ist wichtig, aufgeschlossen gegenüber allen Experimenten und Erfahrungen zu sein, die die Musik wieder so lebendig machen, als sei sie gerade erst komponiert worden. Und dies bei allem getreuen Respekt vor dem Komponisten. Der große Dirigent Bruno Walter sagte einmal über die Kompositionen, die er dirigierte: »Ach, wenn ich diese Werke doch nur zum allerersten Male hören könnte!« Ich glaube, daß die Kunst des Komponierens und Improvisierens uns dabei helfen kann, jenen ersten Schauder, jene unberührte Freude der Werke der Vergangenheit wiederzuentdecken.

*D*ieses Bild zeigt Platon und seine Schüler, einander lauschend und in beschaulicher Versenkung. Sehr beredt illustriert es, was es heißt, Musik zu unterrichten. Häufig stellen wir es uns so vor, daß das Leben des Schülers in eine bestimmte Form gebracht wird, so als wäre er nichts als weicher Ton in den Händen eines Bildhauers. Doch die Musik selbst verwandelt den, der sich mit ihr beschäftigt.

Auch der Sämann hat keinen Einfluß auf das Korn, das er aussät: Er kann den Boden bereiten und einen günstigen Zeitpunkt für die Aussaat wählen – doch von da an ist er nicht mehr Herr des Geschehens. Genauso verhält es sich mit dem Lehrer. Er löst einen Prozeß aus, den er nur begrenzt steuern kann.

Links: *Die Versammlung der Weisen* oder *Philosophenschule, Platon mit seinen Schülern*, Mosaik
Neapel, Archäologisches Museum
Rechts: Edme Bouchardon (1698-1762)
Die Sämänner
Paris, Louvre

Vom Menschen, der Violine unterrichtet

*U*nterrichten bedeutet Leben schenken: ein Geschenk aus Erfahrungen, aus Irrtümern und Entdeckungen, Versuchen und Erfolgen, ein unberechenbares Geschenk, vergleichbar dem ins Erdreich gesenkten Samenkorn, von dem man nicht weiß, ob es aufgeht und zur Pflanze gedeihen wird, die ihrerseits wieder neue Samen bilden und Pflanzen hervorbringen wird und so den großartigen Kreislauf der Natur schließt.

Dieses Geschenk ist ein langwieriger Prozeß: Der Lehrer muß den Schüler auf den Wegen seiner Lehrzeit begleiten. Er lenkt die Kräfte, hört zu, leitet an. Vor allem aber gibt er dem Schüler die Gelegenheit, sich ganz allein zu korrigieren, sein Tun zu analysieren, seine Gedanken auszudrücken und sie nach eigenem Ermessen umzusetzen. Sein Ziel ist es, dem Schüler beizubringen, wie er ohne ihn auskommt.

Die grossen Lehrer und ihre Methoden

Die wichtigsten Eigenschaften eines Lehrers sind sein Gehör, seine Beobachtungsgabe und die Fähigkeit, seinem Gegenüber Aufmerksamkeit zuzuwenden. Wenn ein Lehrer bei seinem Schüler einen Fehler bemerkt, darf er sich nicht nur mit einem bloßen Hinweis darauf zufriedengeben. Fehler heraushören und kritisieren – das kann jeder. Um aber seinen Schüler zu korrigieren, muß der Lehrer nach der eigentlichen Ursache suchen und das Übel bei der Wurzel packen. Wenn zum Beispiel ein Geiger unrhythmisch spielt, muß sich sein Lehrer fragen, wie er läuft und ob er tanzen kann. Daß er nicht richtig spielt, liegt möglicherweise an einer physischen oder technischen Schwäche; es bedeutet jedoch nicht zwangsläufig, daß er die Musik nicht begreift. Nur ein geduldiges und einfallsreiches Unterrichten gibt dem Schüler die Kraft und den Mut, die für eine harmonische Entwicklung notwendig sind.

Einer der ersten großen Pädagogen in der Geschichte der Violine ist Leopold Mozart, Wolfgang Amadeus Mozarts Vater. Sein *Versuch einer gründlichen Violinschule* stammt aus dem Jahre 1756 und wurde rasch zu einem Nachschlagewerk. Es behandelte die damals umstrittene Frage des Fingersatzes, die Art und Weise, wie das Instrument zu halten war und bestimmte Stricharten.

Mit Sicherheit wäre Mozart nicht zu dem einzigartigen Komponisten geworden, der er war, wäre da nicht von Anfang an ein umsichtiger Lehrer gewesen: Sein Vater Leopold Mozart hörte die erste Musik von Mozart und führte seine ersten Schritte. Mit Gelassenheit, ja sogar ein wenig Arroganz, trägt er in diesem Gemälde die Selbstsicherheit dessen zur Schau, der sein Handwerk beherrscht. Unbestreitbar war er genau der Mensch, dessen es bedurfte, um das Talent des jungen Wolfgang Amadeus zur Entfaltung zu bringen. Seine Hand ruht auf einem Buch; sicherlich ist es seine berühmte Violinschule, die die italienische Geigenkunst in Deutschland bekanntmachte. Auch heute noch ziehen Geiger dieses Werk zu Rate, wenn sie sich mit der korrekten Ausführung von Appogiaturen und Verzierungen beschäftigen.
Pietro Antonio Lorenzoni oder F. J. Degle: *Leopold Mozart* Salzburg, Mozart-Haus

---

Heute hat sich die Spieltechnik der Geige sehr verändert, doch Leopold Mozarts Schrift wird immer noch in Ehren gehalten, denn sie ist eine Fundgrube an Hinweisen, die vor allem über die Aufführungspraxis der damaligen Virtuosen Auskunft gibt.
Ich möchte hier nicht mit einer stumpfsinnigen Aufzählung aller namhaften Lehrer fortfahren, die das Abendland in der Vergangenheit hervorgebracht hat. Ich möchte ganz einfach ein paar Namen ins Gedächtnis rufen und versuchen, einige Dinge begreiflich zu machen.

An der Wende vom 18. zum 19. Jahrhundert war die Geige ein Gegenstand schwärmerischer Begeisterung – nicht zuletzt dank solcher Virtuosen wie Paganini. Je mehr sich das Publikum für die Geige interessierte, desto mehr wurde für die Geige komponiert, desto mehr Musiker lernten Geige – und desto mehr Lehrer gab es auch. Einige von ihnen komponierten Stücke zu Unterrichtszwecken, zum Beispiel der französische Geiger Rodolphe Kreutzer die *Etüden* und *Capricen* für Violine solo. Zusammen mit Pierre Rode und Pierre Baillot begründete er die moderne französische Schule.

In der ersten Hälfte des 19. Jahrhunderts befand sich das europäische Zentrum der Violinpädagogik in Paris und an dessen Konservatorium. Eine von drei Geigern gemeinschaftlich verfaßte Violinschule war gewissermaßen die »Bibel« für Lehrer und Schüler dort: Die *Méthode du violon* von Pierre Baillot (1771-1842), Rodolphe Kreutzer (1766-1831), dem Beethoven seine berühmte Sonate gewidmet hatte, und Pierre Rhode (1774-1830). Alle drei waren Schüler des großen italienischen Geigers und Komponisten Giovanni Battista Viotti (1755-1824) gewesen und traten nunmehr an seine Stelle.

Ich könnte viel über diese französische Violinschule berichten sowie über deren belgischen Ableger, der ebenfalls auf einen Schüler von Viotti zurückgeht, und zwar auf Charles de Bériot (1802-1870). Aber ich

VOM MENSCHEN, DER VIOLINE UNTERRICHTET

Leopold von Auer ist eine der beeindruckendsten Figuren in der Geschichte der Violinpädagogik. Der ungarische Jude emigrierte nach Rußland und wurde dort Lehrer von Heifetz, Elman, Zimbalist, Seidel, Milstein... Als er Rußland verließ und über Norwegen, wo er sich einige Zeit in Oslo aufhielt, nach Amerika reiste, nahm er seine Schüler mit (außer Heifetz, der über den Pazifik und nicht über den Atlantik flüchtete). Im Gegensatz zu vielen anderen Lehrern hat er uns keine Etüden hinterlassen; doch er schrieb eine kleine Violinschule, die ich in ganz jungen Jahren einmal gelesen habe.

möchte hier lieber über eine Tradition sprechen, die mir zeitlich und vom Naturell her näher liegt. Ihr bedeutendster Vertreter ist Leopold Auer (1845-1930). Dieser Geiger ungarischer Abstammung ist im Grunde schon ein Denkmal, ohne ihn wäre die moderne Violinkunst undenkbar. All die berühmten Geiger aus der Ukraine, von denen ich sprach, waren seine Schüler: Heifetz, Milstein, Zimbalist, Elman, Seidel usw. Als Schüler von Joachim und Dont begann Auers Laufbahn in Deutschland, danach wurde er als Nachfolger Henryk Wieniawskis an das St. Petersburger Konservatorium berufen. Dort unterrichtete er ungefähr 50 Jahre lang und gab seine Geiger-Karriere dafür gänzlich auf. Dennoch komponierte Tschaikowsky mehrere Werke für ihn, zum Beispiel das *Violinkonzert in D-Dur*. Auer, der das Werk für unspielbar erklärte, trat mit einer Bescheidenheit, die aller Ehren wert ist, zurück und überließ Alfred Brodsky die Uraufführung. Das hinderte Auer jedoch nicht, dieses Werk in der Folge oftmals aufzuführen… Als die Oktoberrevolution ausbrach, emigrierte Auer nach New York.

Carl Flesch (1873-1944) war ebenfalls ein Lehrer jüdisch-ungarischer Abstammung; Ida Händel, Ginette Neveu und viele andere sind durch seine Schule gegangen. Außerdem hinterließ er seine *Memoiren* und ein sehr wertvolles pädagogisches Werk: *Die Kunst des Violinspiels* erschien 1923 in Berlin und enthält eine Reihe von Tonleiter- und Arpeggienübungen. Ganz besonders sinnvoll sind die Etüden, die Flesch den Geigern für das morgendliche Einspielen empfiehlt. Während des Krieges lebte Flesch in London; ein berühmter Wettbewerb, mit dem ich befaßt bin, trägt heute seinen Namen.

Auffällig ist, daß berühmte Lehrer so oft aus Ungarn stammen. Gewiß liegt es daran, daß sich im Laufe der Geschichte immer wieder die Kulturen von Orient und Okzident vermischten und daß dort verschiedene musikalische Traditionen zusammentrafen: die der Zigeuner und der ungarischen Volkmusik.

Schon im 19. Jahrhundert hatte Ungarn in der Person Joseph Joachims (1831-1907) einen wichtigen Beitrag zur Violinpädagogik geleistet. Mendelssohn und Liszt waren von Joachim, der sich in Deutschland niedergelassen hatte, begeistert. Er hatte jenes Streichquartett begründet, das Beethovens Quartettkompositionen erschloß und sie als Repertoirestücke durchsetzte. Sowohl Schumann als auch Brahms holten seinen Rat ein, wenn sie für die Geige komponierten. In Hannover war Joachim der Lehrer von

> *T*schaikowsky hat den Geigern wohl die meisten Stunden der Angst beschert! Denn alle Geiger, besonders natürlich die russischen, wollen sein fürchterlich schweres *Violinkonzert in D-Dur* spielen. Ich bin wahrscheinlich der einzige, der es niemals eingespielt hat. Tschaikowsky hat es in genialer Weise verstanden, der Seele des russischen Volkes mit all ihren Widersprüchen und Gegensätzen Ausdruck zu verleihen. An seiner Musik hebt man oft nur ihre überwältigende Dramatik hervor. Doch genauso wesentlich für seinen Kompositionsstil sind seine Leichtigkeit und Tanzbarkeit.
> N. Kouznetsov
> *Peter Iljitsch Tschaikowsky*
> Moskau, Tretjakow-Galerie

Auer, von Jenö Hubay, Will Hess und für kurze Zeit auch von Bronislaw Hubermann. Sein Einfluß in der zweiten Hälfte des 19. Jahrhunderts war immens. Den Geigern von heute hat dieser legendäre Mann eine umfangreiche Violinschule hinterlassen sowie die noch immer gern gespielten Kadenzen zu den Violinkonzerten von Beethoven und Brahms.

Neben diesen großartigen Lehrern gab es aber auch eher abschreckende Beispiele, zum Beispiel den tschechischen Geiger Otakar Ševčik (1852-1934). Aus aller Welt strömte man zu ihm ans Prager Konservatorium, später in seine Heimatstadt Pisek. Er trug den Spitznamen »Henker der Geiger«. In der Tat haben nur wenige seiner Schüler Karriere gemacht, nur wenige haben seine Etüden überlebt (in künstlerischer Hinsicht, versteht sich). Sie wurden von einem Übermaß an Technik getötet. Denn technische Disziplin und

Eine weitere Hauptfigur in
der langen Geschichte der Violine:
Joseph Joachim, begnadeter
Geiger, hervorragender Lehrer,
Komponist und Dirigent. Er war
einer der berühmtesten und
am meisten verehrten Musiker
seines Jahrhunderts.
Dies Bild zeigt eine weitere Facette
seiner unglaublichen musikalischen
Schaffenskraft: 1869 gründete er
in Berlin das Joachim-Quartett,
mit dem er bis an sein Lebenende
musizierte und mit dem er vor
allem die Streichquartette
Beethovens bekannt machte.
Wenn man dieses Photo betrachtet, in seiner ernsten und förmlichen Atmosphäre, so möchte man
kaum glauben, daß ungarisches
Blut in Joachims Adern floß.
Von links nach rechts:
Joseph Joachim (1. Geige)
Roberto Hausmann (Violoncello)
Emanuel Wirth (Bratsche)
Karl Halir (2. Geige)

Präzision, so notwendig sie auch immer sind – sie dürfen nie die Ausdruckskraft und das individuelle Temperament ersticken! Beachtet man das nicht, erzielt man das Gegenteil dessen, was man erreichen will, und die Willenskraft, die ja eigentlich etwas Positives ist, verwandelt sich in eine zerstörerische, selbstmörderische Gewalt. Die Technik hat stets im Dienste der Musik zu stehen; eine andere Existenzberechtigung hat sie nicht. So wie die Kerzenflamme den Docht und Sauerstoff zum Brennen benötigt, so kann der Geiger ohne Emotionen nicht leben. Sie beleben seine Seele, durch sie kann er während des Spielens atmen. Er ist keine Maschine, die Töne produziert, sondern ein Wesen aus Fleisch und Blut, ein Vulkan aus Leidenschaft und Lust.

Überdies muß ein Lehrer sehr aufmerksam sein und wissen, wie weit er dem Widerstand seines Schülers entgegenarbeiten darf. Anstrengung mag förderlich sein, doch man darf ihre Grenzen nicht überschreiten; Sporttrainer kennen dieses Phänomen sehr wohl. Ševčík jedoch verstand es bei aller Qualität und Findigkeit seiner Etüden nicht, wirkliche Musiker und voll entfaltete Künstler auszubilden.

Zum Ende des letzten Jahrhunderts strahlte der Glanz der Violine in Westeuropa besonders hell, vor allem Frankreich und Belgien brachten herausragende Pädagogen hervor. So entwickelte sich die sogenannte Französisch-Belgische Schule. Ihre bedeutendsten Repräsentanten waren – in der Nachfolge von Charles de Bériot – der Virtuose und Komponist Henri Vieuxtemps (1820-1881) und sein Schüler Eugène Ysaÿe (1858-1931).

Ysaÿe war unbestritten die zentrale Persönlichkeit dieser Schule – einer der letzten Säulenheiligen dieser

*B*eim Unterrichten gibt es keine endgültigen Antworten. Immer wieder muß man nach neuen Formulierungen suchen, nach Erklärungen, die der Persönlichkeit des Schülers ebenso entsprechen wie dem besonderen Stil eines Komponisten oder dem spezifischen Charakter eines Werkes. Sicherlich aus diesem Grund habe ich auf diesem Photo so einen nachdenklichen Gesichtsausdruck. Zu einer musikalischen Lösung gelangt man nur durch intensive Reflexion. Es gibt soviel über Musik zu sagen und immer kann man noch einen neuen Weg finden, um den Kern eines Stückes zum Klingen zu bringen.
Der junge Bratscher hier erarbeitet gerade eine *Bratschensonate* von Brahms.
Yehudi Menuhin mit einem Studenten der Internationalen Musikakademie in Gstaad, August 1980

VOM MENSCHEN, DER VIOLINE UNTERRICHTET

vergangenen Epoche. Einerseits war das Publikum von seiner kolossalen Erscheinung beeindruckt, andererseits von seinem warmen, vollen Ton und von seinem Vibrato, dessen Stärke und Schnelligkeit er in unendlichen Abstufungen variieren konnte. Zahlreiche Werke des späten 19.Jahrhunderts wurden ihm gewidmet: das *Poème* von Ernest Chausson, die *Violinsonaten* von César Franck und Guillaume Lekeu und das *Streichquartett* von Claude Debussy. Er hatte ein Gespür für Kunst, die Bestand haben wird, und wollte auch die Tradition weitergeben. Deshalb komponierte er, einem alten Brauch getreu, jeweils sechs *Violinkonzerte* und sechs *Solosonaten*.

Mein erster Lehrer Louis Persinger war Schüler Ysaÿes. Ich selbst hatte Gelegenheit, diesen Meister, den ich in gewisser Hinsicht als meinen künstlerischen Großvater bezeichnen kann, kennenzulernen und eine Stunde bei ihm zu nehmen. Unter welchen Umständen dieser Unterricht bei ihm stattfand, werde ich noch berichten.

Ich möchte schließlich zwei andere große Pädagogen nicht vergessen: Charles Dancla (1817-1907) und aus jüngere Zeit Jules Boucherit (1878-1962). Ihr pädagogisches Geschick und ihre Musikalität ließen sie immer ein ausgewogenes Verhältnis zwischen den Lehrsätzen ihrer Methodik und der Inspiration finden.

*H*eute werden im Geigenunterricht neue Wege gesucht. Neue Regionen sind hinzugekommen, namentlich in Asien: China, Korea und Japan. Unglaublich schnell haben diese Völker die technischen Fertigkeiten auf diesem Instrument von der westlichen Welt übernommen, aber dieses Tempo kann man nachvollziehen, wenn man die Qualitäten der asiatischen Völker kennt.

Von den Experimenten der Pädagogen aus diesen Ländern möchte ich die Arbeit des Japaners Suzuki vorstellen. Ihm verdanken wir, daß sich die Einstellung zum Unterrichten in einem wesentlichen Punkt geändert hat: Das Geigeüben wird nicht mehr als Anstrengung oder Mühsal angesehen. Suzuki hat als einer der ersten spielerische Elemente in den Violinunterricht einbezogen.

Die Suzuki-Methode beruht auf der Idee, daß ein Kind durch Nachahmung lernt. Wenn es laufen und sprechen kann, dann deshalb, weil es dies von seinen

Suzuki hat dazu beigetragen, das Geigenspiel breiten Bevölkerungsschichten zugänglich zu machen und gab ihm eine spielerische Dimension: Bei seiner Methode lernt das Kind, indem es Spaß hat. Er hat das Eis einer Pädagogik gebrochen, die viel zu oft nur auf Zwang und Fleiß ausgerichtet war. Suzukis Ziel war es, Tausende von Amateuren zu erziehen. Hier, anläßlich seines jährlichen Violinwettbewerbs, ist sein Traum Wirklichkeit geworden: 3000 Kinder haben sich im Kreis aufgestellt, um das *Doppelkonzert* von Bach zu spielen.

Eltern abschaut und versucht, es ihnen nachzumachen. Suzuki meint, daß man beim Violinspiel genauso verfahren kann: Er bringt also zunächst dem Vater und der Mutter die Grundbegriffe des Violinspiels bei, bevor er das Kind unterrichtet. Das ist eine typisch japanische Vorgehensweise, doch überall auf der Welt findet man jetzt kleine Gruppen, die mit einer der westlichen Mentalität angepaßten Suzuki-Methode arbeiten.

Als wir uns kennenlernten, sagte Suzuki zu mir: »Meine Absicht ist es, Tausende von Amateuren zu

DIE VIOLINE

*I*n einem Kammerorchester spielen, vor Publikum auftreten und Musikern aus anderen Ländern begegnen – dies sind einige jener Dinge, die ich den jungen Streichern nahebringen möchte, die an meiner Internationalen Musikakademie in Gstaad teilnehmen. Sie kommen aus allen Enden der Welt (aus Argentinien, China...), um hier ihre unterschiedlichen Ansichten und Zugangsweisen zur Musik auszutauschen und im gemeinsamen Spiel aufeinander abzustimmen. Obwohl die meisten von ihnen auf ihrem Instrument schon sehr versiert sind, stellt diese Akademie eine wertvolle Ergänzung zu ihrer Ausbildung zuhause dar.

erziehen.« Ein solches Programm kann ich nur unterstützen. Unsere Gesellschaft kann sich nur aus sich heraus erneuern, wenn sie Tausende von Amateuren, Musikliebhaber oder auch andere Kunstbegeisterte, in ihrem Enthusiasmus unterstützt. Außerdem: Unter den »Amateuren« der Suzuki-Methode sind schon manche großartigen »Profis« aufgetaucht.

*W*eil auch ich seit langem schon an einem pädagogischen Projekt arbeite, habe ich vor mehr als 30 Jahren in England eine Schule gegründet – meine eigene Musikschule. Meine Absicht war es, Kindern, die eine große Begabung für Saiteninstrumente zeigen (das starre Klavier ist hier mit eingeschlossen), ein Umfeld und Unterrichtsmöglichkeiten bereitzustel-

VOM MENSCHEN, DER VIOLINE UNTERRICHTET

len, in denen ihr Talent sich entfalten kann. Seitdem sind Kinder aus aller Welt nach Stoke D´Abernon in Surry gekommen und haben aus ihrem kulturellen Umfeld die unterschiedlichsten Erfahrungen und Mentalitäten mitgebracht. Manche fasziniert die Geige, manche das Violoncello oder die Bratsche, andere wiederum das Klavier.

Die Grundlage meines Vorhabens könnte man folgendermaßen umschreiben: Wie läßt sich Talent fördern, wie kann man die musikalische Neugier und den Lebensdurst der Heranwachsenden stillen? Ich würde sagen, zunächst muß man ihnen klarmachen, was es heißt, zum Musiker berufen zu sein. Denn die Begabung ist nicht nur ein Vorrecht, sondern zieht auch eine Verantwortung nach sich. Ein jeder von ihnen hat gegenüber der Gemeinschaft der Menschen einen Auftrag zu erfüllen: Er ist Interpret und Vermittler aller menschlichen Gefühle, er ist Tröster und Arzt, heilt Übel, unter denen wir leiden, er kann Anreger und Lehrer sein. Das Wissen um die eigene Aufgabe unter den Menschen ist grundlegend für jeden, der Musiker werden will.

Sodann besteht unsere Aufgabe darin, diesen Kindern sehr gute Lehrer zu verschaffen, Zeit zum Üben, die Gelegenheit, vor Publikum aufzutreten und die Möglichkeit, mit andern Kindern zu musizieren. Und schließlich möchten wir ihnen auch den Zugang zu anderen musikalischen Aktivitäten, wie etwa Improvisation oder Komposition eröffnen. So kann sich ihre künstlerische Begabung entfalten wie die Knospe, die sich öffnet, zur Blüte wird und sich später zur Frucht wandelt. Unser Ziel ist es, exzellente Musiker heranzubilden, zugleich aber auch Menschen, die aufgeschlossen sind, ausgeglichen und bereit, ihren Teil für den Frieden unter den Menschen beizutragen.

GEIGESPIELEN

Die Violine ist (neben der Bratsche) das einzige Streichinstrument, das nur vom Körper gehalten wird. Das Cello steht mit seinem Stachel auf dem Boden, während der Cellist auf einem Stuhl sitzt, und der Kontrabaß steht direkt auf dem Boden. Die Violine aber ruht auf dem Körper des Spielers. Deshalb ist die erste Reaktion des Kindes, das Instrument krampfhaft zwischen Schulter und Kinn zu pressen, aus Angst, die Violine könnte herunterfallen. Der Körper wird sofort fest, alle Lockerheit, für ein musikalisches Spiel so notwendig, ist dahin.

Das Cello ist, dank seines Stachels, fest im Boden verwurzelt. Das gilt auch in musikalischer Hinsicht, denn im Streichquartett spielt es die tiefste Stimme, bildet das Fundament der Akkorde und stützt so das ganze musikalische Gebäude. Wenn ein junger Musiker sich für dieses Instrument entscheidet, so ist das oft aufschlußreich über sein Temperament: Während bei der Violine einzig ein schöner Ton und ein leidenschaftlicher Charakter zählen (ähnlich wie bei den Tenören und Primadonnen), verlangt das Cello außergewöhnliche Tiefe, innere Ruhe und Ernsthaftigkeit. Ich hatte das Glück, in meinem Leben die bedeutendsten Cellisten kennenzulernen und mit ihnen zu spielen: Mit Pablo Casals und Mstislav Rostropowitsch, die beide auf ihre Weise außergewöhnliche Virtuosen sind. Casals spielte fein ziseliert und mit der Genauigkeit eines Goldschmieds. Rostropowitsch spielte impulsiv, ungebunden und voller Hingabe, aber immer diszipliniert, auch noch bei der kleinsten Zweiunddreißigstelnote. Diese beiden großen Cellisten standen einander in nichts nach, im Feuer ihrer Leidenschaft entfachten sie alles, was die Musik an Schönem hervorzubringen vermag.

DIE VIOLINE

Wenn die Geige auf der Schulter und nicht, wie es sein sollte, auf dem Schlüsselbein ruht (linkes Photo), so hat das fatale Folgen. Nicht nur in technischer Hinsicht, sondern auch für den Klang, denn die natürlichen Schwingungen des Korpus werden so unterdrückt. Die Schulter muß immer locker und entspannt hängen, gleich was die linke Hand gerade tut. Wenn die Schultermuskulatur angespannt ist, dann wird das Wechselspiel der Muskeln zwischen Rücken und linker Hand unterbrochen; ausgewogene und freie Bewegungen werden unmöglich.
Bruno Monsaingeon, Beispiele für schlechte und gute Haltung

Dennoch verlangt die Mehrheit der Geigenlehrer von ihren Schülern, die Geige auf die Schulter zu legen – das ist der erste schwere Fehler beim Unterricht. Von ihrer ersten Stunde an beginnen 99 Prozent der Schüler, in einer schlechten Haltung zu üben. In Wirklichkeit muß der Teil der Violine, wo sich der Kinnhalter befindet, nicht auf die Schulter, sondern auf das Schlüsselbein gelegt werden, und das Kinn soll leicht und nicht mit dem ganzen Gewicht des Kopfes auf der Violine bzw. dem Kinnhalter ruhen, mit gerade so viel Druck, daß das Instrument nicht vom Schlüsselbein rutscht. So bleibt die Schulter frei, und die Violine wird nicht eingeklemmt.

Bevor ein Kind seine Geige das erste Mal hält, sollte es deswegen zuerst lernen, die Bewegung von linker Schulter und linkem Schlüsselbein zu unterscheiden, d. h. das Kind muß die Schulter ohne Beteiligung des Schlüsselbeins nach oben und unten, vorwärts und

VOM MENSCHEN, DER VIOLINE UNTERRICHTET

VOM MENSCHEN, DER VIOLINE UNTERRICHTET

*M*an wünschte sich, so unbekümmert und anmutig und mit solch träumerischer Hingabe Geige spielen zu können. Doch leider handelt es sich hier um eine ziemlich idealisierte Darstellung…Der Winkel des linken Ellbogens ist zwar perfekt; doch die Art und Weise, wie die rechte Hand den Bogen hält, ist völlig unrealistisch und es wäre unmöglich, so zu spielen.
Giovanni Bellini (um 1430-1516)
Altarbild von San Giobbe
(Ausschnitt), 1486/87
Venedig, Accademia

rückwärts bewegen können. Desgleichen muß es das Schlüsselbein nach oben und unten schieben können, ohne daß sich die Schulter in die entgegengesetzte Richtung bewegt. Eines der wichtigsten Prinzipien im Geigenunterricht lautet also: Jeder übertriebene Druck, jede übertriebene Anspannung engt die Bewegungsfreiheit ein. Leider wird dies nicht geübt, weil man die Schulter als Stütze für das Instrument ansieht. Damit nimmt man der Violine die Freiheit, wirklich zu schwingen, und die Schulter wird zu einem unbeweglichen Stützpfeiler, während man sie doch beweglich kreisen lassen sollte, um einen Ausgleich zum gebeugten Arm zu schaffen, dessen Hand auf dem Griffbrett liegt.
Ebenso wichtig ist beim Violinspiel, die Gesetze des Gleichgewichts kennenzulernen und sie zu verinnerlichen. Im Grunde müßte der Unterricht damit überhaupt beginnen! Zunächst sollte das Kind ein Gespür dafür entwickeln, nur den eigenen Körper – ohne Violine – im Gleichgewicht zu halten. Der Körper muß sich nach verschiedenen Richtungen neigen können, ohne das Gleichgewicht zu verlieren, wobei Beine und Arme durchaus zu Hilfe genommen werden können. Sodann macht man eine Übung mit der Violine, um das Gleichgewicht zwischen Körper und Instrument zu finden. Hierbei faßt die linke Hand den Hals der Violine, denn selbstverständlich ist es unmöglich, das Instrument nur mit Kinn und Schlüsselbein waagerecht zu halten. Um die Haltung besser zu kontrollieren, empfiehlt sich folgendes: Man legt die Violine auf die Brust, so daß der Geigenhals nach unten zeigt und das Instrument eine fast senkrechte Lage einnimmt; es wird nur von Kinn und Schlüsselbein gehalten. Nun ergreift man den Geigenhals mit der linken Hand und führt die Violine in eine waagerechte Lage, indem man das Kinn anhebt. Dann setzt man das Kinn wieder leicht auf den Kinnhalter auf.
Schauen wir uns nun die Haltung der linken Hand an: Sie darf die Violine nicht wie einen leblosen Gegenstand anpacken und den Hals nicht verkrampft umschließen. Denn so kann man weder ein Vibrato ausführen, noch können die Finger sich frei auf dem Griffbrett bewegen, man kann weder einen schönen Ton hervorbringen noch schnelle Passagen spielen. Der Geigenhals soll nicht in der Daumenbeuge gehalten werden, weil die Geige dabei zu tief hineinsinkt und der Daumen sich nicht mehr bewegen kann. Ideal ist es, den Hals zwischen dem Daumenballen und einem anderen Finger, z. B. dem unteren Zeigefingerglied zu halten. Für die Technik der linken Hand ist wesentlich, daß die Finger immer beweglich bleiben,

vor allem der Daumen, und daß Zeige-, Mittel- und Ringfinger sowie Ringfinger und kleiner Finger völlig unabhängig voneinander sind. Für die linke Hand gibt es viele nützliche Übungen, z. B. die folgende: Der Hals der Violine wird zwischen Daumen und jeweils einem anderen Finger hin- und hergedreht, so daß das ganze Instrument mal im Uhrzeigersinn, mal entgegengesetzt leicht geneigt wird. So kann man kontrollieren, ob die Geige nicht zu fest zwischen Schlüsselbein und Kinn eingeklemmt ist.

Dieselben Grundsätze der Geschmeidigkeit und Lockerheit gelten auch für die Bogenhaltung. Wenn eine Saite zu schwingen beginnt und man auf diese Saite Druck ausübt, dann unterbricht man augenblicklich die Schwingung. Man muß also den Bogen sanft über die Saite ziehen und sich so gut als möglich bemühen, jeden unnötigen Druck zu vermeiden. Natürlich ist ein Minimum an Druck nötig, um überhaupt einen Ton zu erzeugen. Ideal wäre es, wenn man die Saite von jeder Seite mit Magneten anziehen könnte, so daß sie ohne jeden Druck, ja ohne jede Berührung ins Vibrieren geriete. Aber das gehört ins Reich der Träume…

Es ist also der Bogen, der die Saite in Schwingung versetzt, und zwar abwechselnd durch Auf- und Abstrich, d. h. durch Schub und Zug. Die rechte Hand hält und führt den Bogen und muß ihn ganz locker zwischen Daumenkuppe und die anderen Finger nehmen. Jeder Finger erfüllt dabei eine ganz bestimmte Funktion, aber ich möchte bei dieser komplexen Mechanik hier nicht ins Detail gehen.

Ich möchte lediglich folgenden Rat geben: In den ersten Unterrichtsstunden ist es ungünstig, das Kind in der ersten Lage, d.h. mit weit ausgestrecktem Arm und der Hand nahe an der Schnecke, spielen zu lassen.

*D*er Geigenlehrer hier korrigiert gerade die Haltung der linken Hand. Dies ist ein sehr heikler Punkt der Spieltechnik. Im allgemeinen wird die rechte Hand, das heißt die Haltung des Bogens, von den Lehrern sorgfältiger betreut. Doch es ist äußerst wichtig, wie man die Geige mit der linken Hand anfaßt, denn genauso, wie man mit der Hand die Schwingungen einer Glocke oder eines Glases dämpfen kann, kann eine schlechte Haltung das freie Schwingen der Violine unterdrücken. Darüber hinaus ist die linke Hand nicht vom Rest des Körpers isoliert, das heißt, wenn bei ihr etwas nicht stimmt, so liegt das oft an einer falschen Haltung der Schulter. Doch wie so oft, kümmert man sich nicht um die Ursachen, sondern nur um die Symptome und korrigiert nur das, was man sieht…

Viel wohler wird es sich fühlen, wenn es den Arm anwinkeln kann und seine linke Hand sich nahe am Korpus der Geige befindet. Diese Position ist viel bequemer und dient der Entwicklung einer natürlichen Geschmeidigkeit am besten. Nun kann man ihm die Pendelübung zeigen: Der Ellenbogen pendelt hin und her, und das Handgelenk bleibt dabei so locker wie möglich; weder das Handgelenk noch die Hand und die Finger dürfen schwer auf dem Bogen liegen.

*B*eim Geigespielen darf man niemals das Gefühl für die Balance und für geschmeidige, fließende Bewegungen verlieren. Auch in den bewegtesten Passagen muß die Energie frei strömen und in lockerem Schwung sich entfalten können.

Yehudi Menuhin beim Unterrichten an seiner Schule in Stoke D'Abernon, September 1995

Mit solchen Übungen kann das Kind die Grundbegriffe des Violinspiels erlernen. Leider werden die meisten jungen Geiger falsch angeleitet und eignen sich eine fehlerhafte Technik an, die zu Muskelverspannungen, Verkrampfungen, Festigkeit und übermäßigem Druck führt. Doch das A und O des Violinspiels heißt: Leichtigkeit, Geschmeidigkeit, Lockerheit, fließende Bewegung – mit einem Wort: Schwingung.

DER MUSIKER ALS ZAUBERER

Ich persönlich habe nie einen Lehrer im eigentlichen Sinne gehabt. Wenn ich als Kind zu einem Geiger ging, um mir einen Rat zu holen, wagte keiner einzugreifen. Man hatte Angst, mich in meiner Entwicklung zu stören. Dagegen habe ich wunderbare Menschen kennengelernt, die mir auf meiner Reise Orientierung gaben: Sie leiteten mich an, gaben mir Anregungen, und der eine oder andere unter ihnen war mir auch menschlich ein Vorbild. Der erste von ihnen, Louis Persinger, war Konzertmeister des San Francisco Symphony Orchestra, und wenn meine Eltern mich zu den Nachmittagskonzerten ins Curran-Theater mitnahmen, hatte ich nur Augen für ihn. Ich begann im Alter von fünf Jahren bei ihm zu lernen. Von der ersten Stunde an wußte Persinger ganz genau, was zu tun war. Kein Gerede über Methoden, kein eitles Getue. Als er meiner Mutter und mir etwas vorspielte, wählte er nicht etwa ein virtuoses Stück, das er brillant hätte vortragen können, um uns zu beeindrucken, nein, er spielte uns ein Werk voller innerer Kraft vor, das *Adagio* aus der *G-Dur-Solosonate* von Bach. Wir verstanden sofort, was er uns mitteilen wollte: Musizieren bedeutete für ihn, das Herz der Zuhörer anzurühren. Das war es, was er wollte. Und das würde er mir beibringen.

Persinger erklärte mir überhaupt nichts, er spielte einfach vor. Und ich versuchte gar nicht erst, irgendetwas zu verstehen, sondern ich ahmte ihn einfach nach. Wir ließen den Dingen ihren natürlichen Lauf. Meine Fingersätze, meine Handhaltung wurden von meinem Gehör und meinem Instinkt geleitet. Wie viele andere Lehrer hätte auch Persinger meine lebendige Begabung durch mechanische und fruchtlose

An Eugène Ysaÿe war alles groß, riesig und überwältigend, und es ist kein Zufall, daß er auf diesem Photo die Haltung einer Rodin-Skulptur einnimmt. Ysaÿe wirkte so mächtig, daß die Violine in seinen Hände winzig aussah. Die Intensität, Ausdruckskraft und Grazie seines Spiels machten ihn zu einem Rostropowitsch der Violine. Ich habe ihn nur ein einziges Mal, kurz vor seinem Tode, getroffen (wobei er mir vorausschauende Ratschläge gab). Doch weil er der Lehrer meines ersten Lehrers Louis Persinger war, bin ich auf indirekte Weise auch sein Schüler, sein Enkelschüler sozusagen.

Tonleiterübungen ersticken können; er hätte mir – im besten Glauben – irgendeine unselige Methode aufzwingen können. Doch nichts von alledem. Er hatte das Richtige erkannt, selbst als er mich Etüden spielen lassen wollte und mir zu diesem Zwecke Terzen-Tonleitern aufschrieb.

Nach einigen Jahren beschloß Persinger, daß es für mich an der Zeit sei, den Rat dessen zu hören, der sein Lehrer gewesen war: Eugène Ysaÿe. Er schrieb also nach Brüssel und bat ihn, mich anzuhören. Mit dem Überseedampfer »De Grasse« überquerten wir den Atlantik und kamen über Le Havre nach Brüssel. Ich hatte erwartet, einem Riesen zu begegnen; doch ich fand einen angeschlagenen Mann. Ysaÿe war damals schon sehr krank, er war an seinen Stuhl gefesselt, weil er durch Diabetes ein offenes Bein hatte. Er bat mich, den ersten Satz der *Symphonie espagnole* von Eduard Lalo zu spielen und begleitete mich wunderschön im Pizzicato auf seiner Guarneri. Wie groß war meine Überraschung, als er mich nach diesem Stück aufforderte, ein Arpeggio in A über alle vier Saiten zu spielen. Ich kam seinem Wunsch nach, aber ich spielte ziemlich schlecht, denn ich war es nicht gewohnt, Arpeggien zu spielen. Ich hörte nun nichts anderes von ihm als folgende Mahnung: »Yehudi, Sie täten gut daran, Arpeggien und Tonleitern zu üben!« Dieser Rat sollte sich später als richtig, ja prophetisch erweisen. Aber für diese Art von Übungen war meine Stunde noch nicht gekommen. Wahrscheinlich hatte Ysaÿe erkannt, daß ich mein Haus verkehrt herum aufbaute: Ich war schon dabei, die Wände zu errichten, bevor ich überhaupt das Fundament gelegt hatte. Eines Tages würde ich von vorn anfangen müssen. Aber so wollte es mein Geschick: Ich mußte jenem Weg folgen, der mir auf geheimnisvolle Weise vorgezeichnet war. Und schon schlug mein Herz auch für einen anderen Großen der Musik, den ich zwei Jahre zuvor in San Francisco gehört hatte: für George Enescu.

Enescu wurde für mich zu einem Zauberer der Musik, und zwar in dem Sinne, daß er es vermochte, einen mit seiner Geige zu behexen und ganz gefangenzunehmen. In den folgenden Jahren war es mir vergönnt, sein Genie und seine tiefe Menschlichkeit kennenzulernen. Als ich ihn zum ersten Mal hörte, war ich acht Jahre alt. Enescu war nach San Francisco gekommen, um seine *Sinfonie* zu dirigieren und das *Violinkonzert* von Johannes Brahms zu spielen. Ich erinnere mich noch ganz genau an sein Gesicht, das von einer dichten braunen Mähne umrahmt war, und an die mächtige Erscheinung, die Noblesse und bäuerliches Ungestüm vereinte. Er war einer jener zutiefst romantischen und charismatischen Menschen, von denen man sofort schwärmt und träumt. Ich war hingerissen von seinem Spiel, von seinem Elan und seinem zigeunerhaften, glutvollen, vulkanischen Temperament. Er stammte keineswegs von Zigeunern ab, doch es war ihm gegeben, sich in ihre Musik besser einzufühlen als die Zigeuner selbst.

Drei Jahre später erblickte ich in Paris ein Plakat, auf dem ein Solokonzert mit ihm angekündigt wurde. Da wollte ich mein Glück versuchen. Zusammen mit einer großen Zahl von anderen Verehrern lauerte ich ihm nach dem Konzert vor seiner Garderobe auf, und in einem günstigen Moment gelang es mir, mich vorzustellen und ihm mit zitternder Stimme zu erklären: »Ich möchte bei Ihnen lernen!« Enescu fühlte sich bedrängt, höflich erwiderte er, daß er am nächsten Tag um 6 Uhr in der Frühe aus Paris abreisen müsse. Auch dieses Hindernis überwand ich; ich nahm all meine noch verbliebene Kühnheit zusammen und schlug ihm vor, ihn um 5 Uhr aufzusuchen und ihm vorzuspielen, während er seine Koffer packte. Von diesem Tag an war ich nicht mehr allein. Enescu vermittelte mir Einsichten, die mich mein ganzes Leben begleiteten. Sein Einfluß war so groß, daß er meinen eigenen Zugang zu Kunstwerken, meine eigenen Auffassungen entscheidend prägte.

Enescu war für mich wie ein Wunder: Er spielte Violine, Violoncello, Klavier und trat auch als Dirigent auf. Er war ein angesehener Komponist, und es ist sehr bedauerlich, daß man seine *Rumänische Rhapsodie* heute nicht mehr spielt und daß seine Oper *Oedipus*, seine Sinfonien und Streichquartette in Vergessenheit geraten sind. Enescus Werke verdienen weit mehr Anerkennung, als ihnen zuteil wurde. Und dabei sah er im Komponieren seine eigentliche Bestimmung, das Spielen empfand er sogar als einengend, denn es stahl ihm die Zeit, die er fürs Komponieren brauchte. Nachts, nach den Konzerten, arbeitete er an seinen eigenen Werken. Das hinderte ihn jedoch nicht zu klagen: »Ich bin furchtbar faul, immer träume ich nur von einer einzigen Sache – lang ausgestreckt in einem Kornfeld in Moldavien zu liegen und dem Zirpen der Grillen zu lauschen.«

Enescus *3. Violinsonate* »dans le style populaire roumain« (im volkstümlichen rumänischen Stil) habe ich sehr oft gespielt. Der Violinpart in diesem Werk ist unvergleichlich sanglich und entfaltet sich in ungezwungenem, improvisatorischem Schwung. Darüber hinaus ist sie ein Meisterwerk musikalischer Notation:

Dies ist Enescu.

Auf großartige Weise illustriert dieses Photo, daß dieser bezaubernde Musiker mehr war als ein Interpret: ein Visionär. Er blickte hinter den Noten auf den Grund des Werkes, erkannte seinen verborgenen Gehalt, sah den Schaffensakt selbst. Er hörte die Musik schon, bevor er sie spielte; und wenn er hier die Augen schließt, dann deshalb, um das musikalische Bild besser zu sehen, das ihm unmittelbar vom Komponisten eingegeben wird.

Niemals habe ich einen vergleichbaren Geiger getroffen. Er war der Musiker meiner Träume, und er war es, den ich mir im Alter von acht Jahren zu meinem Lehrer auserkoren hatte.

VOM MENSCHEN, DER VIOLINE UNTERRICHTET

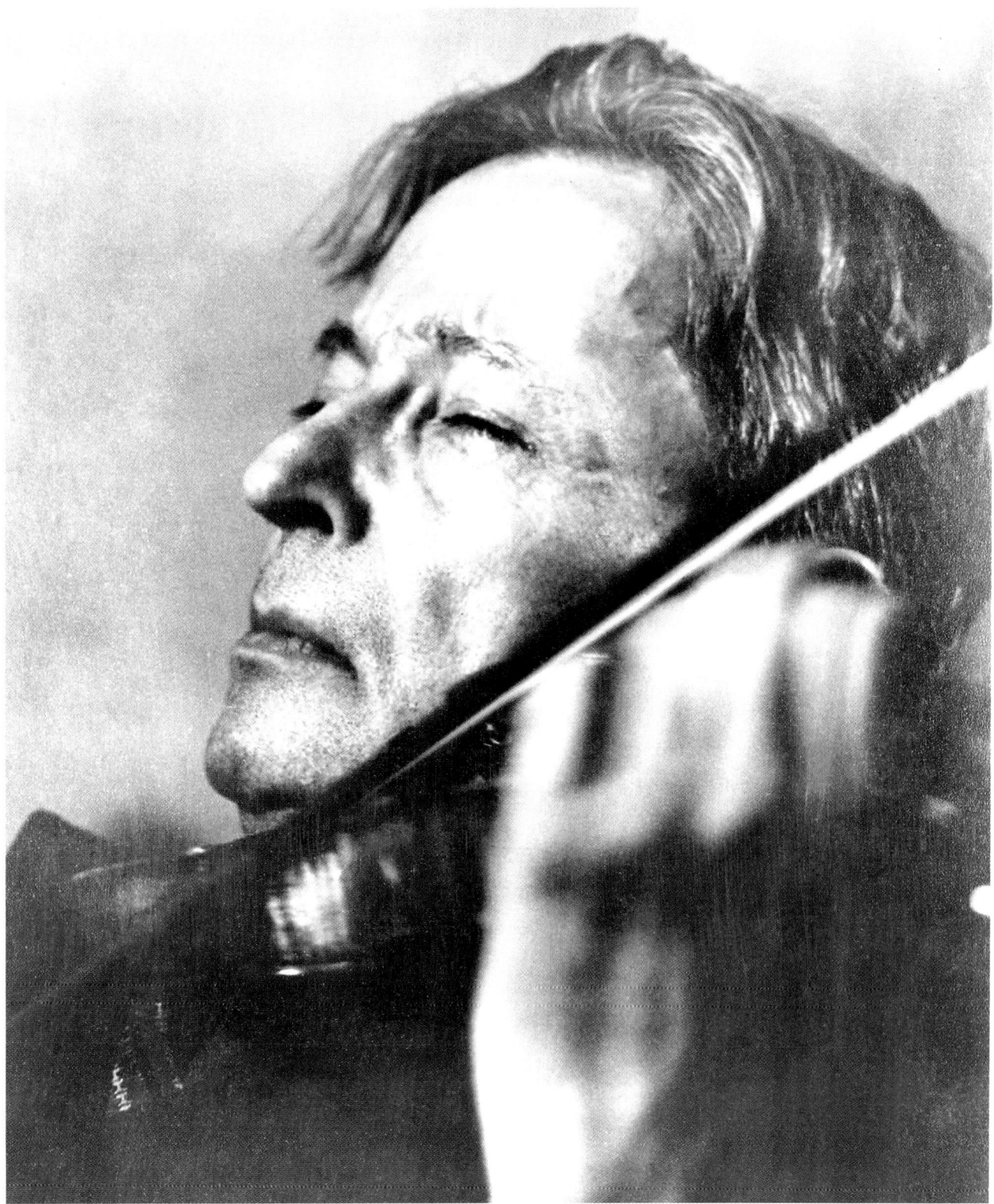

DIE VIOLINE

*W*egen seiner außergewöhnlichen Gaben suchten alle Musiker seiner Zeit bei Enescu um Rat. Er täuschte sich nie, weil er ein Werk immer in seiner Ganzheit begriff, während so viele Musiker doch immer nur einzelne Teile sehen. Wenn ich heute in der Lage bin, eine Partitur zu lesen und ein Orchester zu dirigieren, dann verdanke ich das auch Enescu.
Enescu und das Rosé-Quartett, 1922

Wer sämtliche Vortragsbezeichnungen genau befolgt, wird spielen wie ein Zigeuner, so exakt, geistreich und vielsagend sind diese Anweisungen.

Am meisten zu bewundern war an diesem musikalischen Genie das phänomenale Gedächtnis. Enescu kannte 58 Bände der alten Bach-Gesamtausgabe auswendig; der einzige, den er nicht im Kopf hatte, war der 59. Band – aus dem einfachen Grunde, weil er ihn in seiner Bibliothek nicht besaß. Und der 60. Band enthielt lediglich das Register... Auch habe ich erlebt, wie er aus dem Gedächtnis Wagners *Tristan und Isolde* auf dem Klavier spielte. Aus Leibeskräften sang oder pfiff er die verschiedenen Gesangspartien mit. Ich glaube, er betete Wagner deshalb so an, weil beide aus dem gleichen romantischen Holz geschnitzt waren, weil in beiden die gleiche ursprüngliche Schöpferkraft brodelte.

VOM MENSCHEN, DER VIOLINE UNTERRICHTET

VOM MENSCHEN, DER VIOLINE UNTERRICHTET

*E*nescu konnte nicht nur Geige spielen, ein Orchester dirigieren und komponieren, er war auch ein phantastischer Pianist. Meine Stunden bei ihm waren wunderbare Momente des gegenseitigen Austauschs, niemals sprach er die Sprache der Technik, sondern immer die des Herzens und der Musikalität. Sein Blick auf diesem Photo verrät, daß er eine Partitur beim Spielen nicht einfach entzifferte: In einem Prozess ständiger Analyse begriffen, erschloß sich ihm der tiefere Sinn eines Werkes.
Yehudi Menuhin und George Enescu im Hotel Majestic in Paris

Nie werde ich den Tag vergessen, an dem einmal ganz unvermutet Maurice Ravel Enescu besuchen kam. Es war in der Rue de Clichy in Paris, und ich hatte Unterricht bei ihm. Ravel hatte gerade seine *Sonate für Violine und Klavier* vollendet und wollte sie am gleichen Abend zusammen mit Enescu vor seinen Verlegern, den Durands, aufführen. Enescu, ganz Gentleman, entschuldigte sich bei mir, daß er den Unterricht unterbrechen müsse, dann studierte er schweigend das schwierige Werk, hielt ab und zu inne und bat Ravel um eine Erklärung. Dann wollte er die Sonate mit Ravel spielen. Zu unserer allergrößten Verblüffung klappte Enescu die Noten zu und spielte das Stück aus dem Kopf, ohne daß auch nur eine einzige Note falsch gewesen wäre. Eine solche Leistung beruht nicht allein auf Intelligenz, sondern ist auch ein Zeichen einer profunden Kenntnis. Weil Enescu die Werke in ihren inneren Zusammenhängen erfaßte, konnte er sie sich ganz zu eigen machen.

Dem musikalischen Talent Enescus entsprachen seine menschlichen Qualitäten. Seine unglaublich anständige und edle Gesinnung ließen ihn niemals Geld dafür annehmen, daß er mich unterrichtete. Was mein Vater ihm auch anbot, er lehnte es ab. Er sah meine Ausbildung als einen gegenseitigen Austausch an, verstand sie als eine künstlerische und menschliche Pflicht, die sich nicht mit Geld aufwiegen ließe. Enescu gehörte zu einer Welt, in der das Geld nicht den höchsten aller Werte ausmachte. Es war lediglich Zutat, die den bedeutsamen Dingen des Lebens keinesfalls in die Quere kommen durfte.
Auch die Geschichte seiner Heirat enthüllt sein ritterliches Wesen. In seiner frühen Jugend hatte Enescu sich in eine der Schönheiten des rumänischen Königshauses verliebt, in die Prinzessin Cantacuzena. Doch sie war mit einem hochstehenden rumänischen Aristokraten verheiratet. Viel später, nachdem sie schon verwitwet war und an Krankheiten litt, nahm er sie, wie er es einst versprochen hatte, zur Frau und sorgte für sie mit der größten Ergebenheit.
Diese Persönlichkeit von einer Ausstrahlung und einem geistigen Format, wie man es nur bei wenigen Menschen findet, rundete schließlich noch eine Prise Humor ab. Enescu liebte Wortspiele über alle Maßen. Eines Tages, es war kurz nach dem Ersten Weltkrieg, holte er mich mit dem Auto vom Flughafen ab; als wir über die Stadtgrenze von Bukarest fuhren, meinte Enescu, die Hand vor dem Munde, eine seiner typischen Gesten, wenn er sich irgendwie schuldig fühlte: »C'est la Boue-qui-reste!«, zu deutsch: »Das ist der Dreck, der bleibt!« Die gleiche Art Humor taucht in den Karikaturen auf, die er zeichnete.
Die Unterrichtsstunden bei Enescu waren Augenblicke der Inspiration. Er begleitete mich auf dem

*I*n Rumänien, dem Heimatland Enescus, hörte ich zum ersten Mal Zigeuner musizieren. Ihre Musik, ihre Spontaneität und Natürlichkeit waren für mich eine Offenbarung. Der Gesichtsausdruck des ersten Geigers (links) zeigt eine ähnliche träumerische Hingabe wie sie – auf einer anderen Ebene – auch Enescu eigen war. Er lauscht ganz der Melodie, die er spielt, während sein Nachbar die Gegenstimme spielt. Letzteren könnte man als Archetypus der zweiten Geige bezeichnen: Gewiß hat er in seinem langen Leben noch nie die Melodiestimme gespielt, er ist der Meister der Begleitfiguren. Der Kontrabassist im Hintergrund vervollständigt das Trio, während ein Tänzer mit Zigarette im Mund zu der Musik improvisiert und seinen Körper sprechen läßt.

Klavier und hörte mir zu. Manchmal nahm er seine Violine zur Hand, um selbst etwas vorzumachen. Nie ließ er mich die Geige nur von der technischen Seite her behandeln. Er verstand es, meine Phantasie und meine Sinne anzusprechen. Er hatte begriffen, daß im damaligen Stadium meiner künstlerischen Entwicklung Disziplin und mühevolle Kleinarbeit nicht am Platze waren.

Enescu ist nicht von der Landschaft zu trennen, aus der er stammt: von Rumänien. Er ist zugleich Sohn dieses Landstriches und die Verkörperung von dessen Wesen. Durch ihn bin auch ich von diesem Land in den Bann geschlagen worden. Rumänien war für mich eine vollkommen neue Entdeckung, zugleich aber begegneten mir dort merkwürdig vertraute Züge, denn die Natur, die Bräuche und die Sagenwelt dieses Landes hatten bereits meine Mutter stark beeinflußt. Wie auf einem Palimpsest fand ich dort Spuren eines gemeinsamen Ursprungs.

Rumänien war damals ein friedliches Königreich, unter den Bewohnern herrschte ein unausgesprochenes Einverständnis. Nicht der raffgierige Streit um individuelle Vorrechte hatte in dieser Feudalordnung die Oberhand, sondern die gegenseitige Achtung der Bürger voreinander. Jeder hatte seine Aufgabe, seinen Platz: die Bauern, die Handwerker, die Kaufleute, die Politiker, die Fürsten… Nicht Macht und Geld waren die höchsten Werte, sondern die Eintracht untereinander und der Einklang von Mensch und Natur. Natürlich gebe ich hier eine sehr verklärte Erinnerung wieder, in den rosigsten Farben gemalt, eben so, wie es ein elfjähriger Junge empfindet. Für mich war es jedenfalls ein Glück, diese fast mittelalterliche Atmosphäre zu genießen, den letzten Überresten einer heute versunkenen Welt näherzukommen.

Während wir heute in einem Dienstleistungszeitalter leben, in dem die Arbeit immer abstraktere Formen annimmt, war das Leben der Menschen dort viel enger an die Wirklichkeit gebunden. Aus dieser Erdverbundenheit entstand eine reiche kulturelle Vielfalt, wie wir sie von menschlichen Gemeinschaften kennen, die ihrer Phantasie freien Lauf lassen: Jedes Tal hatte seine eigene Musik, in jedem Gebirgszug wurde ein anderer Gesang angestimmt. Die Hirtenflöte antwortete als Echo auf die Töne des Zimbals, und das wiederum erwiderte das Geigenspiel der Zigeuner – es war eine buntgemischte Klangwelt, die alle Sinne ansprach.

Heute ist es ja leider so, daß Profitstreben und wirtschaftliche Faktoren den kulturellen Horizont der westlichen Länder bestimmen und ihn auf ein einheitliches Minimum beschränken: Es ist so viel einfacher und vor allem auch lukrativer, wenn alle das gleiche trinken, das gleiche anziehen, die gleichen Autos fahren. Doch was kommt dabei heraus? Fast überall auf der Welt trinkt man Coca-Cola, trägt Jeans und fährt einen Volkswagen oder Mercedes. Uniformität ist der Preis für die um sich greifende Macht des Dollars.

*I*ch sehe noch Enescus Wohnung in der Villa Lumière in Sinaja vor mir, mit ihren breiten Fenstern, die einen grandiosen Blick auf die Karpaten freigaben. Ich hätte mir für meine Unterrichtsstunden keine anregendere Kulisse vorstellen können. Als ich das letzte Mal dort war, spielte ich dreimal hintereinander die *Chaconne* von Bach. Als der letzte Ton verklungen war, bemerkte ich, daß sich während meines Spiels die Berge mit Schnee bedeckt hatten, ganz leise, als hätten sie die Minuten der Sammlung

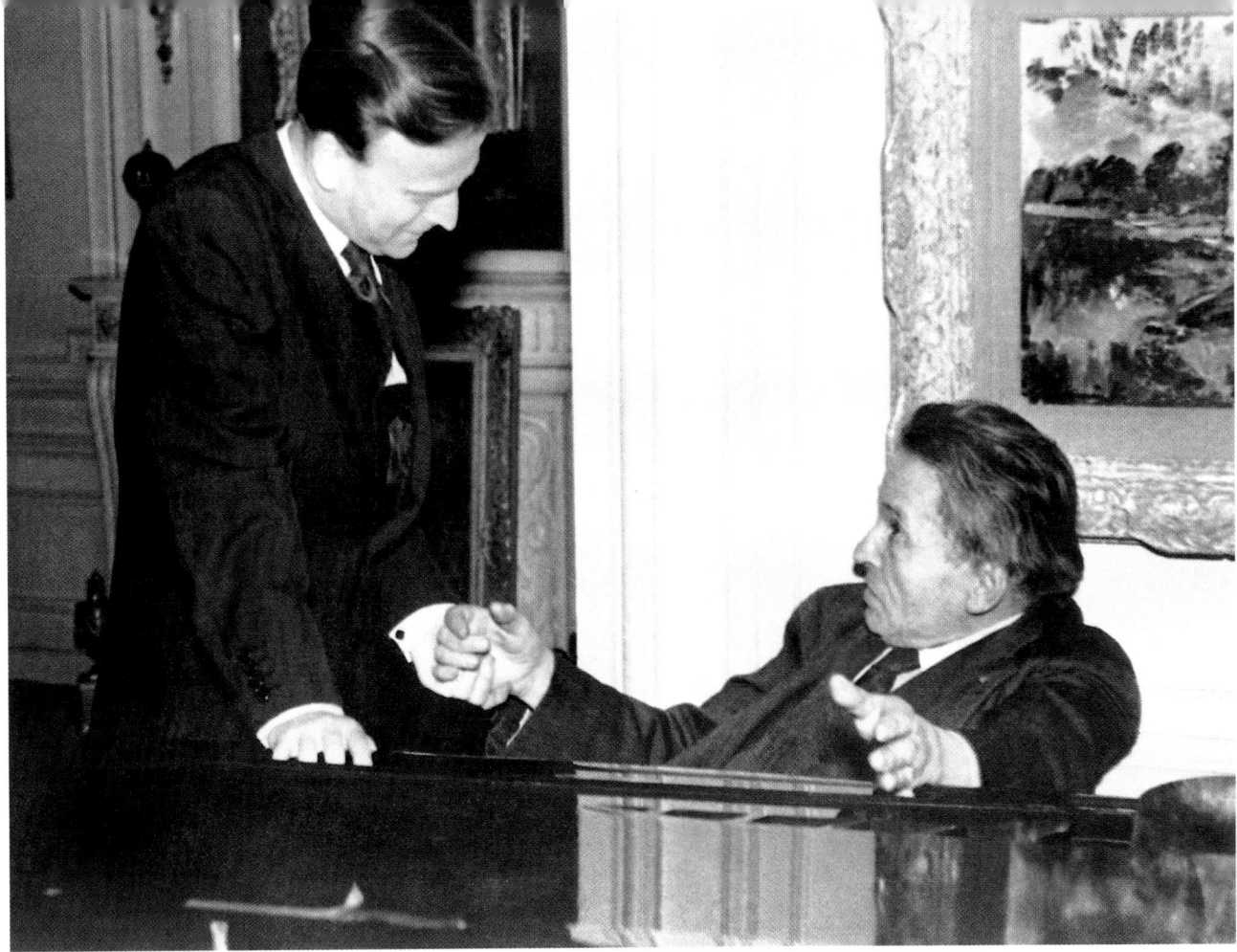

*I*mmer, wenn es der enge Zeitplan seiner Tourneen zuließ, gab Enescu mir Unterricht. Sein Leben spielte sich zwischen seiner Pariser Wohnung in der Rue de Clichy und seiner Villa Lumière in Rumänien ab. Er wohnte ganz in der Nähe der Sommerresidenz des rumänischen Königshauses und hatte eine äußerst romantische Liaison mit Prinzessin Cantacuzena, die nach Jahren des Wartens sogar mit einer Heirat endete.
Das Zimmer, das er dann im Schloß bewohnte, war von mönchischer Kargheit und bildete einen scharfen Kontrast zu den üppig mit Samt, Kissen und Wandbehängen ausgestatteten Zimmern der Prinzessin.

◆

nicht stören wollen. In dieser Region war die Natur sonst eher rauh und unberechenbar. Sie liebte plötzliche Wetterumschwünge, wo Regen und Sturm, Blitz und Donner in einer herrlich wild improvisierten Inszenierung heftig aufeinanderprallten.

Durch seine Großmut, seine Geduld und seine Milde, sein unerschöpfliches musikalisches Genie und seine kulturellen Erfahrungen, mit denen er groß geworden war und die er an mich weitergab, durch all das hat mich Enescu entscheidend beeinflußt. Er säte aus, was im Laufe der Jahre in mir keimen sollte. Unsere Begegnungen waren für mich viel mehr als Unterrichtsstunden, sie waren ein Prozeß der geistigen Läuterung, und was ich dabei lernte, werde ich immer hüten wie einen Schatz.

Wie der großzügige und geistig so aufgeschlossene Persinger mich seinerzeit zu Ysaÿe geschickt hatte, so

VOM MENSCHEN, DER VIOLINE UNTERRICHTET

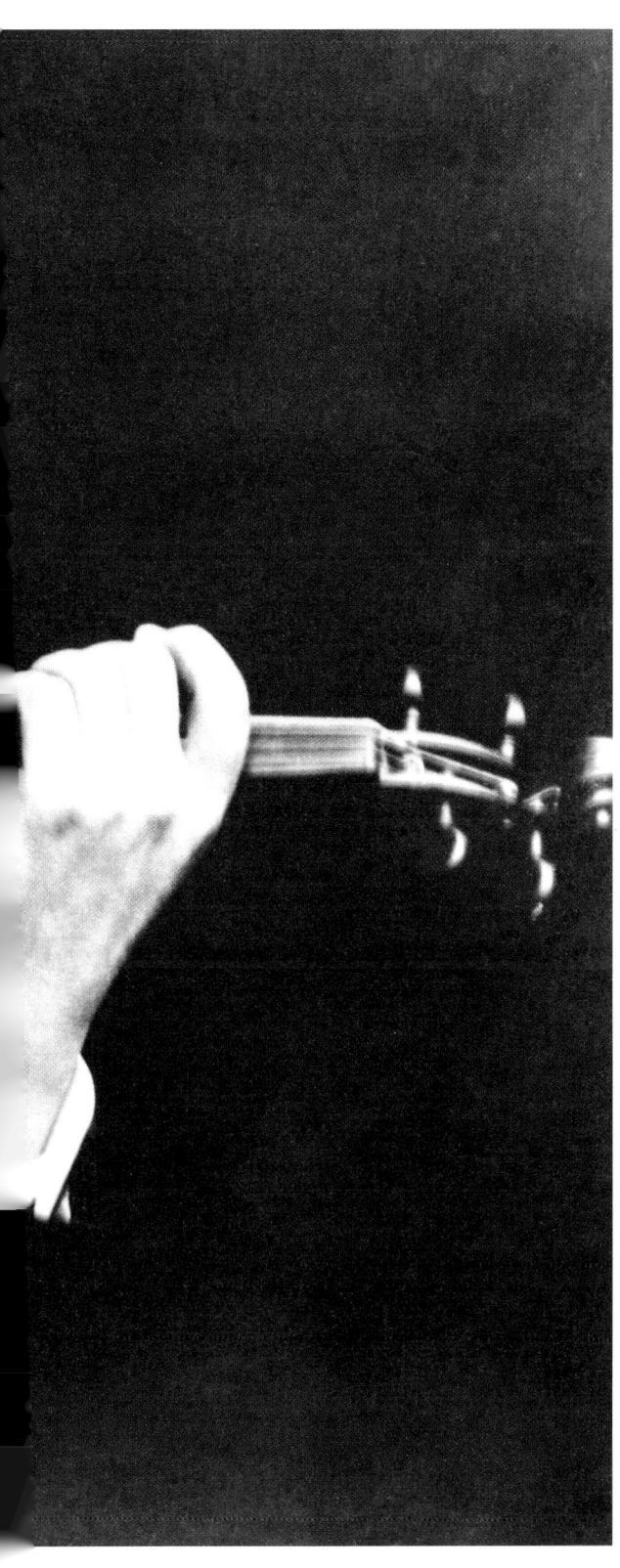

Wenn er auch nicht das Feuer und die visionäre Kraft Enescus besaß, so war Adolf Busch doch ein wichtiges Glied in meiner musikalischen Ausbildung: Der Vertreter der unverfälschten deutschen Tradition, der sich die Unschuld eines kleinen Jungen bewahrt hatte, vermittelte mir den Sinn für Genauigkeit und Disziplin und vor allem auch ein tiefes Verständnis für die deutsche Kultur. Mit seinem Schwiegersohn Rudolf Serkin spielte der wunderbare Musiker häufig Kammermusik. Und er war auch Komponist: Eines Tages traf ich ihn an, wie er vor einer riesigen Partitur saß, deren Seiten mit unzähligen Liniensystem bedeckt und extra auf seine Anfrage hin gedruckt worden waren.

◆

riet mir Enescu, als ich Sinaja verließ, doch bei dem großen deutschen Geiger Adolf Busch weiterzulernen. In dessen Strenge und Disziplin sah er ein begrüßenswertes Gegengewicht zu meinem aufbrausenden Temperament, und er glaubte, daß der deutsche Geiger einen beruhigenden Einfluß auf mich ausüben würde. Zwei Jahre später dann, 1929, ließ sich meine Familie mit mir für einen Sommer in Basel nieder. Dort nahm ich bei Adolf Busch Unterricht. Ihm verdanke ich, daß ich die deutsche Kultur gründlich kennen- und verstehen gelernt habe. In Geist und Seele dieser Musik, die aus dem Nebel und den wilden Wäldern kommt und die zwischen dramatischem Ernst und verhaltener Leidenschaft angesiedelt ist, hätte ich ohne Busch niemals so tief eindringen können. Abermals hatte Enescu das richtige Gespür bewiesen.

Bach und Haydn sind – jeder auf seine Weise – Musiker des Glückes und der Zuversicht. Beide waren von einem unerschütterlichen Glauben erfüllt und notierten am Ende ihrer Partituren »Soli Deo Gloria« (Allein Gott zur Ehre). Haydn zweifelte niemals an sich selbst, nie fragte er, ob es gut oder schlecht sei, was er tat, denn er war überzeugt, daß seine Inspiration direkt vom Schöpfer kam. Alle Dinge im Leben waren für ihn nach Gottes Willen geordnet. Eine ähnliche Selbstgewißheit spricht aus den Partituren Bachs: Nie erkennt man ein Zögern, eine Korrektur oder eine radierte Stelle, selbst nicht in den kompliziertesten Werken. Seine Handschrift fließt ruhig wie ein Bach in den Notenlinien, die er mit einer speziellen Feder selbst zog.

Links: Unbekannter Meister *Joseph Haydn*, 1770 Eisenstadt (Österreich), Haydn-Museum

Rechts: Violinstimme aus der *Messe in h-moll* von Johann Sebastian Bach, Leipzig, Bach-Archiv

Vom Menschen, der für die Violine komponiert

Der Mensch ist in einer ständigen Metamorphose begriffen. Jeden Tag wandelt er Nahrung, die er zu sich nimmt, in Energie um: Dies ist wahrscheinlich die elementarste Metamorphose im Lebensprozeß. Vor allem aber ist der Mensch Ergebnis und Krönung einer unvorstellbar langen Entwicklung über Milliarden von Jahren, die das allererste Lebewesen vom Salzwasser ins Süßwasser, danach aus dem feuchten Element auf die Erde gebracht hat, um schließlich nach unzähligen weiteren Verwandlungen den Menschen zu formen, den Homo sapiens, so wie wir ihn seit etwa 50 000 Jahren kennen.

*R*uhe, Gewißheit und Zufriedenheit bestimmen auch dieses Bild. Die Landschaft erinnert an den Garten Eden: Alles ist erfüllt von prallem Leben; in dem Füllhorn, das die Natur am Tag der Schöpfung war, wachsen und gedeihen Früchte, Blumen, Fische und Vögel genauso wie die Menschen.
Heutzutage haben wir das glückliche Zutrauen in die Welt verloren. Und die Schöpfer der Musik, die Komponisten, verdanken ihre Inspiration nicht mehr Gott sondern den Anregungen aus ihrer Umwelt und ihrem eigenem Streben. Die Kraft der Transzendenz weicht deswegen allzuoft dem Zweifel und der Angst.
Flämischer Meister
Die vier Elemente, 17.Jahrhundert
London, Gavin Graham Gallery

Wozu sind Komponisten da?

Auch die großen Komponisten sind auf ihre Art Handwerker, die an der umfangreichen Metamorphose der Schöpfung ihren Anteil haben. Sie gehören zu jener priviligierten Schicht von Individuen, welche die Klänge, die im Herzen der Menschen schwingen, hören und ihnen Gestalt verleihen. Der Komponist verwandelt die verborgenen Schwingungen einer Gemeinschaft. Denn wir tragen in uns eine Klangwelt, derer sich die meisten von uns gar nicht bewußt sind. Nur wenige sind ausersehen, diese Stimmen wahrzunehmen, sie zu entziffern und zu übertragen, so daß sie auch andere hören können.

Beethoven ist für dieses Phänomen wahrscheinlich das beredteste Beispiel. Er vernahm die Musik, die in ihm klang, so deutlich, daß er schließlich all die anderen Geräusche um sich herum gar nicht mehr hörte. Alles, was nicht zu dieser inneren Stimme gehörte, hatte keine Bedeutung mehr. Zwar stimmt es traurig, wenn wir an all seine wunderbaren Werke denken, deren Aufführung Beethoven selbst niemals hören geschweige denn dirigieren konnte. Doch er brauchte das auch nicht, um die Harmoniefolgen seiner Werke zu erfinden oder bestimmte Klangfarben zu entdekken. Gewiß war seine Taubheit ein Handicap im täglichen Leben, und Beethoven hat auch sehr unter seiner Isolation gelitten, er, der sich so sehr nach einer verwandten Seele, nach einer Frau sehnte. Aber er konnte sein Scheitern und sein Mißgeschick in der Liebe in Musik verwandeln, und sie wurde mehr und mehr zu seinem Lebensinhalt. All das Feuer, das in ihm steckte, brachte er in den Schaffensprozeß ein.

Ich denke hier auch an Enescu, an Augenblicke, in denen er ganz abwesend schien und an sein Unbeha-

---

*B*ei den alten Griechen bedeutete Musik bzw. *musikē* »Kunst der Musen«, und sie war ganz besonders die Kunst der Muse Euterpe. Dennoch, heißt es, verdanken die Komponisten ihre Eingebgung nicht Euterpe, sondern Orpheus und Apollo. Jede Kultur hat ihren eigenen Urahnen der Tonkunst: Brahmā ist es in Indien, Jubal für die Juden und Osiris für die Ägypter. Den wohl ältesten Hinweis auf die Entstehung der Musik finden wir in China. Dort soll im dritten Jahrtausend vor unserer Zeitrechnung ein Minister der Kaisers Huang-Ti die Oktave entdeckt und sie in zwölf Tonschritte unterteilt haben. »Die Musik«, aus: *Traktat über die freien Künste*, Manuskript aus dem 15.Jahrhundert Venedig, Biblioteca Marciana

*B*ach war ein ebenso genialer wie systematischer Geist. Sein Genie zeigt sich in der Selbstverständlichkeit, mit der er seine Kompositionen ohne jede Korrektur niederschrieb, gleichsam als würde ihm alles von einer göttlichen Stimme eingegeben. Dank dieser Gabe und seiner großen Arbeitsdisziplin führte er die Kunst des Kontrapunkts zu ihrem Höhepunkt. Bach sah alles als Teil eines Ganzen an; er gehörte zu jenen Menschen, die auch noch vom kleinsten Staubkorn eine Verbindung zum Universum herstellen können. Bei ihm stand nichts für sich, jeder Augenblick zog seinen Sinn aus der Verbindung zum Vorhergehenden und zum Folgenden. So komponierte er seine *Solosonaten für Violine* in den sechs Tonarten, die sich für das Instrument am besten eignen, und ordnete sie in einer genau durchdachten Folge an *(g, h, a, d, c, e)*. Ähnlich verhält es sich mit den 24 Präludien und Fugen des *Wohltemperierten Klaviers*.

Elias Gottlob Haussmann (1695-1774)
Johann Sebastian Bach, 1764
Leipzig, Museum der bildenden Künste

gen, das er bei dem Gedanken empfand, sich etwas anderem als dem Komponieren zu widmen. Er vertraute mir eines Tages an, daß er seine Tage am liebsten damit verbracht hätte, »schwarze Zeichen auf Notenpapier zu setzen«. Jede andere Tätigkeit, seien es nun Konzerte oder Reisen, hielt ihn von seiner eigentlichen Aufgabe ab und verhinderte, daß er die Musik hörte, die in seinem Inneren klang.

*N*un hört diese Kunst der Verwandlung, die das Komponieren ist, nicht etwa schon in dem magischen Augenblick der Inspiration auf – dort fängt alles erst an. Denn jetzt folgt die Arbeit, das Komponieren im eigentlichen Sinne. Jetzt erst wird das Gefühl in Musik verwandelt und übertragen, in eine Sprache, zu der andere Menschen Zugang finden. Die Kunst des Komponierens besteht darin, das Reich der Töne zu ordnen, das Material zu beherrschen und zu zähmen.

Wenn sich ein Komponist ans Klavier setzt, um zu komponieren, so ist er sich über den Ausdrucksgehalt schon im klaren, ebenso über das klangliche Gewand, das er ihm geben will. Trotzdem muß er noch viel daran arbeiten, das rohe Material schmelzen und schmieden; das geschieht im Rahmen eines bestimmten Systems und kultureller Konventionen, die man einhält oder bewußt durchbricht. Große Kunst ist nicht die Frucht des Zufalls: Als Johann Sebastian Bach nach Potsdam reiste, gab ihm Friedrich II. ein kurzes, sehr einfaches Fugenthema vor. Bach improvisierte eine Fuge, und nach seiner Rückkehr nach Leipzig entstand daraus das »Musikalische Opfer«. Das Gerüst wurde in ein musikalisches Bauwerk verwandelt, in das erhabenste Kunstwerk, das es je gab. Einige Noten nur hatte der musikliebende König ganz

DIE VIOLINE

VOM MENSCHEN, DER FÜR DIE VIOLINE KOMPONIERT

Die ganze Welt der Musik ist in diesen drei Figuren zusammengefaßt: Der Rhythmus, die Melodie und der Akkord der Saiten. Jeder der Musiker richtet seinen Blick gen Himmel, als ob er dort einen Vogel oder eine Gottheit sähe. Innere Sammlung ist ihnen fremd, der einzige Zweck ihrer Musik ist Unterhaltung, Freude und Vergnügen. Sie spielen ohne Proben und ohne Partitur und lassen sich einfach vom Schwung ihrer Improvisationen mitreißen.
»Drei Musiker: Vina, Flöte und Trommel«, aus: *Geschichte der Mongolen*, Handschrift aus dem 17.Jahrhundert
Venedig, Biblioteca Marciana

willkürlich gewählt – unter den Händen eines der größten Komponisten der abendländischen Musikgeschichte sollten sie zu einem Kunstwerk von höchster Gelehrtheit und expressiver Schönheit werden.
Auch die großen Genies der Improvisation, wie Zigeuner und Inder oder auch Jazz-Musiker es sind, können Musik hören, die in ihnen klingt. Allerdings geschieht dieses Hören viel unmittelbarer als bei den Komponisten. Wer improvisiert, der denkt nicht lange darüber nach, was er in sich hört, sondern setzt es ganz spontan und impulsiv um. Man könnte sogar behaupten, daß auch Komponisten improvisieren, daß aber ihre Improvisationen sehr spitzfindig sind,

da sie zahlreichen Veränderungen und Verwandlungen unterworfen werden. Und genauso ist ein Musiker, der improvisiert, zugleich auch ein Komponist, ein Komponist des Unmittelbaren.

Wie dem auch sei, diese Botschaften, die direkt aus dem Herzen der Menschen kommen, sind unentbehrlich für das Überleben des Menschen. Einzig allein die Musik, einzig allein die Kunst in all ihren Ausdrucksformen ermöglicht uns, der Grausamkeit des Lebens zu entkommen, und bewahrt uns davor, an ihr zu verzweifeln. Denn der Mensch kann sich selbst und den anderen zur Gefahr werden. Das Insekt und der Vogel leben ganz nach dem Instinkt, der ihnen gegeben ist. Dem Vogel käme es nie in den Sinn, wie ein Insekt zu leben oder sich so zu verhalten. Aber dem Menschen ist nichts unmöglich – er kann alles erfinden und alles erstreben. Und eben diese Freiheit kann ihn zum tollsten Unsinn treiben. Wenn der Mensch keinen festen Rahmen hat, an dem er sich orientieren kann, wenn er nicht von Zielen und Verboten geleitet wird, kommt er im zerstörerischen Chaos seiner Phantasien um.

Manchmal ist man schon zu weit gegangen im Bestreben, die Angst vor der Unendlichkeit des Möglichen zu bannen. Es wurden strenge, willkürliche Systeme geschaffen, die das Leben in einer Gemeinschaft regeln sollten. So war in Indien jahrhundertelang die Zukunft eines Menschen schon vor seiner Geburt festgelegt. Man hatte für ihn gewählt: Er war entweder ein Unberührbarer oder ein Brahmane. So wollte es das indische Kasten-System.

Aber es sollte der Kunst vorbehalten bleiben, die Menschen vor Torheiten zu schützen. In einer Welt wie der heutigen, die vom Geld, von Scheinheiligkeit und vom unerbittlichen Konkurrenzdenken regiert wird,

> Anstatt ein Instrument voll innerer Spannung zu sein, das jeden Moment zu schwingen beginnen könnte, hängt die Geige hier schlaff wie ein Stoff und zerfließt beinahe. Dieser Vorgang der Verflüssigung und allmählichen Zersetzung von Dingen ist typisch für Dalís Werke. Die von der brüchigen Mauer eingerahmte Frau scheint sich vor der »verflüssigten« Violine ein wenig zu ekeln. Ist es eine Metapher für den Irrsinn, von unserer Gesellschaft Besitz ergreifen könnte, wenn die Musik kein sicheres Bollwerk gegen die Gewalttätigkeit der Menschen mehr bietet? Oder ein Bild für Zerstörungsphantasien, die manche Ehegattinnen von Geigern umtreiben? Die Traum- und Wahnvorstellungen des katalanischen Malers sind offen für alle möglichen Interpretationen.
> Salvador Dalí (1904-1989)
> *Instrumento masoquista*, 1933-34
> Schweiz, Privatsammlung

muß die Kunst auf einem hauchdünnen, schmalen Grat wandeln. Sie besitzt jedoch noch genügend Lebenskraft, daß sie für uns ein Anker in all den Stürmen ist. Sie gleicht jenen Bäumen in den Schweizer Alpen, die man unterhalb der kahlen Gipfel findet: Dicht an die Felsen geschmiegt, krallen sie ihre Wurzeln in der kleinsten Spalte fest und suchen begierig nach einem Krümchen Erde, das ihnen Nahrung sein kann. Genauso beharrlich ist die Musik. Sie widersteht der feindseligen, rauhen Welt, sie behauptet ihr Eigenleben, sie bewahrt uns vor dem drohenden Verfall des Geistes.

Arcangelo Corelli begründete die italienische Schule. Zu einer Zeit, in der die Kunst des Geigenspiels sich den Exzessen der bloßen Virtuosität hingab, vermochte er, es in feste Bahnen zu lenken.
Unbekannter Meister
Arcangelo Corelli
Neapel, Musikkonservatorium San Pietro

DIE GROSSEN VIOLINKOMPONISTEN

Die Violine ist ein ausgesprochenes Melodieinstrument. Im Unterschied zu Tasteninstrumenten, die sich für mehrstimmige und kontrapunktische Kompositionen eignen, ist die Violine ganz der Melodie bestimmt. Deshalb stammen die meisten Violinkompositionen auch aus der Feder von Geigern. Ich habe ja schon erwähnt, daß zu Beginn der Geschichte der Violinmusik die Funktionen »Geiger« und »Komponist« meist in einer Person zusammenfielen. Arcangelo Corelli (1653-1713), die bedeutendste Persönlichkeit der Italienischen Schule, war ein berühmter Geiger. Auf seine *Sonaten* gründet sich der Ruhm der Geige im Italien des Barock. Corelli hat zahlreichen Geigern, die in seiner Nachfolge Werke für die Violine geschrieben haben, den Weg gewiesen: Tommaso Albinoni (1671-1750), vor allem Antonio Vivaldi (1678-1741) – ihm verdanken wir übrigens die Gattung des Violinkonzerts –, Francesco Geminiani (1680-1762), Pietro Antonio Locatelli (1695-1764), Guiseppe Tartini (1692-1770) und noch viele andere glänzten als Virtuosen. Sie spielten und dirigierten die Werke selbst, die sie komponiert hatten. Und damit beeinflußten sie gleichermaßen die Entwicklung der Violinliteratur und der Spieltechnik.

Johann Sebastian Bach (1685-1750), Joseph Haydn (1732-1809) und Wolfgang Amadeus Mozart (1756-1791) waren ebenfalls tüchtige Geiger, so daß sie beim Komponieren gleich die passenden Fingersätze und die geeignete Bogentechnik für die Aufführung der Werke mitbedachten.

Ich möchte für einen Augenblick bei der bezaubernden Musik aus der Feder Mozarts verweilen. In beinahe unfaßbarer Weise zeigen uns seine Werke, wie

VOM MENSCHEN, DER FÜR DIE VIOLINE KOMPONIERT

Antonio Vivaldi war ein großartiger Künstler: Bekannt sind vor allem seine Violinkonzerte, doch er komponierte für beinahe alle Instrumente – insgesamt rund 530 Werke! Darüber hinaus schrieb er noch zahlreiche Opern, die er selbst zur Aufführung brachte. Zeit seines Lebens war Vivaldi auch musikalischer Leiter in einem Waisenhaus für Mädchen in Venedig. Dort unterrichtete er die Waisen und bildete aus ihnen ein Orchester, das seine Werke spielte. Bach bearbeitete später mehrere Konzerte des venezianischen Meisters für Orgel und Cembalo. Und als man im letzten Jahrhundert Bach wiederentdeckte, wurden auch die vergessenen Werke Vivaldis ausgegraben.
Unbekannter Meister
Antonio Vivaldi
Bologna, Civico Museo bibliografico musicale

Mozarts Opern sind so vieldeutig, daß sie den gegensätzlichsten Interpretationen zugänglich sind und zu den unterschiedlichsten Inszenierungen angeregt haben. Hier sehen wir das Quintett aus dem ersten Akt der *Zauberflöte*, in dem die drei Damen sich anschicken, Tamino (in blau) die Zauberflöte zu überreichen, die ihn gegen die Mächte des Bösen schützen soll. Auch Papageno, der Vogelmensch und Mann des Volkes, erhält ein Instrument mit magischen Kräften, das Glockenspiel.
Mozarts Musik verwandelt auf wunderbare Weise das Leben durch die Kunst, sie ist ein Beispiel für die universelle Bedeutung der großen Schöpfungen der Menschheit: Bestimmt für das fürstliche Publikum in Salzburg, Wien und Paris, spricht sie doch zu den Menschen aller Kulturen und Gesellschaftsschichten; selbst die Stämme Amazoniens sind empfänglich für ihren Zauber.
Die Zauberflöte von Wolfgang Amadeus Mozart, Inszenierung von Bob Wilson, 14. Februar 1994 Paris, Opéra Bastille

das Leben in Kunst verwandelt werden kann. Sie zeigen zu unserem Entzücken die süßen und lieblichen Seiten des Lebens ebenso wie die verborgene Macht der Leidenschaften. Ich werde nie das Bild vergessen, mit dem Enescu in einer unserer Unterrichtsstunden in Paris dieses Universum beschrieb: Er verglich Mozarts Musik mit einem friedlichen, heiteren Weinberg, der auf den Hängen eines noch nicht erloschenen Vulkans angelegt ist. Er erklärte mir auch, daß jeder Ton wie die Silbe eines Wortes gespielt werden müsse, in einem Tonfall, der der menschlichen Stimme ähnele. Als ich mit meinem Vater zu den Salzburger Festspielen fuhr und dort die Opern Mozarts erlebte, habe ich dies ganz begriffen: Jeder Ton besaß eine Ausstrahlung, jede Phrase wurde zu einer Geste, jede Szene war ein menschlicher Moment von ungeheurer Tragweite. Genauso empfand ich es bei seinen Instrumentalwerken, und es erschien mir sehr einleuchtend, daß ich diesen vokalen Charakter in seiner Musik bei meinem Spiel immer beachten und ausdrücken müsse. Wie Fußstapfen im feuchten Sand, von dem sich das Meer gerade zurückgezogen hat, war die Spur dieser Bilder und Empfindungen noch lange Zeit später in meinem Gedächtnis eingegraben. Um wieder auf die großen Violinkomponisten zurückzukommen, möchte ich jetzt vom 19. Jahrhundert sprechen: An erster Stelle nenne ich selbstverständlich Niccolò Paganini (1782-1840), genauso auch Felix Mendelssohn Bartholdy (1809-1847) und dann – zeitlich uns etwas näher stehend – Henri Vieuxtemps (1820-1881), Henryk Wieniawski (1835-1880), Eduard Lalo (1823-1892), Pablo de Sarasate (1844-1908) und Antonín Dvorák (1841-1904). Sie alle gehören ebenfalls in die Tradition der komponierenden Geiger oder in manchen Fällen eher auch in die

Selten sah man Paganini wie hier in der beengten Atmosphäre eines bürgerlichen Salons spielen. Er zog die weiten Räume der Konzertsäle vor, in denen sich eine Menge begeisterte Zuhörer drängte und ihm zujubelte.
Denn lange Zeit vor dem Zeitalter des Starkults erfand Niccolò Paganini die *one-man-show*. Er war der erste Geiger in der Geschichte, der ein vollkommen unabhängiges Leben als Virtuose führte, wurde fanatisch verehrt und verdiente beachtliche Summen Geld.
Paganini war auch ein begnadeter Komponist: Er schrieb Werke, die einen Geiger vor immense technische Schwierigkeiten stellen. Er selbst hatte diese Schwierigkeiten natürlich gemeistert. Wegen seines unglaublich virtuosen Spiels verdächtigte man ihn, einen Pakt mit dem Teufel geschlossen zu haben.
Seine vierundzwanzig *Capricen* für Violine solo haben die Technik des Geigenspiels fundamental verändert.
Annibale Gatti (1827-1909)
Konzert mit Paganini
Florenz, Galleria d´Arte Moderna

Tradition der geigenden Komponisten, die sich Werke auf den Leib schrieben, um ihre eigenen technischen Fertigkeiten in ein angemessenes Licht zu rücken. Peter I. Tschaikowsky (1840-1893), Sergej Prokofjew (1891-1953) und Béla Bartók (1881-1945) schließlich waren, obwohl sie nicht selbst Geige spielten, doch sehr eng mit ihr verbunden, denn dieses Instrument – ich habe schon eine Menge dazu gesagt – ist tief in ihrer kulturellen Tradition verwurzelt. Aus ihrer Feder stammen mustergültige Werke für die Violine. Wie immer aber gibt es Ausnahmen von der Regel, und hier fallen zwei herausragende Komponisten besonders auf, die beide keine Geiger waren: Ludwig van Beethoven und Johannes Brahms. Für die Arbeit an seinem *Violinkonzert in D-Dur op. 77* ersuchte

> Dieser Stich illustriert einen kleinen Ausschnitt aus den vielen Legenden, die sich um Beethoven ranken. Denn Beethoven, dieser so wahrhaftige Mensch und Musiker, war eine bei weitem kompliziertere Künstlerpersönlichkeit, als dieses klischeehafte Bild glauben macht. Er wartete gewiß nicht geistesabwesend auf eine plötzliche Eingebung, eine Hand nachlässig auf dem Klavier ruhend. Vielmehr war er ein Komponist voll inneren Feuers, der unermüdlich den rohen Stoff bearbeitete, bis er zu jener abgeklärten Reinheit gelangte, die seine Werke auszeichnet.
> *Ludwig van Beethoven*
> Stich nach einem Gemälde von Hermann Junker

Brahms (1833-1897) seinen engen Freund, den Geiger Joseph Joachim, um ausführlichen Rat. Und beim Studium des Autographs kann man mühelos erkennen, an welchen Stellen Joachims Einfluß zum Tragen kam, besonders bei den Kadenzen. Allerdings hat das böse Zungen nicht davon abhalten können, bei der Uraufführung zu behaupten, dies sei kein Konzert für, sondern gegen die Violine…

Wie Brahms hatte auch Beethoven (1770-1827) eine Ausbildung als Pianist erhalten. Als er mit der Komposition seines *Violinkonzertes in D-Dur op. 61* beschäftigt war, zog er ebenfalls einen deutschen Geiger zu Rate: Franz Klement, der das Werk 1806 in Wien auch zur Uraufführung brachte. Der pianistische Einfluß ist bei Beethoven wahrscheinlich noch ausgeprägter als bei Brahms. So geben die Phrasierungsbögen im Violinkonzert nur gedachte Ideallinien wieder, die der Interpret verändern darf, solange er den Geist der Komposition respektiert. Denn manche Phrasierungsbögen sind so lang, daß kein Geigenbogen der Welt sie in einem einzigen langen Strich spielen kann, wie es in der Partitur angegeben ist. Bei dem wunderbaren Thema im zweiten Satz zum Beispiel reicht ein Phrasierungsbogen über zwei Takte, was praktisch unspielbar ist. Der Geiger kann zwar gedanklich diese Phrasierung nachvollziehen, aber er ist gezwungen, sie durch Bogenwechsel zu unterbrechen. Manchmal aber bieten diese Schwierigkeiten die Möglichkeit, die Idealvorstellung des Komponisten besser zu vermitteln. Sie regen zu neuen Lösungen an, provozieren mitunter einen glücklichen Einfall, so daß die Stelle umso genialer und glanzvoller wirkt – so wie den Schimmer eines Edelsteins oft erst die Fassung so richtig zur Geltung bringt. Hier beginnt die Kunst der Interpretation.

Ebenfalls wegen des »pianistischen« Charakters der Beethovenschen Musik – übrigens hat er sein Violinkonzert auch für Klavier bearbeitet – muß der Geiger darauf achten, daß kein Glissando zwischen die Töne gerät. Er muß sich zu einem reinen Ton und ganz präzisen Einsätzen zwingen. Alles Wilde und Eigenwillige muß er unterdrücken, auch wenn das Naturell seines Instruments ihn dazu verführen könnte. Tut er das nicht, verfälscht er den Charakter des Kunstwerkes.

Ich möchte noch einige Anmerkungen zur zellenartigen Struktur von Beethovens Stil hinzufügen. Denn seine Musik gehorcht einem organischen Wachstum, ähnlich wie es die Zellen unseres Körpers tun. Diese subtilen Strukturen zu analysieren, begeistert mich. Sie stellen zwischen der Musik und demje-

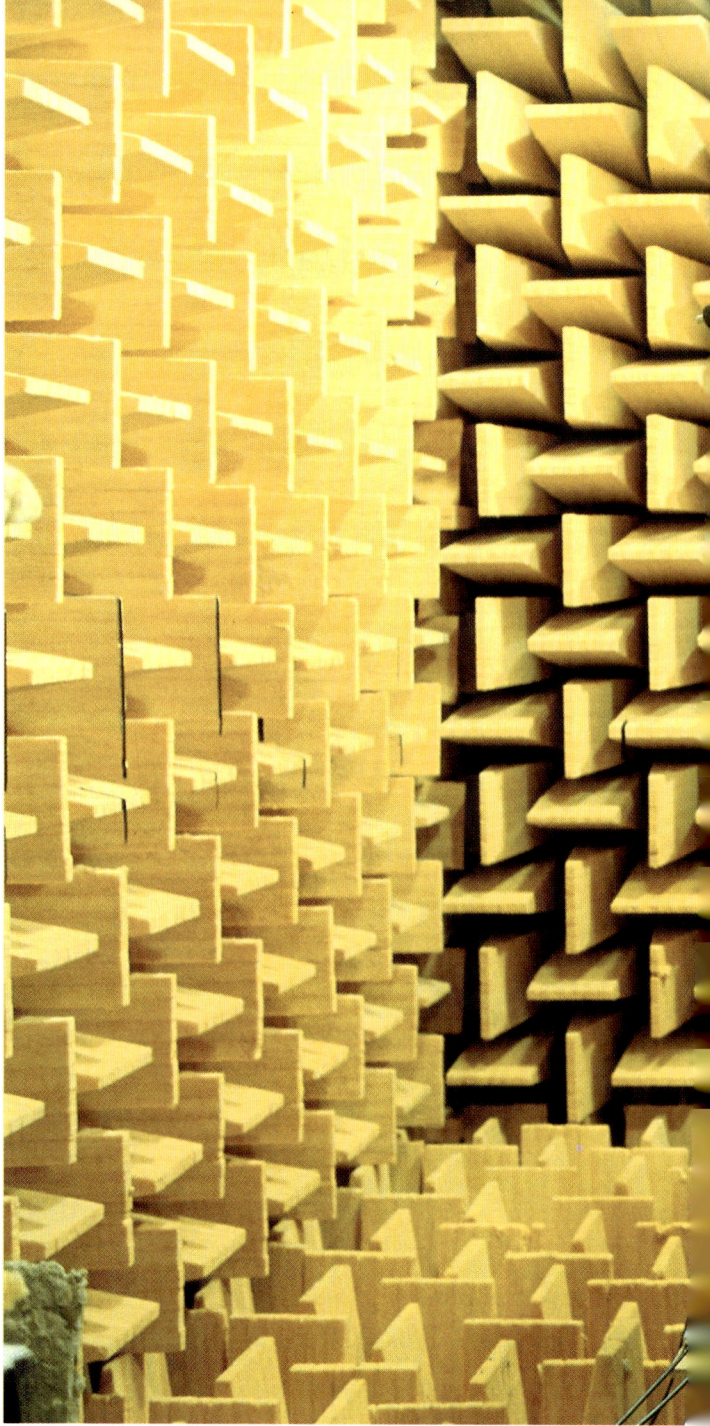

*E*in schalltoter Raum. Seine ausgetüftelten Wandverkleidungen erlauben es, Tonaufnahmen ohne irgendwelche Nebengeräusche zu machen. Doch dieser hermetisch abgeriegelte, ja »keimfreie« Raum widerstrebt dem Geist der Musik. Er verrät, wie besessen wir sind von unserem Perfektionismus und dem Ideal des reinen Klangs, während uns im Grunde doch vor allem eines fehlt: der Kontakt zu unserer Umwelt. Es ist eine abschreckende Vorstellung zu glauben, man könne die Musik völlig aus ihrer gewachsenen Umgebung herausreißen.

nigen, der sie spielt, eine ganz andere Beziehung her, als man sie etwa zu den Werken Mozarts entwickeln kann. Beethovens Musik entspricht eher der gesprochenen Sprache als einem Gedicht. Sie regt uns zum Denken und zu edlen Empfindungen an. Dies ist eine der Botschaften, die uns dieser großartige musikalische Gigant über die Zeiten hinweg hinterließ.

*H*eute steht den Komponisten eine derartige Vielfalt an Stilmitteln zur Verfügung, daß es für sie immer schwieriger wird, aus diesem Bezugsrahmen auszubrechen und zu ganz individuellen Ausdrucksformen zu finden. Es gab einst eine europäische Musik – die Musik des Barock. Natürlich existierten unterschiedliche Spielarten, konnte man

zwischen einer italienischen, französischen, deutschen und englischen Variante des Barockstiles unterscheiden. Doch insgesamt gehörten die verschiedenen Stilarten zum selben System, und vor diesem gemeinsamen Hintergrund war jede die charakteristische Ausprägung einer spezifischen Mentalität. Man spielte diese Musik überall mit den gleichen Instrumenten. Bach bearbeitete Vivaldis Violinkonzerte für das Cembalo, und auch der venezianische Stil wurde in ganz Deutschland nachgeahmt. Der gegenseitige Austausch geschah ganz selbstverständlich, denn die Musiksprache war damals eine universelle, allen Zuhörern verständliche Sprache. Die Musik kannte keine Grenzen.

Heutzutage sehen sich die Komponisten mit einer unbegrenzten Zahl von Möglichkeiten konfrontiert. Sie können heute Musik für akustische Instrumente schreiben, morgen elektronische Musik und übermorgen wieder »Musique concrète«. Wollen sich die Komponisten von Folklore inspirieren lassen, können sie durch Tonbandaufzeichnungen jede beliebige Musik kennenlernen, die Musik Indiens, Kubas, Afrikas usw. Es ist, als versuche die heutige Musik jeden leeren Raum, der zwischen den streng getrennten Gattungen der Vergangenheit noch existierte, auszukundschaften, so wie ein Maler, der das gesamte Spektrum ausprobieren will, das zwischen den Primärfarben überhaupt zu finden ist. Bei diesem ständigen Auf-der-Suche-Sein, dieser fortwährenden Unruhe, fehlt es der zeitgenössischen Musik oft an Ruhe, Eleganz und Demut, kurz: an allem was unserer heutigen Welt überhaupt fehlt – auch wenn in Polen noch Messen und Oratorien komponiert werden, die von der tiefen, religiösen Inbrunst seiner Bewohner inspiriert sind.

BEGEGNUNGEN

Mir wurde das Glück zuteil, einige große Komponisten dieses Jahrhunderts kennenzulernen und mit ihnen zusammenzuarbeiten. Die am weitesten zurückreichende Erinnerung, die ich im Gedächtnis trage, verbindet sich mit dem Namen Ernest Bloch (1880-1959). Er war der allererste Komponist, dem ich begegnete, und mit den *Suiten Nr. 1 und 2 für Violine solo* war ich auch der Interpret, für den er seine letzten Werke geschrieben hatte. Unsere Bekanntschaft hatte ihren Anfang genommen, als ich noch ein Kind war, und zwar bei einer Einladung beim ersten Bratscher des San Francisco Symphony

*E*rnest Bloch hatte die Ausstrahlung eines Propheten; wenn er sprach, wagte niemand, ihn zu unterbrechen. Er stand in ständigem Dialog mit Gott, betete zu ihm, bittete ihn, forderte gleichzeitig aber auch seinen Lohn. Ganz in der jüdischen Tradition stehend kannte er auch Momente großen Zorns gegen Gott und ging sogar so weit, ihm zu drohen. Ich bin Bloch menschlich sehr verbunden. Seine *Jüdische Messe* führte ich vor kurzem in der St-Paul's Cathedral in London auf: ein schönes Beispiel für praktizierte Ökumene. Ernest Bloch und Yehudi Menuhin

Orchestra. Als ich Bloch zu Gesicht bekam, hatte ich das Gefühl, vor einem Propheten zu stehen, der soeben den Blättern des Alten Testaments entstiegen war. Einige Zeit später schrieb Bloch auf meine Anregung hin ein kleines Stück mit Klavierbegleitung: *Avodah*. Das war für mich ein zauberhaftes Geschenk, denn bis dahin hatte ich nur Werke der Vergangenheit gespielt, geschrieben von Komponisten, die schon längst gestorben waren. Mit dieser Erfahrung eröffnete sich mir eine neue Welt. In der Folgezeit habe ich Bloch öfters wiedergesehen. Obwohl ihm stets das Judentum eine wichtige Inspirationsquelle war, wollte er doch auch als amerikanischer Komponist anerkannt werden. Außerdem kannte er die Musik der indianischen Ureinwohner viel besser als die meisten seiner Kollegen, denn er hatte eine lange Zeit bei den Indianern von Neu-Mexiko verbracht. Bloch kannte und liebte die Natur. Er verstand es, dem menschlichen Leiden Ausdruck zu verleihen, mit einer Kraft und einem Gefühl für Heldenmut, die die Grenzen unserer Vorstellung überschreiten.

$\mathcal{V}$iele Jahre später machte ich die Bekanntschaft Béla Bartóks (1881-1945), dessen Werke mir von Antal Dorati »enthüllt« worden waren, und dies in einem ganz wörtlich zu nehmenden Sinn. Vom ersten Augenblick an blendeten, ja verführten mich der orientalische Charakter seiner Musik, das Bodenständige, Primitive, aus dem sie ihre Kraft schöpfte, die abstrakte und dennoch ausdrucksstarke Melodieführung. Bartók wurde mein Lieblingskomponist der Gegenwart. Auch auf die Gefahr hin, schwülstig zu erscheinen, muß ich sagen, daß er einer der ganz Großen der Musik des 20. Jahrhunderts ist. Ich muß allerdings hinzufügen, daß Bartók vom damaligen Publikum sehr zurückhaltend aufgenommen wurde. Nur wenige kannten und schätzten seine Werke. Also beschloß ich 1943, zwei Stücke des großen Genies in mein Repertoire aufzu-

Bis in die letzten Jahre seines Lebens, als sein Körper schon von einer schlimmen Krankheit ausgezehrt wurde, behielt Bartók seinen brennenden, eindringlichen Blick. Er verrät einen heftigen Charakter, der weit außerhalb des Gewöhnlichen liegt.
Béla Bartók
Budapest, Bartók-Haus

nehmen: das *Zweite Violinkonzert* und die *Erste Sonate für Violine und Klavier*. Doch bevor ich die Sonate in einem Solokonzert in der Carnegie Hall mit Adolphe Baller, meinem guten Freund und zuverlässigen Begleiter, aufführte, wollte ich Bartók aufsuchen, um seine kritischen Anmerkungen zu hören.

Bei einer gemeinsamen Freundin wurde ein Treffen vereinbart. Sie war ebenfalls Geigerin und eine ehemalige Freundin Toscaninis. Als ich den Musiksalon betrat – es war ein später Nachmittag im November – war Bartók bereits anwesend. Er saß neben dem Klavier, auf dem Schoß den aufgeschlagenen Notentext und mit einem Bleistift bewaffnet. Ich trat also näher. Bartók war kein Mann, der sich mit irgendwelchen überflüssigen Höflichkeitsfloskeln abgab. Wir waren hier, um zu arbeiten – also nahm ich mein Instrument zur Hand, und wir begannen augenblicklich zu spielen. Als wir den ersten Satz beendet hatten, stand Bartók auf und sagte mir in perfektem Englisch: »Ich habe bisher geglaubt, man könne ein Werk erst dann so vollendet spielen, wenn der Komponist schon lange tot sei.« Das waren die ersten Worte, die er an mich richtete. Eine solche Äußerung aus dem Mund eines so ernsthaften und strengen Mannes verriet große Begeisterung.

Danach wollte Bartók wissen, wie ich sein *Violinkonzert* spielen würde. Da wir kein Orchester hatten, spielte ich ihm nur einige Passagen solo vor. Zu einer Stelle im ersten Satz, die einige Male wiederholt wird, wollte er meine Meinung wissen: »Sie ist chromatisch und doch immer wieder anders,« meinte ich. »Ganz genau,« antwortete er, »ich habe alle zwölf Töne der Skala verwendet, denn ich wollte Schönberg beweisen, daß man alle zwölf Töne in Folge benutzen und dennoch tonal bleiben kann.« Und in der Tat, eine jede dieser Tonfolgen hätte einem Komponisten, der mit der Zwölftontechnik arbeitet, das Material für ein ganzes Opus geliefert. Eine jede davon war von unerhörter Ausgeglichenheit, Schönheit und Vielfalt.

Da ich die Gunst der Stunde unbedingt nutzen wollte, fragte ich Bartók noch am selben Tag, ob es möglich sei, daß ich bei ihm ein Werk in Auftrag geben könnte, und zwar ein Stück für Violine solo. Er stimmte zu.

1944 erhielt ich das Manuskript jenes Werkes, das einmal zu den Höhepunkten des Repertoires zählen sollte: Die *Sonate op. 117 für Violine solo*. Kein einziger Komponist seit Bach hat für die Violine ein so wunderbares Stück geschrieben, das der Erhabenheit, der Klangfülle, aber auch dem wilden Ungestüm dieses Instruments derart Ausdruck verleiht. Ich bin glücklich, dazu beigetragen zu haben, daß dieses überwältigende Stück geschrieben wurde.

Bartók war damals schon an Leukämie erkrankt, die ihm bald den Tod bringen sollte. Trotzdem standen wir noch weiterhin im Briefkontakt und tauschten uns über einige technische Fragen aus. Unmittelbar vor der Uraufführung sahen wir uns wieder. Das Publikum in der Carnegie Hall sparte nicht mit Applaus, enthusiastisch bekundete es dem Komponisten seine Hochachtung.

Hätte Bartók zwanzig oder dreißig Jahre länger leben können, wäre ihm gewiß mehr öffentliche Anerkennung zuteil geworden. Er hätte es verdient! Aber im Grunde genommen interessierte ihn das gar nicht. Bartók gehörte zu jenen Menschen, die außerordentlich sensibel sind und sich weder von materiellen Dingen noch von oberflächlichem Geschwätz beeindrucken lassen. Wie eine Pflanze, die den geringsten Lufthauch registriert und die kleinste Veränderung in der Atmosphäre wahrnimmt, so reagierte er auf alles, was sich auf Erden und im Himmel tat. Er fühlte sich der Pflanzen- und Tierwelt erstaunlich eng verbunden und er wußte von den ältesten Wurzeln des menschlichen Wesens und der Kulturen. Er stammte aus Ungarn, und da er sich für die volkstümlichen Traditionen seiner Heimat ebenso interessierte wie für diejenigen auf dem Balkan und in Kleinasien, hatte er es sich zur Aufgabe gemacht, die Melodien ihrer Volks-

*B*artók, der Komponist der ungezügelten, ja wilden Inspiration, war auch ein gewissenhafter Forscher. Das obere Bild zeigt ihn im Jahr 1907, wie er vor einem Phonographen steht, mit dem er die Einwohner des Dorfes Danazs in Ungarn aufnehmen will. Die Aufnahme scheint gut organisiert zu sein: Rechts stehen diejenigen, die noch singen müssen, links diejenigen, die schon gesungen haben. Nach seinen Aufnahmen klassifizierte Bartók dann die Volkslieder gemäß dem Rhythmus des ersten Taktes. Mit der ihm eigenen Sorgfalt, mit der er den Dingen auf den Grund ging, sieht man ihn auf dem unteren Bild eine Drehleiher spielen. Dieses Volksmusikinstrument ist gewissermaßen ein Gegenstück zur Geige, denn die Saiten werden mechanisch angestrichen, mittels eines runden Bogens, der sich kontinuierlich dreht.

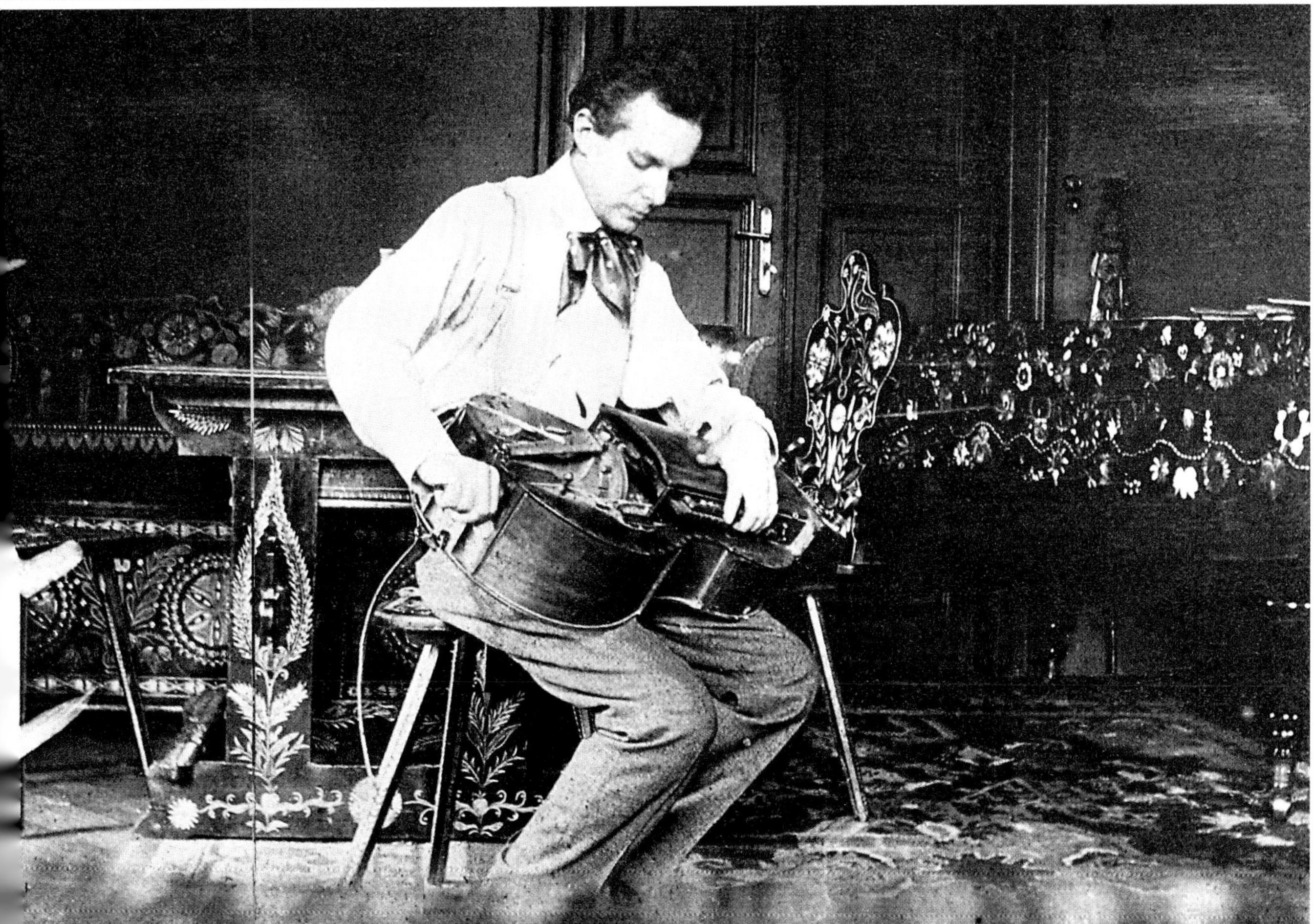

213

musik systematisch zu ordnen. Zu diesem Zweck zog er zusammen mit seinem Freund Zoltán Kodály von Dorf zu Dorf und suchte dort den jeweils ältesten Dorfbewohner auf, als Zeugen einer vom Aussterben bedrohten uralten Tradition. Mit einem vorsintflutlichen Tonbandgerät nahm er dann die urtümlichen Lieder auf, um sie später zu ordnen und zu klassifizieren.

Als Ungarn vom Faschismus überrollt wurde, gebot ihm seine moralische Integrität, das Land zu verlassen. Dabei hätte Bartók von diesem Regime nichts zu befürchten gehabt, denn er hatte keine jüdischen Vorfahren. Aber er zog es vor, in die USA zu emigrieren, und zwar nach New York, wo er seinen musikethnologischen Forschungen an der Columbia University nachgehen konnte. Kurz vor seinem Tode folgte Bartók einem Ruf an die Universität von Washington. Diese hatte ihn gebeten, die indianische Volksmusik zu erforschen, und er hatte sich vorgenommen, eine Weile bei den Indianern zu leben. Hätte er diese Aufgabe erfolgreich abschließen können, so wäre er diesem Volk ein Sprachrohr gewesen und er hätte der ganzen Welt ihre großartige Kultur vor Augen führen können. Leider starb er zu früh.

Bartóks Gesamtwerk ist bewunderswert: Seine *44 Duos op. 98* für zwei Violinen, die vom Reichtum der Volkslieder beeinflußt wurden, sind einfach zauberhaft. Alle Kinder, die Klavier spielen, sollten seinen *Mikrokosmos* kennenlernen. Diese Stücke, für Anfänger gedacht, schulen in ausgezeichneter Weise das harmonische Hören und sind eine vorzügliche Einführung in die Welt der Musik.

Seine Entwicklung als Komponist ähnelt auf merkwürdige Weise derjenigen Beethovens, denn mit den Jahren wurden seine Werke immer abstrakter und

*S*ir Edward Elgar glich in seiner Erscheinung einem großväterlichen englischen Landjunker. Dieses Photo wurde 1932 aufgenommen, als ich in London unter der Leitung des Komponisten sein wundervolles *Violinkonzert* einspielte (die Partitur dazu halte ich in der Hand). Bei dieser Aufnahme verlief alles in einer ruhigen, entspannten und harmonischen Atmosphäre. Sie gab mir ein eindrückliches Beispiel jener Zurückhaltung und Gelassenheit, die die Engländer von jeher auszeichnen.

---

abgeklärter. In seinen Quartetten gelangte seine Kunst schließlich zum höchsten Grad der Vollendung.

*E*ine andere Begegnung hat in mir eine ganze Reihe von Bildern und Erinnerungen hinterlassen. Als ich 16 Jahre alt war – das war 1932 – fuhr ich nach London, um ein zeitgenössisches Werk auf Schallplatte einzuspielen, und zwar unter der Leitung des Komponisten selbst, der kein anderer war als Sir Edward Elgar (1857-1934). Ich wurde auf dieser Reise von meinem Vater und Paul Vian, dem Vater von Boris Vian, begleitet. Am Tag nach unserer Ankunft sollte ich dem Komponisten sein *Violinkonzert* vorspielen. Dieses Werk war 1910 von dem berühmten Fritz Kreisler uraufgeführt worden, ich aber hatte erst einen Monat daran gearbeitet, und das ohne fremde

VOM MENSCHEN, DER FÜR DIE VIOLINE KOMPONIERT

Hilfe! Bevor ich nach London reiste, hatte ich das Werk immerhin Enescu vorgespielt, und er hatte mir noch erklärt, daß es sich um ein Werk von typisch englischem Charakter handele. Aber ich begriff und erfühlte erst mit der Zeit, was diese Originalität von Elgars Musik ausmacht, jene schwer zu beschreibende Form von Zurückhaltung und Zärtlichkeit, jene Mischung aus Romantik und Mäßigung.

Der Pianist Ivor Newton und ich hatten uns mit Elgar für den frühen Nachmittag verabredet. Wie überrascht war ich, als ich einen typisch englischen Landadeligen eintreten sah, begleitet von einer ganzen Meute von Hunden! Mit einem Schlag zerplatzte die landläufige Vorstellung von einem Komponisten, wie ich sie mir bis dahin gemacht hatte. Er sah eher wie ein Junker aus als wie ein Prophet und war mehr

Sir Thomas Beecham war einer der berühmtesten Musiker seiner Zeit. Ein Repräsentant des musikalischen Establishment und noch mehr: Er war der Archetyp des Gentleman, ein unverfälschter Nachkomme der englischen Aristokratie. An seinen geistreichen Bonmots und Anekdoten ergötzte sich die gesamte bessere Gesellschaft. Doch jenseits des spöttischen Geistes, der hier auch in seinen Augen aufblitzt, war Beecham ein begnadeter Musiker, der einem Orchester einen unglaublichen Reichtum an Klangfarben und Ausdrucksnuancen entlocken konnte.
Von rechts nach links: Sir Thomas Beecham, Yehudi Menuhin, Sir Edward Elgar, 1932

Großpapa als Kavalier. Unsere Begegnung hielt aber noch weitere Überraschungen parat. Wir hatten noch nicht einmal eine Minute musiziert, als Elgar uns unterbrach und ungefähr folgendes sagte: »Sie spielen wundervoll. Es wird perfekt werden, aber draußen ist heute so fabelhaftes Wetter …! Erlauben Sie mir, daß ich jetzt zum Pferderennen gehe.«

Elgar hatte recht, und die Plattenaufnahme verlief bestens. Einige Monate später spielte ich das Violinkonzert erneut unter seiner Leitung, diesmal in der berühmten Royal Albert Hall in London. Ich glaube, von diesem Tag an haben mich die Engländer ein wenig als einen der Ihren aufgenommen. Ich hatte sie ins Herz getroffen.

Nun beschloß ich meinerseits, dieses Violinkonzert, das ich gerade für mich entdeckt hatte, dem französischen Publikum nahezubringen. Das Konzert fand im Salle Pleyel statt, und wir luden Elgar ein, bei uns zu wohnen. Das Pariser Orchester, das er dirigieren sollte, war von Enescu so ausgezeichnet vorbereitet worden, daß Elgar kein einziges Mal die Konzertprobe unterbrach. Das einzig Bedauerliche an jenem Aufenthalt Elgars in Frankreich war, daß ich nicht die Gelegenheit wahrnehmen konnte, mit ihm einen anderen berühmten englischen Komponisten aufzusuchen – Frederick Delius (1862-1934): Delius lebte in Grez-sur-Loing, einem kleinen Dorf bei Fontainebleau. Elgar stattete ihm einen Besuch ab, doch leider war Delius schon gelähmt und schwerkrank.

Später hatte ich das große Glück, einige Werke von Delius für eine Schallplattenaufnahme einzuspielen: das *Cellokonzert* und das *Konzert für Violine und Violoncello* zusammen mit Paul Tortelier sowie seine drei *Sonaten für Violine und Klavier*.

Mir war es vergönnt, noch mit einer weiteren bedeutenden Persönlichkeit des britischen Musiklebens zusammenzutreffen: mit Benjamin Britten (1913-1976). Intensive musikalische Zusammenarbeit, vor allem aber eine gemeinsame persönliche Erfahrung brachten uns einander sehr nahe. Es war im Juli 1945. Der Zweite Weltkrieg war in Europa

*B*enjamin Britten und der Tenor Peter Pears ergänzten sich vorbildlich: Der gebildete Pears las alles, was Britten vertonte, und interpretierte dann als Sänger seine Werke. Pears war immer ruhig und gelassen, während Britten in ständiger Anspannung und Angst lebte: Er hatte ein beinahe krankhaftes Bedürfnis nach Rückhalt und Bestätigung. Britten hat die englische Sprache auf kongeniale Weise in Musik gesetzt. Und weil er Kinder mochte, hat er mehrere Kinderopern geschrieben. Auch die Natur und das Meer waren ihm wichtige Inspirationsquellen für sein kompositorisches Schaffen.

Kenneth Green
Benjamin Britten und Peter Pears, 1943
London, National Portrait Gallery

---

gerade zu Ende, aber noch warteten in den deutschen Lagern die Überlebenden auf ihre Rückkehr in die Heimat: Juden, Zigeuner und alle jene, die das Nazi-Regime hatte ausrotten wollen. Ich beschloß, nach Deutschland zu reisen und für diese Opfer der Barbarei ein Konzert zu geben. Ich glaubte, daß die Musik ihnen den Trost und das Mitgefühl geben könnte, derer sie so dringend bedurften. Ich hatte Britten gerade in London getroffen, und er begleitete mich bei dieser abenteuerlichen Unternehmung.
Er war ein außergewöhnlicher Pianist, und wie Enescu konnte er sehr einfühlsam begleiten. Wir spielten zweimal in Bergen-Belsen, und ich erinnere mich noch heute an jene Männer und Frauen. Spindeldürr, halb verhungert, hatten sie sich in Decken gewickelt und schienen erstaunt, überhaupt noch der Welt der Lebenden anzugehören.

*N*och einigen anderen großen Komponisten des 20. Jahrhunderts begegnete ich, wenn auch zum Teil nur flüchtig: Dmitrij Schostakowitsch (1906-

VOM MENSCHEN, DER FÜR DIE VIOLINE KOMPONIERT

1975) und Aram Chatschaturjan (1903-1978). Die Bekanntschaft mit letzterem verdanke ich David Oistrach. Zoltán Kodály traf ich 1946 auf dem Budapester Flughafen und bat ihn, für mich ein Stück zu komponieren, woraus aber leider nichts wurde.

Mit Igor Strawinsky (1882-1971) und den New Yorker Philharmonikern zusammen habe ich sein *Violinkonzert in D-Dur* für das Fernsehen aufgezeichnet. Strawinsky war ein außerordentlich begabter Mensch, er konnte sich in allen möglichen Kompositionsstilen bewegen und mit ihnen spielen. Zwölftontechnik, Neoklassizismus, Folklorismus – nichts war ihm fremd. Er vermochte es, ein wenig wie Picasso auf dem Gebiet der Bildenden Kunst, mit ungeheurer Leichtigkeit von einem Universum ins andere zu wechseln. Gut erinnere ich mich auch an Strawinskys Humor und seinen spöttischen Geist. All diese Eigenschaften brachten ihm die Bewunderung und Zunei-

*S*chostakowitsch war ein schwieriger und gepeinigter Charakter. Er konnte nicht komponieren, wie er wollte, da das Sowjetregime ihn immer in eine andere Richtung drängte. Doch trotz der Verfolgungen, und obwohl er einige seiner Ideen verleugnen mußte, hat er die Gratwanderung bewältigt, Werke zu schreiben, die musikalisch innovativ und zugleich einem größeren Publikum zugänglich sind.

Das erste Mal traf ich ihn 1945 und ich war überrascht von seinem schmächtigen, fast ängstlichen Äußeren – wo in seiner Musik doch solch eine sichere Meisterschaft zum Ausdruck kommt. Er wurde mir ein enger Freund.
Iosif A. Serebrjanyj
Dimitrij Schostakowitsch, 1964
Moskau, Tretjakow-Galerie

VOM MENSCHEN, DER FÜR DIE VIOLINE KOMPONIERT

Aram Chatschaturjan wurde von seinem Volk geliebt, denn er komponierte die Musik seiner Heimat: Armenien. Zu Zeiten der UdSSR kümmerte sich die Republik Armenien wenig um die sowjetische Zentralregierung – und das bestärkte Chatschaturjan umso mehr darin, der einzigartigen Stimme seiner Kultur Gehör zu verschaffen.
Sein gesamtes Werk ist von den Farben seines Landes durchzogen, lebt von dem Schwung der armenischen Volkstänze und atmet den poetischen Zauber orientalischer Landschaften.
Sein *Violinkonzert* war bei Geigern, Publikum und Kritikern gleichermaßen ein Erfolg.

gung der großen Pädagogin Nadja Boulanger ein, die ihn vergötterte.

Auf eine völlig andere Art kam meine Begegnung mit dem finnischen Komponisten Jean Sibelius (1865-1957) zustande. Die Gelegenheit ergab sich bei einem Konzert in Helsinki zu Beginn der 50er Jahre, und ich erinnere mich noch jetzt mit einem Lächeln daran. Sibelius empfing mich in seinem unter schattigen Bäumen versteckten Holzhaus. Sogleich fragte er mich, wen ich für den bedeutendsten Komponisten des 20. Jahrhunderts hielte. Stellen Sie sich vor, in welche Bedrängnis ich geriet! Er hätte ja diesen Titel für sich selbst beanspruchen können. Ich wußte nicht, was ich antworten sollte. Da erklärte Sibelius in seiner scharfsinnigen und großmütigen Art: »Bartók!« Ich hätte ihn am liebsten umarmen wollen, so erleichtert fühlte ich mich durch diese Antwort, die er an meiner Stelle gegeben hatte. Als ich im darauffolgenden Jahr anläßlich seines 80. Geburtstages sein *Violinkonzert in d-moll* spielte, war ich sehr glücklich, daß er mein Spiel mit großer Zufriedenheit gehört hatte. Er hatte zum Konzert nicht kommen können, aber die Rundfunkübertragung ließ er sich nicht entgehen…

Wenn ich die Essenz dessen, womit mich diese Begegnungen bereichert haben, in Worte fassen soll, würde ich sie mit einem warmen Schein vergleichen, der von der schöpferischen Kraft der Komponisten ausstrahlt. So wie eine Frucht unter der wärmenden Sonne reift, war es mir vergönnt, einige bedeutende Werke des Violinrepertoires aufzuführen und dazu Hinweise und Ratschläge von jenen zu erhalten, die diese Werke geschaffen hatten. Manchmal hatte ich sogar das Glück, sie unter der Leitung des Komponisten zu spielen. Daß ich bei manchen Werken auch an der Entstehung beteiligt war, das verschafft mir um so größere Genugtuung.

Ich habe ausführlich über Bartók gesprochen, aber aus der Reihe der neueren Kompositionen möchte ich noch weitere erwähnen: die *Sonate für Violine solo*, die ich bei dem Zwölftonkomponisten Ross Lee Finney anläßlich der Eröffnung des amerikanischen Pavillons zur Brüsseler Weltausstellung in Auftrag gegeben hatte; die Violinkonzerte von Lennox Berkeley, Arnold Cooke, Ödön Partos; ein *Duo* für zwei Violinen, das Darius Milhaud bei mir in Kalifornien komponierte, ganz spontan, inmitten einer lärmenden Gästeschar; die Sonaten von Paul Ben-Haim und Weiner und schließlich ein Trio von Alexander Goehr, das ich mit Maurice Gendron und meiner Schwester Hephzibah beim Bath-Festival spielte.

Auch heute inspiriert die Violine die Komponisten, und sie wird es auch noch lange Zeit tun. Ihre Stimme wird nie verstummen, ihr Feuer, ihre Inbrunst werden nie verlöschen. So wie im Innern der Austernschalen die Perlen wachsen, wird auch die Violine immer wieder Wunderwerke der Empfindung und poetischen Kraft hervorbringen.

Dieses Bild zeigt einen Mann, der sein Lebenswerk bereits vollendet hat. Wir sehen keinen Komponisten, in dem noch die Erregung des Schaffensaktes nachschwingt, sondern einen Menschen, der in der Erinnerung lebt und sich in ein ruhiges, bürgerliches Leben zurückgezogen hat. Denn schon früh, mit rund 40 Jahren, hörte Sibelius auf zu komponieren. Als ich ihn kennenlernen durfte, lebte er schon viele Jahre in dieser luxuriösen Zurückgezogenheit. Hinter der äußeren Fassade aber verbarg sich ein aufs heftigste gepeinigter, verletzlicher Musiker.
Teodor Schalin
Jean Sibelius, 1952
Turku (Finnland), Sibelius-Museum

VOM MENSCHEN, DER FÜR DIE VIOLINE KOMPONIERT

*A*uf dem Gipfel des heiligen Parnass sitzt Apollo, der Gott der Künste und – ganz besonders – der Musik (man schreibt ihm die Erfindung der Laute zu). Zu seinen Füßen liegt der Vorfahre der Violine, ein Bogen, denn Apollo ist gleichzeitig auch der Gott der Jagd. Zu seiner Linken sehen wir Pegasus, das geflügelte Pferd und Sinnbild poetischer Inspiration, zu seiner Rechten den Castalia-Brunnen als Quell für ein blumenumsäumtes Bächlein, in dem die Musen ihre Füße baden. Unter dem gutmütigen Blick ihres Beschützers haben diese Göttinnen sich zusammengefunden, um zu musizieren.
Schule von Fontainebleau
Der Parnass, 16. Jahrhundert (nach einem Stich von Giorgio Ghisi)
Aix-en-Provence, Museum Granet

*I*n der mehrstimmigen Musik des Abendlandes ist eine Stimme auf die andere angewiesen, denn nur gemeinsam können die Instrumente das vierstimmige Gerüst ihrer Harmonien bilden.
G. Bella
Die Geiger (Ausschnitt)
Venedig,
Palazzo Guerini-Stampalia

DIE PARTNER

*D*ie Violine ist in unserem musikalischen System, das vornehmlich auf den mehrstimmigen Zusammenklang ausgerichtet ist, ein unvollständiges Instrument. Sie kann eine Melodie spielen, so wie ein Bauer, der, allein in der Natur, eine Melodie vor sich hin summt, aber Akkorde kann sie nicht hervorbringen. Also benötigt sie die harmonische Unterstützung eines Klaviers, Orchesters oder anderer Instrumente, wie zum Beispiel die eines Kammermusikensembles. Ohne diese Partner ist die Violine oder auch die menschliche Stimme wie ein einzeln stehender Baum, der ohne den Schutz des Waldes aufwächst.

Wenn die Partner beim Musizieren alle einer Familie angehören... Ich habe hier das Glück, mit meinen beiden Schwestern (links Hephzibah, rechts Yaltah) und meinem Sohn Jeremy musizieren zu dürfen: Wir proben gerade unter meiner Leitung Mozarts *Konzert für drei Klaviere*. Hephzibah und Jeremy waren bevorzugte Partner in meiner Laufbahn als Geiger: Im Zusammenspiel mit ihnen offenbarten Worte wie Einverständnis oder Übereinstimmung ihre wahre Bedeutung. Yehudi Menuhin bei einer Probe zu einem Konzert am 26. April 1966 anläßlich seines 50. Geburtstags

---

Natürlich gibt es für die Solo-Violine eine ganze Reihe von Stücken: Locatelli, Bach, Bartók, Prokofjew, Hindemith – sie alle haben wunderbare Werke geschrieben, die beweisen, daß die Violine eine große klangliche Vielfalt und eine Vielzahl an Registern besitzt, breit genug gefächert, um sich selbst zu genügen. Und dennoch: Seitdem die reine Quinte in der temperierten Stimmung zurechtgebogen wurde, seit dem ersten Auftauchen des protestantischen Chorals verlangt unser Ohr nach dem gleichzeitigen Zusammenklang mehrerer Stimmen. Deshalb erklingt das Spiel der Geige fast immer mit einer Begleitung.

Die Pianisten

Nicht immer ist sich das Publikum über die Bedeutung und das Können jener Künstler im klaren, die im Schatten des Geigers musizieren. Oft gesteht man ihnen nicht einmal den Titel »Pianist« zu und rückt sie in den zweifelhaften, unbestimmten Rang eines »Begleiters«, als bestünde ihre Aufgabe lediglich darin, mit dem Geiger zusammen auf dem Podium zu erscheinen, als bloße Eskorte, als dienstbarer Geist. Früher fand sich auf den Programmzetteln oft die merkwürdige Bezeichnung »Am Klavier...« und dann folgte der Name des Künstlers. Also ist dieser versteckte Künstler gar kein Pianist, er sitzt bloß am Klavier?

Nun braucht man sich nur einmal das Repertoire an Sonaten aufmerksam anzuschauen, um zu begreifen, daß es nicht etwa ein Hauptinstrument, nämlich die Violine, gibt und dazu im Hintergrund irgendeine

Seit dem 18. Jahrhundert wurde das Repertoire für die Violine immer vielgestaltiger. Neue, anspruchsvolle Gattungen entwickelten sich, wie zum Beispiel Sonate und Konzert, in denen die Geige ihre Schönheit voll entfalten konnte und in einen subtilen Dialog mit dem Cembalo, dem Baß oder den Geigen des Orchesters trat. Dennoch waren die Interpreten weiterhin meist Salonmusiker, die zur Unterhaltung der gehobenen Gesellschaft aufspielten, so wie in dieser blumengeschmückten Szenerie. Trotz ihrer Bemühungen scheint es dem Geiger und dem Cembalisten hier aber nicht zu gelingen, ihren strengen Zuhörer (oder Mäzen) aufzuheitern.

F. Falciatore, *Divertissement in einem Park* (Ausschnitt), 18. Jahrhundert
The Detroit Institute of Arts

DIE PARTNER

hübsche Untermalung, sondern daß es sich vielmehr um ein wirkliches Duo handelt, in dem sich zwei Instrumente gleichberechtigt gegenüberstehen. Zuweilen ist der Klavierpart von den instrumentalen Anforderungen her gesehen sogar sehr viel schwieriger als die Violinstimme. Sämtliche Sonaten von Bach und Mozart, ausgenommen vielleicht dessen frühe Sonaten, weisen dem Pianisten den Rang eines echten Partners zu; bei Beethoven, Brahms und Bartók gewinnt der Pianist sogar noch mehr an Bedeutung. Um diese Sonaten spielen zu können, bedarf es eines Künstlers am Klavier, der genauso versiert ist wie der Geiger. Wenn ich also mit besonders berühmten Pianisten Kammermusik aufführen wollte, mit Wilhelm Kempff zum Beispiel oder mit meiner Schwester Hephzibah, dann mußte ich mich ganz besonders feinfühlig

*S*chon in jungen Jahren brachte es mein Leben als Geiger mit sich, daß ich zu meinen Partnern, insbesondere den Pianisten, eine intensive Beziehung aufbaute: Täglich mußte ich mit einem Pianisten mein Konzertrepertoire üben (Sonaten und Konzerte). Außerdem kam es zu jener Zeit häufig vor, daß ich in den Kleinstädten, die kein Orchester hatten, mein Konzertprogramm nur mit Klavierbegleitung spielte. Yehudi Menuhin mit Hubert Giesen am Klavier, 1929

verhalten, um diesen absurden Vorurteilen gegenüber dem »Begleiter« zu begegnen.

*W*ährend meines Lebens als Geiger bin ich immer gemeinsam mit Pianisten gereist. Zunächst mit meinem Lehrer Louis Persinger, der bewundernswert gut Klavier spielte und der mich auf meiner ersten Tournee vom Oktober 1928 bis März 1929 beglei-

tete. Wir hatten damals die *Sonate in d-Moll* von Brahms auf dem Programm.

Von den Namen der anderen Pianisten sind mir folgende im Gedächtnis geblieben: Hubert Giesen, ein junger Deutscher, der mit Adolf Busch zusammenarbeitete, und Arthur Balsam. Diesem begegnete ich in Berlin, wo er am Konservatorium studierte. Arthur war ein polnischer Jude, und wir verständigten uns in deutscher Sprache. Er war ein wunderbarer Musiker, sein Leben gehörte ganz der Musik, selbst auf Spaziergängen hatte er stets eine Studienpartitur in der Tasche. Bevor er ein renommierter Solist und angesehener Professor wurde, war er Pianist bei den New Yorker Philharmonikern.

Als er uns verließ, nahmen wir einen belgischen Pianisten in die Familie auf. Marcel Gazelle hatte wie meine Schwester bei Marcel Ciampi studiert. Die Verbindung mit Marcel sollte lange Zeit andauern. Gemeinsam mit ihm eröffnete ich meine Schule, und die letzten Jahre seines Lebens war er ihr Leiter. Er war ein außergewöhnlicher Mensch und für mich wie ein großer Bruder. Er heiratete eine Freundin aus meiner Kinderzeit, die Geigerin Jacqueline Salomons. Auch sie war Schülerin Enescus, und damit wurde allem, was uns verband, nur noch ein weiteres Verbindungsglied hinzugefügt.

Während des Krieges blieb Marcel in London und schloß sich dort der Belgischen Befreiungsarmee an. Ich brauchte also einen neuen Partner und fand ihn in Adolph Baller. Ihn hatte ich 1939 in New York kennengelernt. Wie Arthur Balsam war Baller jüdisch-polnischer Herkunft. Er hatte in Wien bei Leschetizky Musik studiert. Nach dem Anschluß Österreichs an Nazideutschland 1938 war er rohen Mißhandlungen ausgesetzt: Nazis hatten versucht, ihm die Finger zu

DIE VIOLINE

*P*ablo Casals hatte die Unbeugsamkeit und Beständigkeit der hohen Berge, die das Städtchen Prades in den Pyrenäen überragen, in dem er nach der Machtergreifung Francos Zuflucht suchte. Seiner Überzeugung treu bleibend kehrte er niemals wieder in sein Heimatland zurück und starb 1973 im Exil in Porto Rico. Für die Patrioten und spanischen Exilanten war er ein Prophet. Was mich betrifft, so erinnere ich mich vor allem daran, welch unermeßlich große Freude mir das Musizieren mit ihm machte, als wir beim Festival von Prades und in Porto Rico gemeinsam Kammermusik spielten. Niemals wieder – ausgenommen Enescu – habe ich so einen inspirierenden Musiker getroffen. Mit der Präzision eines Uhrmachers und mit einem untrüglichen Sinn für die der Musik innewohnende Bewegung weckte Casals in seinen Zuhörern und Mitspielern ein fast körperliches Gefühl für den Rhythmus und die Dynamik einer Phrase.

brechen; glücklicherweise rettete ihn ein Arzt, so daß die Beweglichkeit der Finger erhalten blieb. Er floh daraufhin mit seiner Frau in die USA und wohnte bei uns in Kalifornien. Diese Jahre der Zusammenarbeit und des gemeinsamen Lebens haben bewegende Erinnerungen hinterlassen. Gemeinsam haben wir sehr viele Stücke erarbeitet, insbesondere zeitgenössische Werke. So wählte ich zusammen mit Adolph Baller zum Beispiel die beiden Bartók-Stücke für unsere Konzertsaison 1943 aus.

Gemeinsam reisten wir durch ganz Amerika, von Alaska über Honolulu bis nach Mexiko, jedoch nie nach Europa, denn dort wütete der Krieg. Wir gaben viele Konzerte vor einem musikbegeisterten Publikum, aber wir spielten auch vor Soldaten. Als Baller mit dem ungarischen Cellisten Gabor Rejto und dem Geiger Roman Tottenberg ein Trio gründete, gab er

DIE PARTNER

Kammermusik ist der Ausdruck höchster musikalischer Vollendung. In ihr gelangen die einzelnen Stimmen in einer fein austarierten Balance zu vollkommener Einheit. Deswegen ist sie ein unerschöpflicher Quell der Befriedigung für Musiker wie Zuhörer.
Ich wünschte mir, daß eines Tages das Interesse für Musik und die Entwicklung der musikalischen Ausbildung so weit gediehen wären, daß zahlreiche Amateurensembles entstünden. Sie könnten den kultivierten Umgangston, die Harmonie und den wechselseitigen Austausch, die die Probenarbeit eines Kammermusikensembles bestimmen, in die Welt hinaustragen.

Probe vor einer Aufnahme des Klaviertrios von Tschaikowsky 1936 in Paris, mit Hephzibah am Klavier, Eisenberg am Cello und – zu meiner Linken – George Enescu als Berater.

---

ihm den Namen »Alma« (das spanische Wort für Seele) – so hieß auch unser Haus in Kalifornien.
In den Jahren nach dem Zweiten Weltkrieg hatte ich keinen ständigen Begleiter mehr, aber Marcel Gazelle und Adolph Baller blieben meine engen Freunde.
Im Laufe der Jahre hatte ich das große Glück, immer wieder mit begnadeten Pianisten aufzutreten, zum Beispiel mit Vladimir Ashkenazy, Wilhelm Kempff, Ivor Newton, Glenn Gould, Gerald Moore und meinem Schwager Louis Kentner. Wenn ich an Begegnungen mit Pianisten denke, trage ich aber vor allem das Bild einer Frau im Herzen, mit der ich seit 1933 zusammenarbeitete – das meiner Schwester Hephzibah.
Hephzibah – meine ständige Gefährtin. Hephzibah, bei deren Geburt ich damals als Vierjähriger dabei war, der ich am nächsten stand, deren musikalischen Werdegang ich lenkte. Hephzibah mit ihrem Intellekt,

klar wie ein Kristall. Hephzibah, die eine solch außerordentliche Sprachbegabung besaß, daß wir ihr den Spitznamen »Madame Larousse« gaben, denn sie kannte sich in der französischen Grammatik genauestens aus.

Sie war kaum 13 Jahre alt, als wir unter Enescus behutsamer Anleitung entdeckten, daß unser Bündnis nicht nur das von Bruder und Schwester war, sondern auch in einer musikalischen Seelenverwandschaft bestand. Wenn wir zusammen musizierten, brauchten wir nicht einmal einen Blick zu wechseln, um die Empfindungen des anderen zu ahnen. Seit unserer ersten Schallplattenaufnahme – wir spielten die *A-Dur-Sonate* von Mozart und erhielten einen Preis dafür – und seit unserem ersten Konzert im Salle Pleyel 1934 unternahmen wir, trotz anfänglicher Bedenken meiner Mutter, viele Tourneen, gaben Konzerte und spielten Werke auf Schallplatte ein.

Bruno Walter verstand es wie kein anderer Dirigent, mit dem Orchester zu begleiten: Er konnte dem Solisten zuhören, ihn verstehen und ihm all seine Befangenheit nehmen. Er besaß ein unglaubliches Feingefühl und verstand es, den Klang seines Orchesters ganz im Einklang mit der Interpretation des Solisten zu formen. Hier begleitet er Joseph Szigeti bei einer Aufnahme von Beethovens *Violinkonzert*. Dieser ungarische Geiger war – ganz im Gegensatz zu Walter – ein sehr intellektueller Musiker, der Theorie und Analyse einen hohen Stellenwert beimaß. Er spielte noch nach der alten Schule, daß heißt er führte den Bogen sehr nah am Körper; diese Haltung übte man früher, indem man sich ein Buch unter den rechten Arm klemmte, das beim Spielen nicht herunterfallen durfte.

Nur einen Menschen noch gibt es, mit dem ich zu einer vergleichbaren Vertrautheit und Übereinstimmung gefunden habe, und das ist mein Sohn Jeremy. Wir haben zusammen viele Konzerte gegeben, und tun dies selbst heute noch, wenn ich ihn als Dirigent begleite. Ich habe das Gefühl, daß Gott mich segnen wollte, indem er mir erst eine Schwester, später einen Sohn schenkte, mit denen ich meine Leidenschaft für die Musik und meine Visionen teilen durfte.

Generell betrachte ich die Zusammenarbeit mit einem Pianisten nicht nur als musikalische Bereicherung, sondern auch und vor allem als eine menschliche Erfahrung. Das Zusammensein mit ihnen gehörte zu meinem täglichen Leben und zu meinen Reisen. Denn im Gegensatz zum Pianisten geht ein Geiger niemals allein auf eine Konzertreise; er ist von seiner Veranlagung her nie ein Einzelgänger. Sein Leben verläuft als ein langer Dialog mit anderen Musikern.

DIE DIRIGENTEN

Das Verhältnis zwischen Geiger und Dirigenten ist grundverschieden von dem, das zum Pianisten besteht. Ein Orchester ist sehr unflexibel, durch die »Trägheit der Masse« kann es auf Tempoveränderungen nicht so schnell reagieren wie ein Instrumentalsolist. Ein Geiger und ein Pianist sprechen in der Probephase bestimmte Nuancen des Vortrags, Feinheiten des Tempos oder der Dynamik ab. Doch erst in der spannungsgeladenen Atmosphäre des Konzerts, getragen von der Inspiration des Augenblicks, gewinnt das alles wirkliche Gestalt. Wenn man mit einem Orchester musiziert, ist das anders. Selbst wenn der Dirigent die Nuancen und spontanen Einfälle im Spiel des Geigers wahrnimmt, so kann er doch nur sehr schwer 25, 40 oder gar 60 Musiker unmittelbar darauf reagieren lassen.

Ein Orchesterleiter muß wie der Kapitän eines Schiffes darüber wachen, daß eine Gemeinschaft, die aus lauter Individuen besteht, reibungslos funktioniert und ihre Kräfte im Gleichgewicht bleiben. Damit aber ist seine Wendigkeit eingeschränkt. Sobald der Dirigent einen Solisten begleitet, hat er vom Beginn des Stückes an jenes Tempo zu schlagen, das auch für den Solopart das richtige ist. Der Solist muß dann das Tempo des Orchesters aufnehmen. Ist das nicht der Fall, so muß wiederum der Dirigent fähig sein, dem Orchester das neue Tempo zu vermitteln, das ihm der Solist mit seinem Einsatz vorgibt. Ein Dialog zwischen dem Dirigenten und dem Solisten ist also durchaus möglich. Ihre Beziehung läuft nicht einzig und allein in den festgefügten Bahnen der vorausgegangenen Absprachen ab, und die Funktion des Dirigenten ist glücklicherweise nicht auf die eines überdimensionalen Metronoms reduziert. Aber dennoch ist der Spielraum des Machbaren sehr viel enger als bei der Aufführung von Kammermusik.

Selbstverständlich hängt dies alles auch von der künstlerischen Erfahrung und Autorität des jeweiligen Musikers ab, auch von den Freiheiten, die die Partitur dem Solisten läßt.

Und ich möchte auch nicht den Eindruck erwecken, daß die Zusammenarbeit zwischen Dirigent und Orchestermusikern nur in Befehlen und deren Ausführung besteht. Wenn ein Dirigent jenes Charisma besitzt, das talentierten Künstlern eigen ist, dann wird er es auch verstehen, die eigene Inspiration auf seine Musiker zu übertragen. Und genauso kann er den Solisten mitreißen und anfeuern, so daß er schöner spielt, als er es sich jemals hätte vorstellen können.

*M*an kann sich kaum ein ordentlicher plaziertes Orchester vorstellen als dieses hier.
Seine sorgfältige Aufstellung trägt die Handschrift dessen, der am Pult steht: Herbert von Karajan. Karajan überließ nichts dem Zufall; alles, bis hin zum kleinsten Detail seiner äußeren Erscheinung, war im Voraus geplant. Oft dirigierte er mit geschlossenen Augen: Ohne Zweifel war das Ausdruck höchster Konzentration, nichtsdestotrotz aber verbarg sich dahinter auch eine gewisse Affektiertheit.
Eine schwere Krankheit jedoch veränderte ihn grundlegend. Erst, nachdem er gelitten hatte, wurde er ein wirklich großer Orchesterleiter.
Die Berliner Philharmoniker unter Herbert von Karajan, 1967

*D*er Taktstock:
Er ist charakteristisches Kennzeichen und Symbol des Dirigenten schlechthin. Und doch ist er nur ein seltsames kleines Stück Holz, auf das man auch gut verzichten könnte. Denn ohne Taktstock werden die Hände des Dirigenten viel ausdrucksvoller. Pierre Boulez ist ein gutes Beispiel dafür, wie aussagekräftig die nackte Geste sein kann; er dirigiert nie mit Taktstock, selbst nicht das riesige Orchester in den Werken Wagners.
Vielleicht ist der Taktstock der kleine Bruder des Violinbogens. Denn früher, als die Orchester noch kleiner waren, dirigierte der Konzertmeister von seinem Pult aus und gab mit seinem Bogen das Tempo an. Bei sehr großen Ensembles benutzte man im 17.Jahrhundert einen Stock, um damit auf dem Boden den Takt zu klopfen, im 18. Jahrundert gab eine Rolle aus Papier die Einsätze. Erst im 19.Jahrhundert kam dann, in Erinnerung an den Bogen des Konzertmeisters, der Taktstock auf. Zubin Mehta dirigiert die New Yorker Philharmoniker.

*M*eine Beziehungen zu Dirigenten kann ich zum größten Teil als ausgezeichnet ansehen. Zum ersten Mal habe ich im Alter von sieben Jahren mit einem Orchester gespielt. Das war 1923 in San Francisco. Am Dirigentenpult stand Alfred Hertz, ein Deutscher (wie übrigens der größte Teil der Orchesterleiter in den USA), und wir spielten die *Symphonie espagnole* von Lalo. Ich bin Hertz noch heute sehr dankbar für seine liebenswürdige Art, mit der er mich dem Publikum vorstellte.

Ich will hier nicht sämtliche Dirigenten aufzählen, unter deren Leitung ich gespielt habe; denn ich hatte das Glück, praktisch mit allen bedeutenden Dirigenten unseres Jahrhunderts zusammenzuarbeiten. Die einzige Ausnahme bildet George Szell: Das Konzert, in dem ich unter seiner Leitung spielen sollte, mußte ich absagen, weil ich die Röteln bekam. Ich gehe lediglich auf zwei von ihnen ein, da sie meine Mentoren waren, als ich als Knabe meine Laufbahn begann: Paul Paray und Bruno Walter; außerdem nenne ich noch den jungen Furtwängler, der mich wohl am nachhaltigsten geprägt hat. Paul Paray begegnete ich 1927 in

Gustav Mahler kennt man vor allem als Komponisten, doch seine Leistungen als Dirigent, vor allem sein unermüdlicher Einsatz für die Musik seiner Zeitgenossen, schrieben ebenfalls Musikgeschichte. Unter seiner Leitung erlebte die Wiener Oper legendäre Jahre des Ruhms, trotz zahlreicher Intrigen, die gegen ihn gesponnen wurden. Dieses Gemälde gibt ein Bild von seinem flammenden künstlerischen Enthusiasmus: Er wird beim Dirigieren so sehr zu einem Teil der Musik, daß der Maler ihn mitten in das Orchester hinein plazierte, gleichsam ins Zentrum des musikalischen Strudels, den er auslöst. Auf seinem Pult liegt keine Partitur: Er dirgiert auswendig.
Max Oppenheimer (1885-1954)
Das Orchester, 1935
Wien, Österreichische Galerie

Paris. Als er mich spielen hörte, war er dermaßen begeistert, daß er mir vorschlug, in der folgenden Woche gleich zwei Konzerte mit seinem Orchester zu geben. Und so kam es zu meinem überraschenden und glänzenden Debüt in Europa mit dem Lamoureux-Orchester: Zunächst führten wir die *Symphonie espagnole* von Lalo auf, danach das *D-Dur-Konzert* von Tschaikowsky. Durch die Zusammenarbeit mit Bruno Walter bekam meine künstlerische Entwicklung eine neue Dimension. Das war 1928, ich war noch nicht ganz 13 Jahre alt und spielte in Berlin, der Musikmetropole Westeuropas, jener Stadt mit den wunderbarsten Orchestern, den besten Dirigenten und dem fachkundigsten Publikum. Auf dem Programm standen die drei großen »B«, das heißt die Violinkonzerte von Bach, Beethoven und Brahms. Im Saal saßen solche namhaften Zuhörer wie Fritz Kreisler, Bronislaw Gimpel, Carl Flesch und Albert Einstein. Das Konzert endete mit einem wahren Triumph und Einstein überhäufte mich mit Komplimenten… Gewiß – solche Augenblicke vergißt man nicht. Was sich aber tief in meine Seele eingegraben hat, war die Erfahrung, die

Bruno Walter mir als Mensch und Musiker mitgab: Jegliche Form von Dogmatismus oder Schulmeisterei war ihm fremd, er vermochte mitzufühlen, und seine Vorstellungen von Musik nährten sich immer aus einem engen Bezug zur menschlichen Stimme.

Ganz anders war es mit Wilhelm Furtwängler. 1947 spielte ich mit ihm das Violinkonzert von Beethoven. Dieser Abend gehört in jeder Hinsicht zu meinen wunderbarsten und eindrucksvollsten Erlebnissen. Furtwängler war ein intuitiver Musiker. Keine Aufführung unter ihm glich der vorangegangenen oder der folgenden, jedesmal ergab sich etwas Neues. Für ihn glich die Musik dem Lauf eines Flusses, dem der Dirigent nach seinem Belieben zu folgen hatte. Und gleich ob der Fluß sich in dichtem Strudel durch tief eingeschnittene Schluchten zwängte oder ob er breit und ruhig durch die Ebene zog – der Dirigent mußte sich der veränderten Strömung immer bewußt sein. Wenn man unter Furtwängler die großen Werke der deutschen Musik spielte, hatte man das Gefühl von beinahe religiöser Inbrunst. Und dennoch kam mein gemeinsames Musizieren mit Furtwängler in den Augen vieler einem Verrat gleich. Sehr zu Unrecht wurde er ein Opfer weltweiter Empörung, da er Nazi-Deutschland nicht verlassen hatte – als sei Flucht ein Beweis für Mut...

Daß er sich in keiner Weise kompromittiert hatte, daß er sogar Feindseligkeiten des Naziregimes ausgesetzt gewesen war, das wollte niemand zur Kenntnis nehmen. Daß ich mit ihm spielte, brachte mir den Bannfluch der gesamten jüdischen Gemeinschaft ein, namentlich in den USA; es kam zu einem regelrechten Skandal. Damals in den Nachkriegswirren war alles eine Frage der Zeit. Die Wunden des Krieges waren noch offen, und man konnte die Dinge noch

Strawinsky war der Picasso der Musik: Er konnte in allen Stilen komponieren, bewegte sich frei in allen Gattungen. Neoklassizismus, Zwölftontechnik, Folklorismus, Polytonalität und die Kunst des Kontrapunkts, Oper, Ballett und Symphonie – nichts war ein Geheimnis für ihn. Und dabei ließ er sich durch nichts beirren, blieb immer Herr seiner selbst. Ein ganz besonderes Licht durchzieht seine Musik und sein Denken und macht aus ihm einen Menschen ohne Geheimnisse. Von dieser menschlichen und musikalischen Lauterkeit zeugen auch seine Partituren: Sehr übersichtlich und leicht zu lesen, mit jener sicheren Hand geschrieben, wie sie den Werken begnadeter Künstler eigen ist. Ich bedaure sehr, daß wir niemals gemeinsam sein *Violinkonzert* aufnehmen konnten.

Wir kennen die wunderbaren Streichquartette Joseph Haydns, doch selten stellen wir uns vor, wie der Komponist selbst seine eigenen Werke spielte.
Genau dieser lehrreichen Übung unterzieht er sich hier. Er hat die Bratsche gewählt, um so ganz in der Mitte der Harmonien, im Herzen der Musik zu sein, umrahmt von den Stimmen der ersten und zweiten Geige und vom Fundament des Cellos. Wie Haydn spielte auch Enescu gerne die Bratschenstimme, um dabei die Musik einmal aus einem anderen Blick-(Hör-)winkel kennenzulernen.
Joseph Haydn beim Quartettspiel
Wien, Historisches Museum der Stadt Wien

nicht wieder nüchtern betrachten. Wahrscheinlich überschätzten Furtwängler und ich die versöhnende Kraft der Musik. Es bedurfte wohl erst der wohltuenden Wirkung der Zeit, die die Wunden heilt, bis der Haß sich beruhigte.

Das Quartett

In der Kammermusik bieten sich dem Geiger weitere Gruppierungen an, um sich mit Partnern zusammenzutun. Das Quartett, insbesondere das Streichquartett, stellt eine der vollendetsten musikalischen Ausdrucksformen dar. Hier findet sich die Violine in der Gemeinschaft anderer Streichinstrumente

wieder, zusammen mit Bratsche und Cello. Von diesen beiden habe ich bis jetzt noch nicht gesprochen. Die Bratsche ist eine Art große Schwester der Violine. Ihre Bauweise entspricht derjenigen der Violine, doch sind ihre vier Saiten eine Quinte tiefer gestimmt. Ihr weicher, voller Klang eignet sich wunderbar dazu, eine melancholische Stimmung auszudrücken. Die Maße des Violoncellos sind wesentlich imposanter. Seit dem 19. Jahrhundert ist es mit einem verstellbaren Stachel versehen und kann so auf den Boden aufgestellt werden. Die Saiten des Cellos klingen eine Oktave tiefer als die der Bratsche, und es hat einen sehr warmen und voluminösen Ton.

Zwei hohe Stimmen – die beiden Violinen – und zwei tiefe – Bratsche und Violoncello – bilden ein Streichquartett. Weil alle vier Instrumente derselben Familie angehören, hat dieses Ensemble einen sehr homogenen und ausgewogenen Klang. Ein Quartett will nicht durch aufgesetzte Klangeffekte beeindrucken, vielmehr wendet es sich mit seiner höchst kultivierten Musik an ein erlesenes Publikum.

Leider habe ich in meinem Leben viel zu wenig Erfahrungen im Quartettspiel sammeln können. Denn das Musizieren im Quartett macht sehr viel Freude und ist zugleich sehr lehrreich: Es verlangt große Disziplin und schult Gehör und Intonation ungemein. Spielt der Geiger mit einem Pianisten zusammen, dann muß er sich der temperierten Stimmung des Klaviers anpassen. Im Zusammenspiel mit anderen Streichinstrumenten aber, vor allem bei Modulationen, bei denen es sehr schwierig ist, die Stimmung zu halten, muß der Geiger sein Gehör ganz besonders schärfen.

Jeden Musiker, sei er nun Amateur oder Berufsmusiker, möchte ich ermuntern, so viel wie möglich in einem Streichquartett zu spielen.

Das Streichquartett ist die Königsgattung der abendländischen Musik. Durch Haydn und ganz besonders durch Mozart erhielt sie ihren Adelstitel. In allen möglichen Besetzungen hatte man früher musiziert, doch im 18. Jahrhundert erfuhr der Zusammenschluß dieser vier Stimmen einen ungekannten Auftrieb. Das verdanken wir vor allem den zahlreichen Amateurmusikern der Wiener Gesellschaft: Sie benötigten Stücke, die sie in ihren Salons spielen konnten, und so entstand das Streichquartett. Italien, das Land der Virtuosen, brachte das Konzert und die Oper hervor – Österreich das Streichquartett. Diese Gattung führte die Komponisten zum Gipfel ihres Könnens: Beethoven, die Romantiker, Ravel und Bartók haben in der Beschränkung der Mittel zu größter Ausdruckstiefe gefunden und so in den Streichquartetten ihre Meisterschaft bewiesen.

*I*n diesem Bild von Hieronymus Bosch herrscht das Ohr über die Menschen; unterdrückt und beinahe zermalmt von einer riesenhaften Ohrmuschel kriechen sie wie Larven am Boden. Der Pfeil, der das Ohr durchbohrt, zielt genau auf den Punkt, der gemäß den Lehren der Akupunktur eine der empfindlichsten Stellen unseres Körpers überhaupt ist. Sicherlich ist das Hören die unmittelbarste und intensivste Sinneswahrnehmung des Menschen – und damit auch jene, die den Menschen am meisten verletzen kann. Dafür kann das Hören dem Menschen aber auch unermeßliche Freude bereiten und ihm übernatürliche Kräfte verleihen: Orpheus mit seiner Leier und Tamino mit seiner Flöte sind Sinnbilder für die Macht der Musik. Oder der sagenhafte Dichter Arion, der seinen Verfolgern entkommt, indem er mit seiner Musik die Delphine zur Hilfe ruft, die ihn heil und unversehrt ans Ufer des Flusses bringen.

Gustave Moreau (1826-1898)
Arion, 1891
Paris, Musée du Petit Palais
Hieronymus Bosch
(um 1450-1516)
Der Garten der Lüste (Ausschnitt)
Madrid, Prado

DAS HÖREN

*D*ie Beschäftigung mit Kunstwerken, seien es Werke der Musik, der Malerei oder der Literatur, gibt uns Halt im täglichen Leben. Erst im Umgang mit Kunst können sich unsere Sinne voll entfalten. Gäbe es keine Kunst, wie armselig, wie unterentwickelt wären dann unsere emotionalen und intellektuellen Fähigkeiten und unser Vermögen, mit anderen in einer Gemeinschaft zu leben! Ich glaube fest daran, daß Künstler eine soziale Funktion haben. Und tief in meinem Innern bin ich davon überzeugt, daß die ethischen Grundwerte und Wahrheiten einer Gemeinschaft ihren Ursprung in körperlich-sinnlichen Prinzipien haben und daß unsere heutige Kultur diesen Prinzipien zuwiderläuft.

PHYSIOLOGISCHES

Vergleichen wir einmal die Sinneserfahrung, die durch das Sehen hervorgerufen wird, mit der, die das Hören vermittelt. Wir werden einige Unterschiede feststellen. Das Sehen vermittelt unserem Bewußtsein die dingliche Welt – wir sehen Menschen, Tiere, Pflanzen, Mineralien. Diese Dinge regen unsere Phantasie an und können Gefühle in uns wachrufen. Wir können dabei Freude empfinden oder tiefen inneren Frieden. Ich denke da an ein Gefühl, das ich auf einer Reise durch Australien verspürte. Ich stand des Nachts auf der Brücke eines Schiffes, über mir das sternenübersäte Firmament, und mein Blick folgte dem sanften Schwanken des Schiffsmastes. Es war, als schwinge ein riesiges Pendel unter dem Sternenzelt. Ich fühlte mich unaussprechlich glücklich.

Auch Unlustgefühle, ja Abscheu können durch das Sehen hervorgerufen werden. Aber dieser ganze Prozeß verläuft über das Gehirn, das den vom Auge übermittelten Bildern Bedeutungen zuordnet und bestimmte Gefühlszustände assoziiert. Es handelt sich dabei nicht um eine unmittelbare physische Reaktion. Es ist vielmehr ein intellektueller Vorgang, wenn beim Betrachten eines Gegenstandes die Moleküle unseres Körpers in Schwingung versetzt werden.

Ich spreche hier nicht über das, was ein Maler wahrnimmt. Denn sein Blick liegt außerhalb des allgemein Üblichen und ermöglicht ihm überhaupt erst, seine Kunst auszuüben. Der Maler sieht die Welt mit ganz anderen Augen als wir – wahrscheinlich viel schärfer und zugleich mit einem Sinn für das Unsichtbare, Verborgene. Der Sehvorgang beim Maler unterliegt den Gesetzen des Schauens, man möchte sagen, des Seherischen, nach Art eines hellsichtigen Magiers. Wie

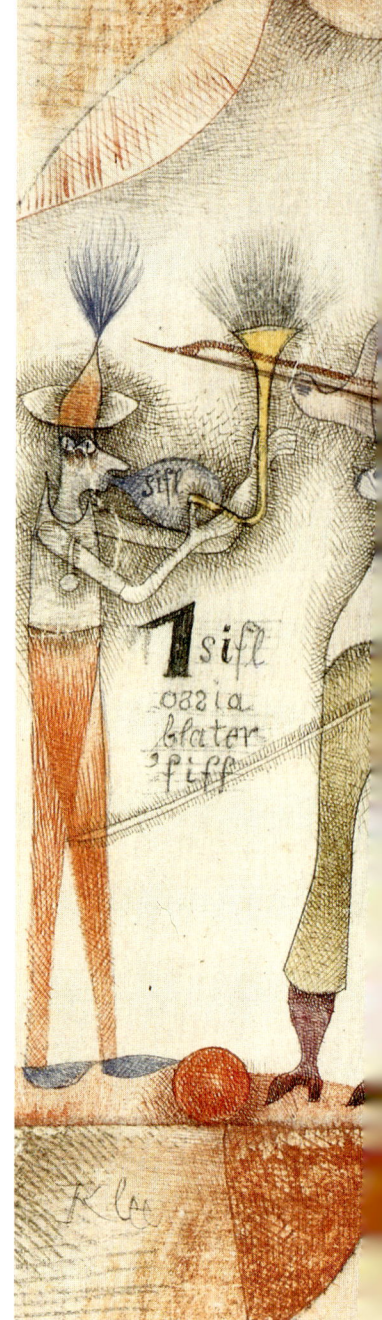

Dieses ungewöhnliche Bild von Paul Klee zeigt einen merkwürdigen Dirigenten (ganz rechts): Zwischen seine Beine hat er einen winzigkleinen Geiger geklemmt und an Fäden lenkt er die anderen Musiker wie Marionetten. Der Mann mit dem Zylinder in der Mitte spielt mit der einen Hand auf der »Geigen-Frau« neben ihm und mit der anderen auf einer Leier. Die restlichen Musiker spielen Blasinstrumente. Die eigenwillige Darstellung einer Jahrmarktsmusik ist ein schönes Beispiel für die schöpferische Kraft dieses visionären Malers.
Paul Klee (1879-1940)
Jahrmarktsmusik, 1924-1926
Schweiz, Privatsammlung

Paul Klee, der »ins Innere eindringen« und nicht nur die Oberfläche abbilden wollte, so vermag ein Maler ganz unmittelbar auch das zarteste, gerade aufkeimende Gefühl zu erspüren. Es kann kein Zufall sein, daß Klee auch Geige spielte. Besser als jeder andere verstand er es, seinen Visionen auch eine intensive, emotionale Kraft zu geben.

Aber ich möchte wieder auf den Vergleich zurückkommen, der uns eigentlich interessiert: Im Gegen-

satz zum Sehen ist für mich das Hören eine ganz unmittelbare Sinneswahrnehmung. Das Hören stellt einen direkten Kontakt zwischen dem menschlichen Körper und dem Schall her. Schwingungen dringen an unser Ohr, brechen unseren Widerstand und reißen uns mit sich fort. Obwohl das Gehör uns etwas vermittelt, das man nicht anfassen kann, das nicht aus Materie besteht und flüchtig ist, rührt uns das Hören sehr viel stärker an als das Sehen.

Dies in dem Maße, daß das Gehörte mitunter als echte Aggression empfunden wird – ein Entkomme ist schier unmöglich. Denn die Geräusche, die unsere moderne Zivilisation erzeugt, sind seelenlos und überlaut geworden. Der Lärm der Städte, an Autobahnen und Flughäfen, hat nichts Menschliches mehr und bedroht unser seelisches Gleichgewicht; er kann einen verrückt machen – oder taub. Es ist ja heute für niemanden ein Geheimnis mehr, daß Musik, die bei

Die Geräusche um uns herum sind so übermächtig geworden, daß sie uns nichts mehr sagen; sie sind keine akustischen Zeichen mehr, die etwas mitteilen, sondern nur noch eine aggressive, verletzende Macht. Anstatt daß die Natur zu uns spricht, überrollt uns Maschinenlärm. Und obwohl die Geräusche auf der Erde eigentlich schon längst genug waren, müssen wir inzwischen auch den Lärm am Himmel ertragen. Das Dröhnen von Flugzeugen vermischt sich mit Autolärm, macht uns taub und vertreibt die Stille, derer wir eigentlich so dringend bedürften. Düsenflugzeug über Hong-Kong

Rockkonzerten oder über Kopfhörer peitschengleich ins Ohr dröhnt, die Hörfähigkeit des einzelnen stark beeinträchtigt. Jedes Dezibel zuviel zerstört unser Ohr.

Das ist natürlich die Kehrseite der Medaille. Weil der Gehörsinn uns unmittelbar körperlich betrifft, sind wir durch ihn auch gefährdet.

Dabei geht doch vom Hören, ganz besonders von Musik, zuallererst Freude und Empfindungsreichtum aus. Ich möchte das folgendermaßen erklären: Jeden Augenblick durchströmen uns Gefühle – Trauer, Fröhlichkeit, Lust. Ereignet sich vor unseren Augen etwas Schönes, dann verspüren wir ein Glücksgefühl; ein

Im Leben der Bienen ist alles vorherbestimmt; jede Bewegung, jede Tätigkeit gehorcht dem genetischen Plan ihrer Art. Es ist verwunderlich, daß der Mensch sich nach und nach von seinen Instinkten befreit hat, nur um diese Vorbestimmtheit dann durch eine andere zu ersetzen, die auf ähnliche Weise alle Bereiche des Lebens erfaßt: die Herrschaft der Theorien mit all ihren Regeln, Vorschriften und Verboten. In ihr hat der Mensch wieder eine höhere Macht gefunden, die ihn lenkt und ihm seine Entscheidungen abnimmt.

Honigbienen auf einer Rainfarnblüte

trauriges Geschehen betrübt uns. Das ist Sympathie im eigentlichen Sinne, denn das aus dem Griechischen stammende Wort bedeutet: »Mit« (grch. *sun*), »Gefühl« (grch. *pathos*), d. h. Ähnlichkeit, Übereinstimmung von Affekten.

Diese Art von Sympathie weckt in uns die Musik. Wir schwingen mit ihr in harmonischer Übereinstimmung, wie es die Intervalle, die Quinten, die Oktaven tun, die eigentlich nichts anderes sind als eine Vervielfältigung der Schwingungen. Ein Gefühl regt ein weiteres Gefühl an, genauso wie eine Schwingung eine neue hervorruft. Die Natur selbst gibt uns eine Vorstellung von jener Weltenharmonie, nach der sie drängt. Vor einigen Jahren war ich zu Frühlingsbeginn in Mykene in Griechenland. Mitten in der Bucht liegt eine wilde Insel, unbewohnt bis auf eine Kapelle, die auf ihrem Gipfel errichtet worden war. Ich machte dort einen Spaziergang und lief über den noch feuchten Boden, der von bunten Blüten so dicht übersät war, daß man Furcht hatte, sie zu zertreten. Ich ging wie auf einem ornamentenreichen, orientalischen Teppich, der lebendig war. Aber nicht die Sinfonie der Farben war das Außergewöhnliche, sondern das Konzert, das die Natur in diesem Augenblick anstimmte. Denn die Blüten hatten eine Schar eifriger Bienen angelockt, die unaufhörlich umherschwirrten, um Pollen zu sammeln. Ich blieb stehen und lauschte diesem Summen und Brummen. Da bemerkte ich auf einmal, daß es sich dabei nicht etwa um irgendwelche wirren, ungeordneten Geräusche handelte, sondern ganz im Gegenteil um einen geheimen Akkord der Schöpfung: Die Bienen summten in zwei Tönen, und diese beiden Töne bildeten zusammen eine Quinte.

Ich weiß nicht, wie ich dieses Wunderwerk der Natur erklären soll. Das Streben nach der Quinte scheint eine grundlegende Notwendigkeit unseres Universums zu sein. Wir senden Schallwellen aus und empfangen Schallwellen. Und diese unterliegen offenbar einer geheimen Ordnung, bilden eine verborgene Harmonie. Manche behaupten, daß die Abstände zwischen den Planeten in ihren Proportionen den musikalischen Intervallen entsprechen: Quinten, Terzen, Oktaven wären dann also das musikalische Abbild der himmlischen Intervalle.

Das ist eine ebenso verwirrende wie verführerische Vorstellung, und ich muß sagen, daß ich dies auf indirekte Weise selbst erfahren habe. Zunächst erlebte ich es auf einer Reise in der ehemaligen Sowjetunion in den 70er Jahren, als ich dort an einer Zusammenkunft des Internationalen Musikrates der UNESCO teilnahm, dessen Präsident ich war. Auf einer musikalischen Soiree hörte ich einen Bauern aus der Mongolei, der Gesänge in der spezifischen Gesangstechnik tibetanischer Mönche vortrug, die sich nur sehr schwer beschreiben läßt. Der Sänger stimmt dabei nur einen einzigen Ton an, aber so, daß der Hörer mehrere Töne auf einmal wahrnimmt: die Terz, die Quinte, die Septe und die Oktave. Das heißt, er bringt die Obertöne zum Klingen, die wir normalerweise nicht hören – und verblüffenderweise hört man dann nur die Obertöne, nicht aber den Grundton.

Einige Jahre später begegnete ich in der Saint-Patrick-Church in New York einer kleinen Gruppe amerikanischer Sänger. Sie hatten sich diese Gesangstechnik ebenfalls angeeignet, und ihr Auftritt war noch überwältigender. Als sie ihre fremdartige Gesangszeremonie begannen, füllte sich der Kirchenraum mit überirdischen Klängen, die von überall und nirgendwo her zu kommen schienen. Die Harmonien, die die Sänger formten, nahmen ständig neue Gestalt an, wie bei einem Kaleidoskop. Diese Musik hatte nichts Menschliches mehr – es war sozusagen eine mathematische Musik, ganz das Gegenteil von der Musik der Zigeuner. Trotzdem: Ich war fasziniert und bestürzt. Ich hatte den Eindruck, als dränge die Sphärenharmonie des Universums an mein Ohr, eine abstrakte, machtvolle Botschaft, direkt aus der Tiefe des Alls.

KULTURELLE BRÄUCHE

De facto leben wir heute in einer Welt der Bilder. Dem Sehen gebührt der Vorrang, das Hören kommt erst an zweiter Stelle. Freilich, bei einigen afrikanischen Stämmen wird das Bewußtsein noch vom Hören bestimmt. Um irgendeinen Gegenstand zu erfassen, klopfen die Menschen ihn ab, lassen ihn klingen und lauschen den Schwingungen, um zu erfahren, ob es sich um etwas Wohltuendes oder Schädliches handelt.

Es gibt Leute, die diesen Sinn für das Dingliche besitzen und von Wellen sprechen, die sie von irgendeinem Ort oder einer Person empfangen. Aber im allgemeinen beurteilen wir unsere Umwelt nach dem, was

*I*m Gebet werden die Menschen Brüder. Diese tibetanischen Mönche, könnten genausogut auch christliche Mönche sein, die in Gedanken versunken ihre Seele zum Dialog mit Gott erheben. Manchmal stimmen die tibetanischen Mönche beim Gebet auch ihren überwältigenden Obertongesang an, der sie mit dem Göttlichen verbindet und die Sphärenharmonien sinnlich erfahrbar macht.
Mönche im Jokhang-Tempel von Lhassa (Tibet)

wir sehen. Wir kaufen jene Früchte, die schön prall sind. Die leuchtende Farbe der Aprikose, der samtige Pelz des Pfirsichs, der rötliche Glanz des Apfels – das entscheidet bei der Auswahl. Und dann entspricht ihr Geschmack oft nicht dem, was ihr Aussehen verspricht. Genauso geht es uns bei Stoffen, Möbeln, Schuhen. Eigentlich können wir ihren wahren Wert doch erst dann einschätzen, wenn wir sie berühren und körperlich fühlen. Aber das Auge will seine Überlegenheit auch hier beweisen. Das Leben spielt

DIE VIOLINE

Orpheus ist eines der schönsten Symbole dafür, wie die Musik ihre Zuhörer verzaubern kann: Wenn Orpheus singt und seine Leier schlägt, stehen Menschen und Tiere genauso wie Bäume und Steine ganz in seinem Bann. Er vermag es, die Wellen auf dem Meer zu besänftigen und Schlangen zu betäuben. Nach dem Tod seiner Euridice bewegt er sogar die ehrwürdigen Gottheiten der Unterwelt dazu, daß er seine Geliebte wieder zu sich holen darf.
Nicolas Poussin (1594-1665)
Landschaft mit Orpheus und Euridice
Paris, Louvre

sich in Katalogbildern ab, und die ganze Welt ist eine riesige Reklame, regiert vom äußeren Schein und – auch – von Trugbildern. Das Auge beherrscht und täuscht uns.

Musik kann nicht trügerisch sein, denn sie erschließt sich nur über den unmittelbaren Kontakt zum Menschen. Sie ist abhängig von dem, was real existiert, nicht vom äußeren Schein. Ich möchte sogar noch weitergehen und sagen: Musik kann auf das Sein einwirken und es verwandeln. So wie ein Inder mit seiner Flöte die gefährlichsten Schlangen bezähmt, so kann die Musik die innere Verfassung eines einzelnen verändern und auf ihn einwirken. Tamino bändigt die wilden Tiere mit seiner Zauberflöte, Orpheus betört die Götter der Unterwelt, und der Rattenfänger von Hameln lockt sämtliche Ratten aus der Stadt zum

DAS HÖREN

*I*n der Welt von heute brauchen wir Musik und Tanz als Gegenmittel zur Gewalt. Im September 1994 habe ich deswegen, unterstützt von der EU-Kommision und der Unesco, ein Projekt ins Leben gerufen:
In mehreren Ländern Europas wurden in Grundschulen Unterrichtsstunden mit Musik, Tanz und Gesang eingeführt, die die überbordende Energie von Kindern aus schwierigen sozialen Milieus in feste Bahnen lenken sollen.

Und tatsächlich stellt das Projekt eindrucksvoll unter Beweis, welch ausgleichende Wirkung Musik und Tanzen haben und daß die Kinder dadurch an innerer Ruhe und Konzentrationsfähigkeit gewinnen. Ich begreife nicht, warum die Regierungen vor dem Hintergrund dieser Erfahrungen nicht in allen Schulen solche Programme einrichten. Es gibt keinen besseren Weg, um das harmonische Zusammenleben der Menschen in unserer Gesellschaft zu fördern.

Fluß, in dem sie ertrinken. Es gibt viele beredte Gleichnisse für die Zaubermacht der Musik! Musiktherapeuten kennen dieses Phänomen. Ob es nun Choräle von Bach oder Volkslieder sind – sie besitzen heilsame Kräfte, können den Hörer entweder beruhigen oder seine Leistungskraft um ein Vielfaches steigern. Ich hatte Gelegenheit, solche an ein Wunder grenzende Prozesse über mehrere Monate zu beobachten, und zwar dank des Projektes MUSE, das ich in Zusammenarbeit mit der Europäischen Gemeinschaft und der UNESCO unter der Schirmherrschaft meiner Stiftung ins Leben gerufen habe. Das Projekt basiert auf folgendem Grundgedanken: In Frankreich, Belgien, Spanien, Portugal, der Schweiz, England, Ungarn, Estland und Deutschland führten wir an Grundschulen mit Kindern aus einem schwierigen

sozialen Milieu das Fach »Tanzen und Singen« ein. Die Schüler entdecken dadurch ihren Körper, ihren Atem, ihre Stimme und können zu einem neuen seelischen Gleichgewicht finden, selbst wenn dieser Unterricht nur auf wenige Stunden in der Woche beschränkt ist. Die Kinder entwickeln ihre Persönlichkeit und ihre Sensibilität, sie entdecken ihre improvisatorischen und schöpferischen Gaben und lernen, ihren Platz in der Gruppe zu finden. Durch die Schwingungen scheinen die Kinder wie verwandelt. Denn die Musik ist die Quelle für seelisches Gleichgewicht und für Toleranz, und sie vermag sehr viel wirksamer, als man glaubt, der Ausbreitung von Gewalt, Rassismus und Fremdenfeindlichkeit vorzubeugen – bei Kindern und zweifellos auch bei Erwachsenen.

Seitdem der Mensch den Musikbogen entdeckt und zum ersten Mal den dünnen Ton gehört hat, der entsteht, wenn man die Haare zweier Bögen aneinanderreibt (rechtes Bild), seitdem ist er seinem inneren Drang gefolgt und hat alle möglichen Techniken entwickelt, um diesen Ton an Kraft und Farbe zu bereichern. Die Sārāngī (linkes Bild), eine indische Verwandte der Violine, ist ebenso einfach und bodenständig wie kompliziert. Sie besitzt nur drei Melodiesaiten, dafür aber unzählige Resonanzsaiten aus Metall; um diese stimmen zu können, ist der Hals der Sārāngī mit unzähligen Wirbeln gespickt. Die Resonanzsaiten schwingen beim Spiel mit und legen einen verwirrend-bezaubernden Klangschleier um die eigentliche Melodie.
Der Musiker mit dem Turban scheint aber dennoch seinem Spiel sehr aufmerksam und bewußt zuzuhören.
Links: Musiker aus Jaisalmer, Rājasthān, Wüste Thar.
Rechts: Musikbogen aus Argentinien,
Paris, Musée de l'Homme

DIE VIOLINEN DER WELT

Der Klang eines Instruments spiegelt die Färbung einer Sprache wider. Er gehört in das Bild der klingenden Landschaft, in der ein Volk lebt und sich entwickelt. Manche Sprachen sind reich an Vokalen, andere werden vor allem von Konsonanten geprägt. Bei manchen werden die Laute im Rachenraum geformt, bei anderen überwiegen die Nasallaute. Und überall bilden sich Instrumente gemäß der sprachlichen Ästhetik heraus, die sie umgibt, und werden so zu einer Form zwischenmenschlicher Kommunikation.

So entwickelten die Italiener in ihrer klangvollen Sprache, die getränkt ist von der Sonne, vom Wohlge-

DIE VIOLINE

DIE VIOLINEN DER WELT

*D*erjenige, der diese *Sokous* gebaut hat, war ein afrikanischer Bruder der großen Cremoneser Geigenbauer. Nicht das Fichtenholz, das man in den Wäldern Italiens findet, hat er verarbeitet, sondern das Holz der senegalesischen Palisander für den Resonanzboden und Schafshaut für die Decke, denn dies sind die Materialien, die ihm seine Umgebung zu Verfügung stellt. Er ist Geigenbauer, Musiker, Sternendeuter und Dichter in einem und zählt deswegen in Afrika zu den mit übersinnlichen Kräften begabten Menschen. Er hat hier drei *Sokous* in verschiedenen Stadien ihrer Entstehung an einen Fels gelehnt; es fehlt nur noch die Saite aus Pferdehaar, die er anbringen muß, um sie mit seinem runden Bogen anzustreichen und damit seinen Gesang zu begleiten.
Herstellung einer *Sokous* von Tiemogo Koïta,
Burkina Faso, 1990

schmack der Früchte und dem Duft des Meeres, den Belcanto, d. h. die Kunst des schönen Gesanges – und die Violine. Auf die gleiche Weise läßt sich das Charakteristische der chinesischen Musikinstrumente aus den Eigenheiten der chinesischen Sprache heraus erklären. Diese Sprache verlangt ein ganz besonders feines Gehör: Um diese Sprache zu sprechen und zu verstehen, muß man die Tonhöhen der Sprechlagen genau unterscheiden können. Gleichlautende Vokale, mehr noch, auch gleichklingende Wörter können ganz Verschiedenes bedeuten – es kommt nur darauf an, ob sie hoch oder tief ausgesprochen werden. Die Chinesen haben deswegen nach dem Vorbild ihrer stimmlichen Beweglichkeit Instrumente entwickelt, die ganz besonders flexibel in der Tongebung sind.

DIE VERWANDTEN DER VIOLINE

*J*ede Zivilisation schafft sich also die ihr gemäße Stimme, ihre eigene Sprache und Musik, und jedesmal zählt zu ihren Instrumenten auch ein Streichinstrument, eine Art »Cousine« der Violine, so als entspreche der langgezogene Klang einer gestrichenen Saite weltweit einem ureigenen Bedürfnis des Menschen. Das heißt, überall entwickelten die Menschen ein Instrument, das auf den gleichen Prinzipien der Klangerzeugung beruht: ein Instrument, das aus einer oder mehreren Saiten, einem Resonanzkörper und einem Bogen besteht. Doch dieses Grundmodell erfuhr ganz verschiedene Ausprägungen, je nachdem, welches schwingende Universum das Instrument abbildet und je nachdem, welche Materialien die Natur dem Menschen bot. Die Afrikaner verwendeten den Flaschenkürbis als Resonanzkörper, bestimmte chinesische Stämme die Kokosnuß, die Kelten den

DIE VIOLINE

Diese Fiedel wurde aus einem einzigen Stück Holz gefertigt. Wie bei den meisten Streichinstrumenten, die einem in Lateinamerika begegnen, ist sie ein sehr kompaktes Instrument, mit kurzem Hals und nur einer Saite. Die Apachen haben ähnliche Instrumente mit ausgehöhlten Kakteen gefertigt, die Kubaner aus Bambusrohr. Der äußerst kurze Bogen erinnert unzweideutig an seinen Ursprung: den Jagdbogen. Es ist faszinierend zu sehen, wie die Geigen auf den verschiedenen Kontinenten sich in ähnlicher Weise entwickelt haben.
Einsaitige Fidel aus Argentinien, Paris, Musée de l'Homme

Panzer der Schildkröte. Das Leben der Asiaten, insbesondere der Mongolen, war sehr eng mit dem Pferd verbunden – also kamen sie auf die Idee, das Haar des Pferdeschweifs als Bezug für den Boden zu verwenden.

Ich hatte Gelegenheit, einige dieser Instrumente, die mit der Violine verwandt sind, zu sehen und zu hören. Mit großer Freude entdeckte ich, mit welch bewundernswertem Erfindergeist und Phantasie sie hergestellt worden waren. Sie gaben mir gewissermaßen einen Einblick in Leben und Denken unserer Vorfahren. Eine »chinesische Fidel« sah ich zum ersten Mal auf einem Fliegerhorst in Arizona. Ich war von ihrem Anblick mit dem langen Hals aus Bambus, dem kleinen, fäßchenartigen Resonanzkörper und den lediglich zwei Saiten fasziniert. Das Erstaunlichste an diesem Instrument aber ist, daß der mit Roßhaar bespannte Bogen zwischen den Saiten entlanggleitet und beide gleichzeitig anstreicht. Der Instrumentalist spielt im Sitzen, seine Geige auf dem

DIE VIOLINEN DER WELT

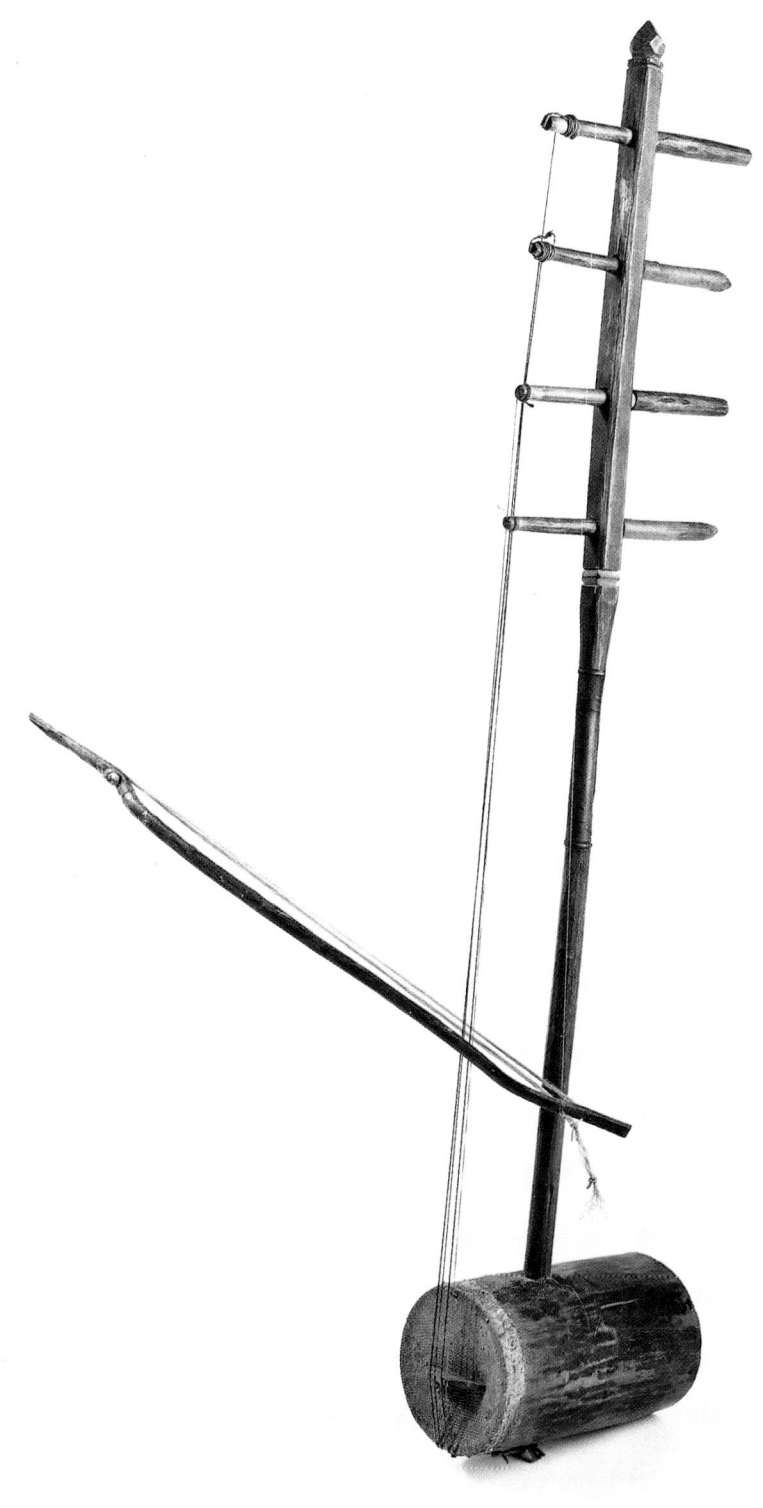

Im Gegensatz zur Violine, die waagerecht auf der Schulter gehalten wird, steht die chinesische Fidel beim Spielen senkrecht und ruht im Schoß des Spielers. Trotz ihres einfachen Aussehens bietet sie unendlich viele musikalische und technische Möglichkeiten. Das erste Mal hörte ich ihren fremdartigen Klang auf einem Fliegerhorst in Arizona während des Zweiten Weltkriegs. In China klassifiziert man die Musikinstrumente nach dem Material, aus dem sie gefertigt sind. Die Streichinstrumente gehören dabei zu den »Seideninstrumenten«, weil ihre Saiten aus Seide gesponnen werden. Den weichen, lieblichen Klang der chinesischen Fidel könnte man nicht besser beschreiben...
Chinesische Fidel mit vier Saiten, Paris, Musée de l'Homme

Schoß. Die Finger seiner linken Hand berühren die Saiten, ohne Druck auszuüben: Alles wird im Glissando und Vibrato gespielt.

Von dem, was man üblicherweise chinesische Fidel nennt, existieren mehrere Arten. In unsere Lautschrift übertragen, heißen sie *Er-hu*. Der Resonanzkasten kann zylindrisch, sechseckig oder achteckig geformt sein und ist von unterschiedlicher Größe. Der Boden besteht aus Eidechsen- oder Schlangenhaut, der Steg aus Knochen oder Holz. Die zwei oder vier Saiten sind aus Seide gefertigt und werden in Quinten gestimmt.

Merkwürdigerweise besitzt dieses in China sehr verbreitete Instrument einen ziemlich tiefen Klang. Heutzutage ist es durch bestimmte technische Neuerungen verbessert und verfeinert worden. Zum Beispiel kann der Bogen frei, von den Saiten gelöst, gespielt werden. Am Pekinger Konservatorium hörte ich ein junges Mädchen dieses Instrument spielen, mit einer Hingabe, die mich tief berührte. Es ist an den chinesischen Musikschulen üblich, junge Geiger sowohl im Spiel der chinesischen Fidel zu unterweisen als auch im Geigenspiel europäischer Art – so wie man Medizinstudenten neben der modernen Schulmedizin auch in die alten Heilpraktiken einführt. Das bedeutet, daß selbst jene, die das Spiel auf »unserer« Violine lernen wollen, das Instrument ihrer Heimat kennen- und spielen lernen müssen.

*S*päter, als ich Indien für mich entdeckte, lernte ich im Norden des Landes ein Instrument kennen, das *Sārāngī* genannt wird. Wie die flimmernde Gluthitze über einer Wüstenebene den Eindruck erweckt, als ob die heiße Luft den Horizont auflöse, so verbreitet die Sārāngī eine unwirkliche Musik, die

*I*mmer aufs neue überrascht mich an Photographien mit musizierenden Instrumentalisten, wie die Eigenart des Instruments ihre Spuren im Gesichtsausdruck des Musikers hinterläßt. Handelt es sich um ein Melodieinstrument, wie zum Beispiel bei den Streichinstrumenten, so erkennt man in den Gesichtszügen des Spielers eigentlich immer eine träumerische Versenkung in die Musik, ein intensives Hinhören. Das Gesicht eines Tablā- oder Klavierspielers sieht ganz anders aus. Dank einiger leidenschaftlicher Musikforscher wie Alain Daniélou, der Musikinstrumente, Photos und Tonaufnahmen aus der ganzen Welt zusammengetragen hat (im Internationalen Institut für traditionelle Musik e.V. in Berlin), können wir heute viele Instrumente kennenlernen und uns anhand ihrer Vielfalt ein Bild von der Erfindungsgabe des Menschen machen.

Sārāngī-Spieler, Jodhpur (Indien)

keinerlei Konturen hat. In den Klängen ihrer Saiten scheint die Welt der Nomaden auf, die auf der Suche nach Wasser und Weideland mit ihren Ziegen und Schafen umherziehen. Sie erzählt vom Warten auf Regen und von der Erleichterung, wenn endlich der Monsun naht. Ihr kurzer, gedrungener, mit Wirbeln gespickter Hals ähnelt den Zinnen befestigter Städte. Die Sārāngī besitzt drei, manchmal auch vier dicke Darmsaiten sowie eine große Anzahl (bis zu 35!) metallener Resonanzsaiten, die wie eine geheimnisvolle klangliche Aura mitschwingen.

DIE VIOLINE

DIE VIOLINEN DER WELT

*B*ei dem Musikbogen, den wir hier sehen (linkes Bild), dient nicht der Mund als Resonanzraum, sondern eine Kalebasse, die am einen Ende des Bogens angebracht ist. Erstaunlicherweise hält der Musiker sein Instrument – beinahe wie eine Violine – in der Waagerechten, was sehr selten vorkommt. Auch hier können wir beobachten, wie sich der Gesichtsausdruck des »Geigers«, der sich verträumt einer improvisierten Melodie hingibt, von dem aufmerksamen Blick des Trommlers unterscheidet, der ihn begleitet. Musiker mit Kalebassen-Bogen und Trommel, Senegal.

*A*uch die nordafrikanischen Völker kennen Streichinstrumente. Hier spielt ein Berber auf einer Rabab: Während er die einzige Saite mit seinem Bogen in Schwingung versetzt, verändert er ihre Tonhöhe, indem er sie mit den Fingern abdrückt.

Eine weitere Begegnung auf meiner weiten Reise war die Fidel aus dem Senegal. Ihr Aufbau zeugt von der engen Bindung zwischen Mensch und Tier, die in Afrika herrscht. Bei dem Instrument, das ich einmal zu sehen bekam, bestand der Resonanzkörper aus dem Panzer eines Gürteltiers. Über den Hohlraum dieses Gehäuses hatte man Eidechsen- oder Leguanhaut gespannt. Die einzige Saite bestand aus Roßhaar, genauso wie die Bespannung des Bogens, eines einfachen gebogenen Stabes. Und der Klang dieser Geige war sehr viel nuancierter, als man es erwartet hätte. Mit seinen schneidenden Tönen und der schlichten Form kündete das Instrument im Konzert der Völker auf seine Weise davon, wie einzigartig seine Beziehung zur Musik und zum Leben ist.

DIE VIOLINE

Es gibt noch viele andere Verwandte der Violine: Die südamerikanischen Geigen aus ausgehöhltem Bambusrohr, die persische Kemanche, bei der eine mit Schafsleder bespannte Kokosnußhälfte als Resonanzkörper dient, die *Morin Khuur* aus der Mongolei, deren rechteckiger Korpus mit einem Pferdekopf verziert ist, die bulgarische Gadulka, die man senkrecht auf dem Knie hält, und so fort. Alle möglichen Kulturen haben – ohne voneinander zu wissen – Instrumente erschaffen, die weit voneinander entfernt sind und doch einander ähneln. Von Anbeginn der Zeit waren sie nichtsahnend miteinander in dem Streben verbunden, in den Klang mit einzustimmen, der die Welt umspannt, und eine gemeinsame und doch ganz eigene Stimme zu suchen.

DIE VIOLINE IN DER WELT

*I*n diesem Überfluß an Formen nimmt die Geige, die Amati schuf, einen besonderen Platz ein: Als einzige hat sie auch die Herzen jener Völker erobert, die nicht an ihrer Entstehung beteiligt waren. Sie setzte sich als einzige über die Grenzen verschiedener Zivilisationen hinweg und vermochte, sich unterschiedlichen Mentaltiäten, Kulturen und musikalischen Systemen anzupassen. Das liegt zweifellos daran, daß das Maß ihrer akustischen Perfektion unerreicht ist, aber auch daran, daß sie flexibel genug ist, sich in die verschiedenen musikalischen Traditionen einzufügen.

So haben die Indianer, die durch die Engländer mit westeuropäischen Traditionen in Berührung kamen, vor etwa 200 Jahren die Geige übernommen. Es ist schon sehr außergewöhnlich, wenn man sieht, wie ein Instrument, das man genau kennt, auf eine völlig

*D*ie bulgarische Gadulka stammt vom mittelalterlichen Rebec ab und hat sich auch dessen birnenförmigen Korpus bewahrt. Sie besitzt mehrere Resonanzsaiten und wird im allgmeinen senkrecht gehalten und auf dem Knie abgestützt.
Festival von Pernik (Bulgarien), 1980

DIE VIOLINEN DER WELT

*H*ier sehen wie eine der schönsten Verwandten der Violine, die man sich vorstellen kann: *Morin Khuur*, die mongolische Fidel. Ihr Hals wird stolz von einem Pferdekopf gekrönt, dem Wahrzeichen des Volkes, das sie erfunden hat. Denn auf dem Rücken der Pferde hat dieses Nomadenvolk unter Dschingis Khan die halbe Welt erobert. Zum ersten Mal taucht das Instrument mit dem trapezförmigen Korpus, dem eleganten Hals und den zwei Saiten aus Pferdehaaren im 13. Jahrhundert am mongolischen Hof auf. Es wird ähnlich wie ein Cello gehalten: Der Spieler sitzt oder kniet und stützt die Fidel auf dem Boden ab.
Wie dieses Instrument, auf dessen Korpus ein galoppierendes Pferd abgebildet ist, sind mongolische Fideln meistens reich verziert.
Mongolische Fidel (*Morin Khuur*), Paris, Musée de l'Homme

DIE VIOLINE

DIE VIOLINEN DER WELT

*D*iese Freske zeigt Dhritarashtra, den höchsten Gott der Musik, beim Lautenspiel. Die alten Kulturen schreiben die Erfindung der Musik oft einer göttlichen oder heiligen Figur zu: In der indischen Mythologie bringt der Gott Shiva den Menschen das Musizieren bei.
Was die jüdische Tradition betrifft, so erzählt uns das Alte Testament, daß David *kinnor* (eine Art Leier), spielte, um Saul von seiner Traurigkeit zu heilen.
Nur im Christentum hat die Musik wenig Platz: Kein einziges Mal hat Jesus von Musik gesprochen. Die im römischen Reich zerstreuten Christengemeinden pflegten dann später zwar auch ihre Gesänge, die sich aus den örtlichen Bräuchen speisten. Doch zu Anfang des 7. Jahrhunderts entschied sich Papst Gregor I., diese vielfältigen Traditionen nach dem Vorbild des römischen Kirchengesangs zu vereinheitlichen – und erstickte so jegliche Spontaneität und Sinnlichkeit.
Kloster Sakya de Lhagon,
7. Jahrhundert,
Kham (Tibet / Si-Chuan)

DIE VIOLINE

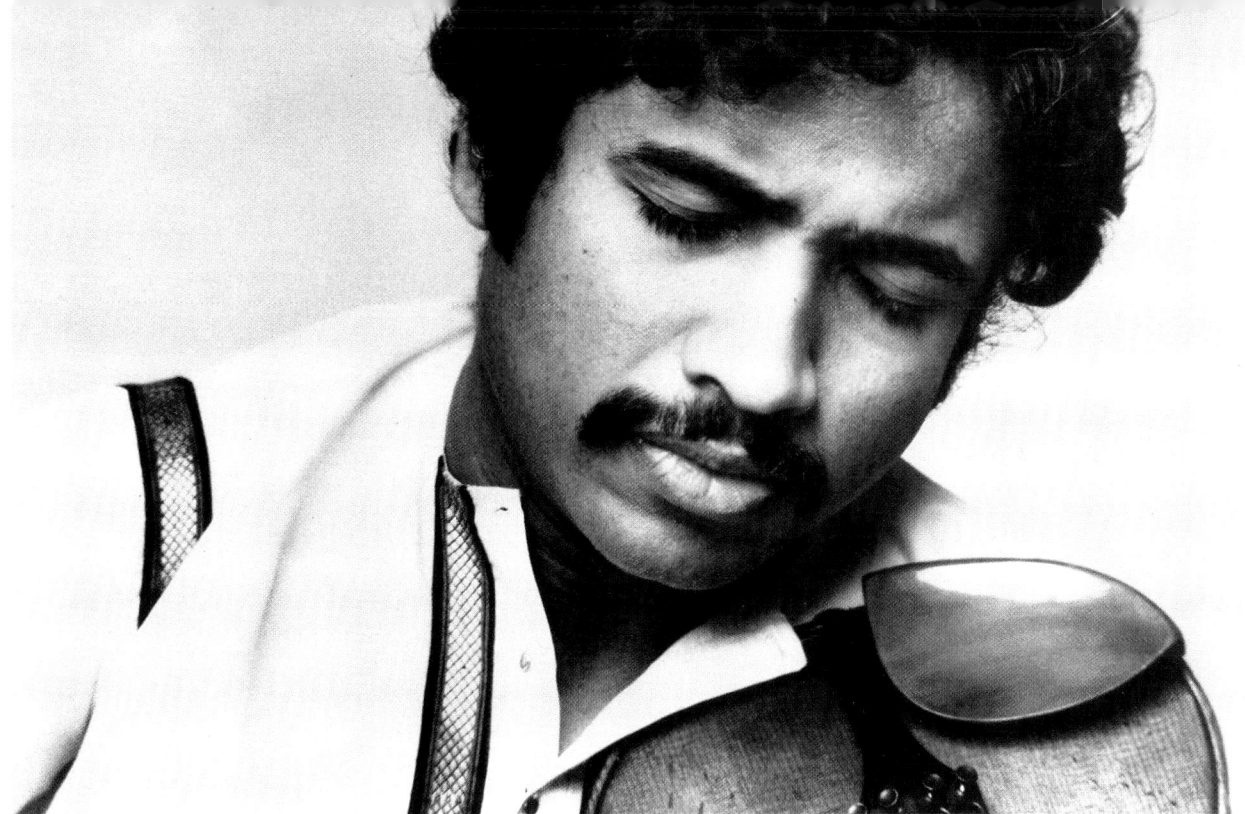

*E*inige indische Musiker haben sich als Instrument auch die europäische Violine gewählt und modifizieren die Spielweise gemäß ihrer eigenen Kultur. So auch diese junge Frau, die »auf die indische Art« spielt: Sie hockt im Schneidersitz und läßt den Kopf der Geige fast auf den Boden sinken. Auch der Musiker Lakshminarayan Subramanian (rechts) zählt zu den Liebhabern unserer Violine; er ist einer der begnadetsten Geiger Indiens. Wenn er in Europa Konzerte gibt, schlägt er das Publikum mit den ungewöhnlichen Klängen, die er seinem Instrument entlockt, völlig in den Bann.

andere Art gespielt wird. Ein indianischer Geiger sitzt mit gekreuzten Beinen auf dem Erdboden. Er legt die Violine auf sein Brustbein und stützt die Schnecke auf seinem großen Zeh ab. Dadurch bleibt seine linke Hand praktisch frei, denn sie braucht die Violine ja nicht zu halten, und der Spieler kann mit ausladenden Bewegungen des Handgelenks ein besonders großes Vibrato erzeugen; er imitiert mit diesem Vibrato die spezifische Klangtechnik, die die Indianer auch beim Gesang einsetzen.

Am erstaunlichsten ist dabei, wie unerhört genau die Indianer bei ihrem Spiel die Stimmung halten können. Ihr Gehör ist viel schärfer als das unsere, denn ihr Tonsystem beruht auf der reinen Quinte. Wenn ein Indianer sich ein wenig von der reinen Intonation entfernt, und wäre es nur um einen Zehntelton, dann kann er das hören und korrigieren. Wir in Westeuropa dagegen haben seit dem Aufkommen der temperierten Stimmung die Abweichung von den reinen Intervallen akzeptiert – diese winzigkleine, kaum wahrnehmbare Verstimmung, dank derer wir durch sämtliche Tonarten wandern können. Unser Gehör

DIE VIOLINE

*D*er berühmte Photograph Henri Cartier-Bresson, der diesen Augenblick eingefangen hat, vergleicht die Kunst der Photographie mit der Kunst des Bogenschießens. Der Photograph ist für ihn ein Bogenschütze, der seiner Beute nachstellt, und die Kamera ist sein Bogen, mit dem er den entscheidenden Moment auf seinen Film bannt.

Bei diesem Bild hier traf also ein »photographischer« Bogenschütze einen »musikalischen« Bogenschützen. Der Geiger bereitet sich wohl gerade darauf vor, eine volkstümliche Weise seines Landes zu spielen. Doch vorher muß er noch das waghalsige Unternehmen zu Ende führen, bei dem er es auf unerklärliche Weise geschafft hat, Geige und Bogen aus seinem Koffer zu holen, während er diesen auf seinem linken Unterarm balanciert.

Los Remedios (Mexico), Photographie von Henri Cartier-Bresson

DIE VIOLINEN DER WELT

wird infolgedessen von Anfang an zur Ungenauigkeit erzogen. Hier liegt auch der Grund, warum die Violine im Gegensatz zu unseren Tasteninstrumenten sich auch für die indianische Musik eignet, denn sie ist hinsichtlich der Intonation ein sehr genaues Instrument. Außerdem können die Indianer sie nach den Erfordernissen ihrer unzähligen Tonleitern stimmen, ähnlich, wie wir in der Barockmusik die Scordatur, d.h. die umgestimmte Violine, eingeführt hatten, um damit – es ist schon ausgeführt worden – die Saitenstimmung an technische Erfordernisse anzupassen bzw. eine bestimmte Klangfarbe zu erzeugen.

𝒟em Zauber der Violine erlagen auch die Zigeuner, schnell wurde dieses Instrument zu einem festen Bestandteil ihrer Identität. Dieses unablässig umherziehende Volk fand in der Violine eine verwandte Seele: Sie läßt sich leicht auf Wanderschaft mitnehmen, in ihr wohnt derselbe brennende Wunsch nach schrankenloser Freiheit, beide singen von der

Die Zigeuner haben eine ganz eigene Art, Geige zu spielen. Die zwei Geiger, die wir hier sehen, geben sich gerade nicht einer ihrer teuflischen Improvisationen hin, sondern begleiten wohl einen Sänger (und vielleicht auch eine Tänzerin). Denn so, wie sie die Geige halten, könnten sie keine richtige Melodie spielen. Die Menge, die sich hinter ihnen drängt, blickt auf irgendein Geschehen, das wir nicht sehen, und regt uns an zu träumen, was dort wohl gerade passieren mag.
Tschechoslowakei, 1966,
Photographie von Josef Koudelka

Sehnsucht, von der Liebe zur Natur und von einem ungezähmten Leben.

Die Völker Nordeuropas zeugen ihrerseits davon, wie wandlungsfähig die Violine ist: Denn sie fand in den Sümpfen Schottlands, entlang der grünen Küstenstreifen Irlands genauso ihre Heimat wie in den nebligen Landschaften Norwegens. Gerade dort ist sie bei jedem Fest, bei jedem Ritual dabei. Die ungewöhnliche Stimmung der Saiten (meistens *e-a-e-a* oder *e-a-d-a*) fängt die luftige Weite jener von Himmel und Meer beherrschten Landschaften ein. Und das Spiel der Geige läßt die rauhen Stürme in der Phantasie lebendig werden, die langen Winternächte und den festen Zusammenhalt der Bauern und Fischer, die der Kampf gegen die feindselige Natur zusammenschmiedet.

Ich hatte Gelegenheit, dort einigen Dorfgeigern zuzuhören, vor allem in Schottland. Ich sah, wie sie mit knotigen, ungelenken Fingern alte schottische Volkstänze, altfranzösische Reigen und Klagelieder

DIE VIOLINE

*M*an kann sich schwerlich eine Volksmusiktradition vorstellen, die reicher ist als die der irischen Kelten oder der Schotten. Ursprünglich war bei den Kelten die Harfe das wichtigste Instrument. Später bürgerten sich auch andere Instrumente ein, wie zum Beispiel der Dudelsack – und eben die Violine.

Das Spiel der besten irischen Geiger mit seinen gewundenen Verzierungen und Arabesken erinnert ein wenig an die großen Steinkreuze, die in Irland an Wegkreuzungen stehen. Doch in den Pubs trifft man alle möglichen Geiger, die Volkslieder und Volkstänze begleiten: Sie sind keine Virtuosen, doch besitzen ein untrügliches Melodie- und Rhythmusgefühl.

Blick in den Spiegel in einem irischen Pub

spielten, ohne Zögern, ohne einen falschen Ton. Ihre Spieltechnik hat nichts mit klassischer Technik zu tun. Für bestimmte Effekte eignet sie sich wunderbar, im Grunde aber ist sie recht beschränkt. So spielen die schottischen Volksmusikanten vor allem in der ersten Lage und benutzen häufig leere Saiten, d. h. sie streichen die Saite in ihrer Grundstimmung an, ohne die Finger auf das Griffbrett zu setzen. Mit dieser Technik können sie sehr schnell und rhythmisch prägnant spielen. Allerdings fällt es ihnen schwer, in höheren Lagen zu spielen und sehr hohe Töne hervorzubringen.

Wie die Zigeuner und Indianer haben auch die schottischen Geiger ein unglaublich feines Gehör und spielen nie unsauber. Ich habe versucht, einige ihrer Melodien zu lernen, aber als ich mich daran machte, die besonders charakteristischen Weisen zu spielen und sie mit derselben Kraft und denselben Verzierungen wie die schottischen Geiger zu gestalten, stieß ich an eine Tür, die mir verschlossen blieb. Mir war, als sei ich bis zum Innersten einer Kultur vorgedrungen, die aber nicht die meine war, als könnte ich mich ihrem festen, undurchdringlichen Kern zwar nähern, ohne ihn jedoch jemals zu besitzen.

Für eine Verschmelzung der Kulturen

*I*ch hatte immer das Gefühl, daß meinem musikalischen Ich eine Seite fehlt. Ich war in der klassischen Tradition groß geworden, hatte Musik eigentlich immer nach Noten gespielt und nie improvisiert. Dabei habe ich die Violine immer als ein Instrument angesehen, das vom Wesen her für die Improvisation geschaffen ist. Glücklicherweise hat mir das Leben die

Ravi Shankar hat mir eine neue Dimension der Musik eröffnet: Durch ihn habe ich gelernt, daß dieser Kunst etwas Religiöses anhaftet, daß zu ihrer Ausübung eine besondere Andacht und Inspiration gehören. In Indien betrachtet man Musik als ein Opfer. Zur wirklichen Inbrunst beim Musizieren aber gelangt man nur durch harte Übung und lange Erfahrung, denn die indische Musik verlangt ein solches Maß an Können und Phantasie, wie wir uns es im Westen gar nicht vorstellen könnnen. Der indische Musiker ist Interpret und Komponist in einem, denn es gibt keine Partituren. Bevor er überhaupt zu spielen anfängt, muß er sich mit einem Musiksystem vertrautmachen, das sehr viel strenger und komplizierter als das unsere ist: Er muß sich hunderte von Tonleitern mit all ihren Varianten aneignen und eine unendliche Vielfalt komplizierter Rhythmen beherrschen. Als ich das erste Mal Ravi Shankar spielen hörte und in diese ewig fließende und bewegte Musik ohne Anfang und Ende eintauchte, war ich wie geblendet. Er ist für mich einer der größten Musiker der Welt.
Yehudi Menuhin
und Ravi Shankar

Gelegenheit verschafft, diese tiefe Sehnsucht zu stillen, und zwar durch die schicksalhafte Begegnung mit zwei Musikern, die – jeder auf seine Weise – genial improvisieren konnten. Der erste war Ravi Shankar, der großartige Virtuose auf der Sitār. Mit ihm zu musizieren, war für mich genauso schwierig wie eine neue Sprache in wenigen Tagen zu lernen. Glücklicherweise war Ravi Shankar ein wunderbarer Lehrer. Für die Konzerte, die wir gemeinsam gegeben haben, mußte ich hart arbeiten. Er ließ mich meinen Part im

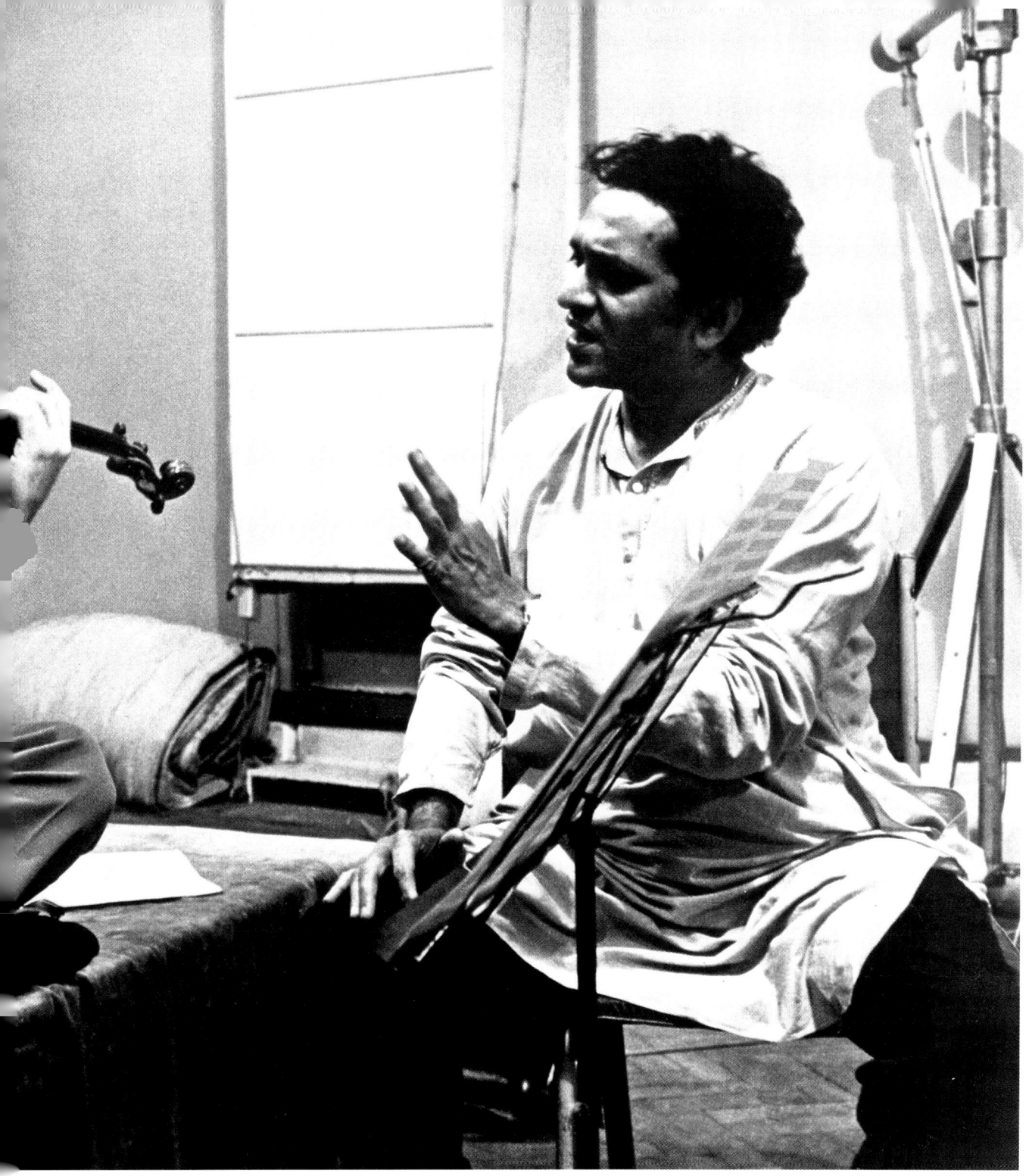

voraus einstudieren, weil ich mir das völlig freie Improvisieren nicht zutraute. Damit behinderte ich wiederum Ravi Shankar, denn er mußte sich nun an gewisse Orientierungspunkte halten, die wir festgelegt hatten.

In jedem Falle war diese Erfahrung, die ich mit der Kunst des Improvisierens gemacht habe, für mich wie eine Sauerstofftherapie. Beim Improvisieren ist jeder Ton voller Würze, Ausdruckskraft, weil er dem eigenen Willen des Spielers entspringt. Jeder einzeln in

Handarbeit gefertigte Gegenstand ist viel wertvoller als einer, der in einer Fabrik hergestellt wurde. Ganz genauso ist es mit der Musik: Die Töne, die nicht aus einer von Noten wimmelnden Partitur abgelesen werden, erhalten einen völlig neuen Stellenwert. Es ist, als erlebe man die Tonfolge zum allerersten Mal und weiß, daß sie so niemals wiederkommen wird. Wie dabei jeder Augenblick von gespannter Aufmerksamkeit getragen ist – das zu erleben, erfüllte mich nicht nur mit großer Befriedigung, sondern war mir auch eine große Lehre im Umgang mit der klassischen Musik des Abendlandes.

Denn unsere Musiktradition hat sich in eine Richtung entwickelt, in der das Improvisieren nach und nach seinen Stellenwert eingebüßt hat – man bedenke, daß noch zur Zeit von César Franck, der ein großes Improvisationsgenie auf der Orgel war, ein Musikstudent bei seinem Abschlußdiplom eine Improvisationsstudie zu spielen hatte. Doch auch heute müßten wir in der Lage sein, stets so zu spielen, als sei es das erste Mal. Die besten Musiker sind diejenigen, die die Fallstricke der Probenarbeit umgehen und während des Übens nicht den Blick für den eigentlichen Gehalt eines Stückes verlieren. Sie besinnen sich auf die Eingebung des Komponisten, der seine Kompositionen gewissermaßen selbst improvisierte, und erwecken den Eindruck, als sei das, was sie spielen, gerade erfunden worden.

*S*téphane Grappelli war der andere Musiker, der mich auf meinem Weg zur Spontaneität geleitet hat. Seine Schallplatten waren mir schon lange bekannt, und mich faszinierte, wie er die Barrieren zwischen der Alten und der Neuen Welt überwunden hatte. Er führte die Violine, gewissermaßen *das*

---

*S*téphane Grappelli war der zweite Lehrmeister auf meinen Erkundungen im gefahrvollen Reich der Improvisation. Obwohl ich – entgegen meiner Veranlagung – in der klassischen Tradition ausgebildet wurde, hat mich der Dämon der Improvisation nie verlassen und die Begegnung mit den großen Meistern dieser Kunst, Ravi Shankar und Stéphane Grappelli, war für mich so lebensnotwendig wie die Luft zum Atmen. Dank ihrer habe ich gelernt, jede einzelne Note ebenso liebevoll und mit derselben Frische zu spielen, als käme sie geradewegs aus dem Innersten meines Wesens. Es muß ein berauschendes Gefühl sein, so zu spielen wie Stéphane Grappelli: völlig frei, niemandem Rechenschaft schuldig und von nichts abhängig als von der eigenen Inspiration. Grappellis Improvisationsgabe ist so groß, daß er unfähig ist, dasselbe zweimal zu spielen.
Yehudi Menuhin
und Stéphane Grappelli

DIE VIOLINE

Instrument der klassischen Musik, mit schallendem Getöse in die Welt des Jazz ein. Grappellis Beitrag ist sowohl in der Geschichte des Jazz als auch in der Geschichte der Violine absolut einmalig.

Ich hatte das Glück, mit ihm zusammen zu musizieren und Aufnahmen einzuspielen. Grappelli spielte niemals das Gleiche, jede Aufnahme inspirierte ihn zu neuen Tönen, neuen Rhythmen. Ich bewunderte, mit

DIE VIOLINEN DER WELT

Ich werde nie den Tag vergessen, an dem ich mit Grappelli im Fernsehen spielen sollte. Glücklicherweise hatte meine Mutter mir einst den Tango beigebracht, und das war meine Rettung: Als man mich nämlich bat, etwas aus dem Stegreif mit Grappelli zu spielen, kam mir der berühmte Tango *Jalousie* in den Sinn, und ich begann über diese schmachtende Melodie zu improvisieren. Unser kleines Duo lief glänzend, und ich war ausgesprochen erleichtert; die Vorstellung, mit Grappelli zusammenzuspielen, hatte mir ziemliches Unbehagen bereitet.

*D*ie Begegnung mit Musikern wie Ravi Shankar und Stéphane Grappelli war für mich so wohltuend und bereichernd, als sei ich mit frischem Blut versorgt worden. Dank meiner Erfahrungen beim Improvisieren sah ich die Tradition der klassischen Musik mit anderen Augen, und meine Interpretationen der Werke des Violinrepertoires gewannen an Farbigkeit. Musik ist nichts wert, wenn sie nur aus mechanisch wiederholten Gesten besteht. Selbstverständlich muß man beim Üben bestimmte Dinge, auch ganz kleine Phrasen systematisch wiederholen. Am Abend des Konzerts aber muß das Werk unberührt und neu erscheinen, wie jene Schmuckstücke, die man – wundervoll erhalten – in den Sarkophagen der Pharaonen entdeckt hat. Der Geiger muß versuchen, sich jenem allerersten Gefühl anzunähern, das dem Schaffensprozeß des Komponisten zugrundelag. Ich glaube, daß die vollkommenste Musik entsteht, wenn beide Traditionen miteinander verschmolzen werden: Wenn Improvisation und Interpretation sich verbinden und sich gegenseitig ergänzen, dann wird unser Verhältnis zur Musik noch enger werden.

*R*avi Shankar und ich waren die Schirmherren eines Konzerts im November 1995, das mit Musik die Geschichte einer großen Reise erzählte und wieder lebendig machte: die Reise der Zigeuner, die ihr Schicksal aus Rājasthān bis nach Andalusien getrieben hat. Dabei versammelten sich indische Musiker in farbenprächtigen Festtagsgewändern ebenso wie die große Flamencotänzerin Blanca del Rey, die vom Gitarristen Manolo San Lucar begleitet wurde. Das Konzert vergegenwärtigte den immerwährenden Austausch zwischen den Kulturen; denn die Verschmelzung der Gegensätze erst macht den Menschen sensibel für die tiefen Empfindungen, deren schönster Ausdruck die Musik ist. Im Spiegel der Fragmente seiner eigenen Geschichte offenbart sich der Mensch sich selbst und anderen.
Ravi Shankar
und Yehudi Menuhin
beim Konzert
»Von der Sitar zur Gitarre«,
Brüssel, November 1995

welcher Leichtigkeit er, ausgehend von irgendeinem Thema, die verschiedensten Empfindungen ausdrücken konnte – und dazu auch noch mit atemberaubender Geschwindigkeit und Präzision spielte.

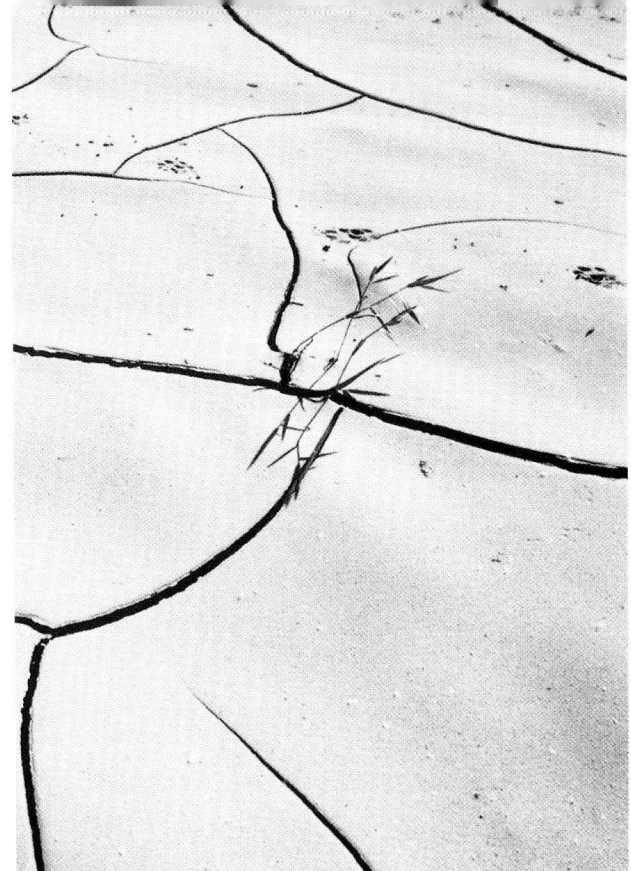

Wie die Posaunen Josuas vor den Mauern von Jericho, kann Musik auch die beständigsten Gebäude zum Einsturz bringen. Rostropowitsch mit seinem Cello vor der Berliner Mauer spricht zu uns von der Zukunft und der Hoffnung. Doch er gedenkt auch dessen, was diesseits und jenseits der Mauer geschah, und hört die Stimmen der Menschen, die versuchten, der Hölle, die ihnen andere Menschen bereiteten, zu entkommen. Er erinnert uns daran, daß wir – jenseits der Freude des Augenblicks – noch einen langen Weg zu gehen haben. Niemals wird die Hoffnung das Bild der Erde ganz verlassen, ähnlich dem Kraut, das seinen Überlebenswillen gegen die Verschmutzung des Bodens behauptet. Doch wir dürfen uns ihrer auch nicht zu sicher sein, denn dann könnte sie schnell in Verzweiflung umschlagen.

Links: Mstislav Rostropowitsch am 11.November 1989 vor der Berliner Mauer

Rechts: Umweltverschmutzung an den Ufern des Aral-Sees (ehemalige UdSSR)

Epilog

Ich wußte immer instinktiv, daß ich in der Lage bin, auf jenem Instrument mit den vier Saiten, auf der Violine also, Gefühle auszudrücken. Anfangs schwelgte ich in den Regionen tiefster Melancholie. Ich liebte nichts so sehr wie traurige, ich möchte sogar sagen, weinerliche Melodien. Das Lied der Wolgaschiffer, die klagenden Arien des russischen Bassisten Schaljapin, von dem wir zu Hause einige Aufnahmen besaßen, die schmachtenden und traurigen Weisen der Zigeuner oder der jüdischen und russischen Geiger versetzten mich in größtes Entzücken. Glücklicherweise klärte sich der Himmel an meinem musikalischen Horizont alsbald auf, und ich lernte auch andere Arten von Musik lieben. Meine Mutter schwärmte für russische Volksmusik, und wenn sie guter Laune war, dann begann sie nach deren fröhlichen Weisen zu tanzen. Meinen Vater hörte ich oft chassidische Melodien summen, die er aus seiner Kindheit kannte. So lernte ich nach und nach auch andere Musik kennen und lieben.

Als ich sieben Jahre alt war, sprang der Funke über. Es geschah in San Francisco vor dem Eingang des Curran-Theaters, in dem ich zweimal Anna Pawlowa hatte tanzen sehen. Ich war dem Zauber dieser russischen Tänzerin ohnehin schon erlegen, aber als ich an diesem Tage ihre Reisekoffer erblickte, war es um mich geschehen. Der Anblick dieser sechs oder sieben Koffer, in denen wahrscheinlich ihre Kostüme und die ihrer Ballett-Truppe steckten, das Bild dieser sorgfältig auf dem Bürgersteig aufgereihten Koffer, die darauf warteten, ans andere Ende der Welt verschickt zu werden – dies übte auf mich eine ungeheure Wirkung aus. Mir war, als seien in ihrer Schale unzählige Weltreisen, die glänzendsten Aufführungen, die romantischsten Abenteuer verborgen. Während ich sie betrachtete, hatte ich das Gefühl, als übertrage sich die Zauberkraft dieser Tourneen ein wenig auf mich.

Ich kam mir vor wie eine Figur aus Pirandellos Novelle *Der Zug hat gepfiffen (Il treno ha fischiato…)*. Sie handelt von einem Mann, der in einem sehr häßlichen Häuserblock lebt. Jeden Abend hört er – immer um die gleiche Uhrzeit – das Pfeifen einer Lokomotive und den Zug, der unter seinem Fenster vorbeirattert, und er beginnt, von Reisen zu träumen. Das bloße Pfeifen einer Lokomotive löst in seinem Kopf die phantastischsten Bilder von Entdeckungen und Abenteuern aus, auch wenn er so etwas nie erlebt hat, geschweige denn erleben wird. Und so wie er sah ich beim Betrachten der Reisekoffer der Pawlowa vor meinem geistigen Auge, wohin meine Geige mich führen würde. Ohne daß ich es hätte in Worte fassen können, stellte ich mir vor, was mich alles über ein gewöhnliches Erdenleben hinausheben würde. Ich schmiedete Tausende von Plänen, um das Alltägliche hinter mir zu lassen. Ein unschuldiger Pyromane, ein ahnungsloser Brandstifter war ich, als ich mein Leben in Brand steckte und die Flamme sah, die bis zum heutigen Tag in mir lodert. Die leidenschaftliche Glut, die ich von meiner russischen Mutter geerbt hatte, und die soziale, humanitäre Ader meines Vaters, der sich immer für das Wohl anderer aufgeopfert hat – dies alles gab der Glut neue Nahrung.

Ich hatte das Glück, meinen Traum in zweifacher Hinsicht zu verwirklichen. Zunächst wurde ich Geiger und konnte auf meinen Tourneen die ganze Welt bereisen. Und dann traf ich die Frau, die ich heiraten sollte. Zum erstenmal erblickte ich sie eines Abends im Jahre 1944 auf der Bühne eines Londoner Theaters, in dem sie an der Seite von Michael Redgrave in *Jakobowsky und der Oberst* von Franz Werfel auftrat: Diana Gould, Tochter einer berühmten Pianistin und eines Diplomaten. Sie war auch Tänzerin und ich sah in ihr so etwas wie eine Reinkarnation der Pawlowa, genauso schön, genauso romantisch. So wie diese Tänzerin einst meine kindlichen Phantasien entzündet hatte, so entfachte Diana meine Leidenschaft.

*W*ährend meines ganzen Lebens war ich mir meiner Aufgabe bewußt, die ich als Geiger in der Gesellschaft zu erfüllen hatte, und ich habe die Violine immer als Teil meines Lebens angesehen. Sie war für mich nie äußere Zutat, sondern ein lebensnotwendi-

EPILOG

ges Element, genauso wichtig wie ein Organ oder ein Glied meines Körpers.

Denn für mich ist die Musik, und insbesondere die Violine, das Band, das die Herzen der Menschen zusammenhält – nicht nur symbolisch, sondern auch ganz konkret im täglichen Leben. Musik und Kunst sind kein Luxus. Man darf sie nicht als schönes, aber nutzloses Beiwerk ansehen, von dem der Mensch sich ohne weiteres trennen könnte. Zu allen Zeiten feierten Tanz und Gesang und die anderen Künste die Vereinigung des Menschen mit dem Leben. Ob damals oder heute – die Komponisten, Maler und Dichter beweisen uns immer wieder, daß man mit Hilfe der Kunst der Wirklichkeit nur scheinbar entflieht. Vielmehr findet man durch sie einen viel direkteren Zugang zur eigentlichen Realität. Seit der frühesten Geschichte der Menschheit haben die Künstler sich bemüht zu zeigen, daß die Kunst komprimierter, wirklicher ist als das Leben, und haben mit ihren Werken den Menschen ein kleines Stückchen ihrer Liebe und Hingabe geschenkt, damit sie aufhören, sich zu hassen und zu bekämpfen.

Nie werde ich vergessen, was mir Rebecca Godchaux einmal sagte. Seitdem ich neun Jahre alt war, war sie bei uns als Hauslehrerin angestellt, um uns Französisch beizubringen. »Mein Kleiner«, erklärte sie mir, »solange es Männer gibt, wird es auch Kriege geben.« Diese Feststellung wirkte auf mich wie ein richtiger Schock. In dem geistigen Klima, in dem ich aufwuchs, konnte und wollte ich nicht so resignieren, wie sie es tat. Es ließ mir keine Ruhe, ich empörte mich gegen diese abscheuliche Vorstellung. Ich glaubte, daß ich mit meiner Violine ein wirksames Gegenmittel besäße, ich glaubte, mit und durch die Musik den Frieden in die ganze Welt bringen zu können. Eine ziemlich naive Vorstellung wie ich mit zunehmendem Alter erkannte. Mein Tun hatte durchaus nicht solch eine wohltätige, segenbringende Wirkung, wie ich sie mir wünschte.

Und doch ist mir der Idealismus meiner Jugendzeit nicht abhandengekommen. Noch immer bin ich zutiefst davon überzeugt, daß die Musik die Menschen einander näherbringt, daß sie heilen kann, und mit der Gewißheit aus meinen Kindertagen habe ich mich unablässig darum bemüht, mit den mir verliehenen Gaben dazu beizutragen. Weil die Musik uns mit der Welt verbindet, weil sie uns hilft, uns als Teil des schwingenden Kosmos zu empfinden, kann sie unser Bewußtsein und unser Unterbewußtsein verändern und den einzelnen Menschen in Einklang mit sich selbst und den anderen Menschen bringen.

Die Arbeit, die ich in meiner Stiftung leiste – im Laufe der Jahre wurden hier verschiedene Projekte realisiert – sowie die Arbeit an meiner Schule nährt sich aus diesem unerschütterlichen Glauben an die wohltuende Macht der Musik und der Kunst. Krönendes Ziel meiner Tätigkeit wäre ein Europäisches Kulturparlament, das ich einrichten möchte.

*V*ielleicht wird eines Tages der Künstler, der in jedem Menschen schlummert, die Oberhand über die politischen Instinkte gewinnen. Vielleicht wird eines Tages der menschliche Trieb, alles beherrschen zu wollen, sich nicht in Streit und Aggression ausleben, sondern in Musik, Bildhauerei oder Theater. Vielleicht verschwinden dank der wohltuenden Wirkung von künstlerischer Tätigkeit eines Tages Heuchelei und Schizophrenie, die uns heute vor dem Elend um uns herum die Augen verschließen lassen und uns davon abhalten, etwas dagegen zu tun, ob nun in Sarajewo oder anderswo. Vielleicht werden sie ausgerottet wie jene Krankheiten, von denen die Wissenschaft den Menschen befreit hat.

*W*enn ich nun noch konkreter sagen soll, auf welche Weise die Violine an jenem wohltätigen Wirken der Musik beteiligt ist, dann möchte ich zwei Dinge anführen. Zunächst lernt man beim Violinspiel eine ganze Menge über die Beziehungen des Menschen zur Welt. Denn das Spielen auf diesem Instrument erfordert eine Geschmeidigkeit, Aufgeschlossenheit und Flexibilität, die, würde man sie auf gesellschaftliche Zustände übertragen, den Lauf der Geschichte radikal ändern könnten. Besitzergreifendes Verhalten, Herrschsucht und Aggressivität sind bei der Geige nicht angebracht. Mit unendlicher Zartheit und großem Feingefühl muß man die Violine und den Bogen halten. Die Violine lehrt denjenigen, der sie spielt, viele Dinge, die sehr wichtig für das Leben in einer Gemeinschaft sind.

Und außerdem glaube ich, daß der Geigenton, jene Melodie, die nichts aufhalten kann, nicht einmal das Atemholen (denn das haben die Geiger den Sängern voraus, daß sie in ihrem Spiel nicht innezuhalten brauchen, um Luft zu holen), daß jene Melodie also in unserer heutigen Zeit einen gleichmäßigen Pulsschlag, das Klopfen des Herzens, eine reine Linie ertönen läßt. Wir leben heutzutage in einer sprunghaft bewegten Welt, umgeben von nichtssagendem Lärm, umzingelt von den Geräuschen elektrischer Geräte, die immer im selben Rhythmus klappern und knirschen, die uns müde und nervös machen. Wäre da nicht die Sonne mit ihrem unermüdlichen Lauf vom Aufgang am Morgen bis zu ihrem Untergang am Abend, dann würden wir wohl auch noch den letzten Kontakt zur Natur, zum Gefühl, zum Leben verlieren.

Die Violine hilft uns mit ihrem klaren, lauteren Gesang, in den Wirren unserer Zeit Halt zu finden: Als Licht im Dunkel, als Kompaß in allen Stürmen weist sie uns den Weg zum sicheren Hafen. In der Violine liegt nichts Scheinheiliges, man kann mit ihr nicht mogeln, man kann nicht betrügen. Mit der Violine treten wir ein zum musikalischen Dienst an Gott. Zwei Priester der Musik, George Enescu und Ravi Shankar, die ihre Kunst als Opfer, als Ritual verstanden, haben mir diese respektvolle Haltung eingeschärft. Dank ihrer habe ich das Gefühl, in der Musik zu leben und sie lebendig werden zu lassen, als zündete ich Weihrauchstäbchen an. Wir haben Jahrhunderte darauf verwendet, unser Tonleitersystem zu entwickeln und unsere Instrumente zu perfektionieren. Das Herz, die Empfindsamkeit und die Begabung zahlreicher Menschen haben daran mitgewirkt, ein Reich zu schaffen, das uns tagtäglich und ohne Ende ein wenig Licht und Wärme schenkt. Die Macht und die Geschichte der Musik sollten allen bewußt sein, die zwischen den Noten ihre wahre Feierlichkeit, Erhabenheit und Heiligkeit zum Vorschein bringen wollen. Die Violine singt uns mit ihrer klaren Stimme von der Sehnsucht nach innerer Reinheit, die tief in jedem Menschen liegt. Durch sie finden wir wieder zu jenem geheimen Weg, auf dem die Dinge in uns und um uns sich vereinen.

Inhaltsverzeichnis

PRÄLUDIUM	7
VOM ENTSTEHEN DER TÖNE	11
Die Erschaffung der Violine: Pfeil und Bogen	12
Schwingungen – natürliche Notwendigkeit	20
Anatomie von wundervollem Gleichmaß	24
Der Bogen ist der Violine, was dem Edelmann der Degen ist	33
VON DER LEERE ZUR SCHWINGUNG	43
Die bewohnte Leere	44
Die Leere und die Schwingung	51
Die Leere und die Violine	60
VOM MENSCHEN, DER DIE VIOLINE BAUT	71
Italien, die Wiege des Geigenbaus	72
Die großen Geigenbauer	84
Meine Violinen	95
VOM MENSCHEN, DER DIE VIOLINE SPIELT	99
Kind des Volkes und des Tanzes	100
Der Charakter der Violine	116
Die Geiger	128
VOM MENSCHEN, DER VIOLINE UNTERRICHTET	147
Die großen Lehrer und ihre Methoden	148
Geigespielen	162
Der Musiker als Zauberer	171

VOM MENSCHEN, DER FÜR DIE VIOLINE KOMPONIERT	187
Wozu sind Komponisten da?	190
Die großen Violinkomponisten	198
Begegnungen	208
DIE PARTNER	225
Die Pianisten	228
Die Dirigenten	237
Das Quartett	246
DAS HÖREN	251
Physiologisches	252
Kulturelle Bräuche	258
DIE VIOLINEN DER WELT	265
Die Verwandten der Violine	267
Die Violine in der Welt	274
Für eine Verschmelzung der Kulturen	285
EPILOG	293

BILDNACHWEIS

ADAGP, Paris, 1966 / Artephot: 6 (Ph. A. Held, London, Sammlung Hulton), 197 (Ph. Martin, Schweiz, Privatsammlung)

ADAGP, Paris, 1996 /Dagli Orti: 52/53 (Saint-Paul-de-Vence, Stiftung Aimé Maeght), 252/253 (Schweiz, Privatsammlung)

ADAGP, Paris, 1996 / Magnum: 101 (Ph. Erich Lessing, Düsseldorf, Kunstsammlung Nordrhein-Westfalen)

Agence VU: 30/31 (Ph. Larry Fink), 107 (Ph. Tono Stano), 108/109 (Ph. Gérard Rondeau), 118 (Ph. Graziela Iturbide), 122/123 (Ph. Gérard Rondeau), 126/127 (Ph. Larry Fink), 180/181 (Ph. Athony Suau), 284/285 (Ph. Graziela Iturbide)

Alain-Michel Sobotik: 124, 124/125, 290

EMI-Archiv: 286/287 (Ph. David Farrell), 289 (Ph. Peter Vernon)

Archive Photos: 94/95, 170/171, 213 oben, 213 unten (Ph. G. D. Hackett), 216/217, 226/227, 232/233

Artephot: 6 (Ph. A.Held, London, Sammlung Hulton), 34/35 (Ph. Nimatallah, Berlin, Museen Preussischer Kulturbesitz), 166 (Ph. Nimatallah, Venedig, Galleria dell'Academia), 197 (Ph. Martin, Schweiz, Privatsammlung)

Artothek: 57 (Frankfurt, Städelsches Kunstinstitut)

Bildarchiv Preussischer Kulturbesitz: 71 (Ph. Hanns Hubmann), 88/89, 111 (Ph. Liepe), 128, 136, 151 (Ph. E. Bieber), 153 (Moskau, Tretjakow-Galerie), 154/155 (Ph. P. Loescher und Petsch), 172, 204, 218/219 (London, National Portrait Gallery), 220 (Moskau, Tretjakow-Galerie), 223 (Turku, Sibelius-Museum), 239 (Ph. Siegfried Lauterwasser), 249

Bridgeman Art Library: 188/189 (London, Gavin Graham Gallery)

Cosmos: 258/259 (Ph. Brian Vikander)

Dagli Orti: 10 (Paris, Louvre), 17 (Rio de Janeiro, Nationalbibliothek), 20/21 (Madrid, Prado), 22 (Athen, Nationalmuseum), 32 (Neapel, Nationalbibliothek), 47 (Tokio, Tokio-Nationalmuseum), 52/53 (Saint-Paul-de-Vence, Stiftung Aimé Maeght), 64 (Reims, Kathedrale Notre-Dame), 67

(Venedig, Museum Correr), 68/69 (Privatsammlung), 70 (Madrid, Prado), 76 (Pamplona, Museo de Navarra), 77 (Schloß Gien, Musée international de la Chasse), 99 (Porto, Museum Soares dos Reis), 104/105 (Cuzco, Museum für Kolonialkunst Santa Catalina), 110 (Aix-en-Provence, Museum Granet), 112/113 (Wien, Historisches Museum der Stadt Wien), 129 (Wien, Gesellschaft der Musikfreunde), 137 (Bergen, Grieg-Haus) , 146 (Neapel, Archäologisches Museum), 187 (Leipzig, Bach-Archiv), 191 (Venedig, Biblioteca Marciana), 194/195 (Venedig, Biblioteca Marciana), 198 (Neapel, Musikkonservatorium San Pietro), 203 (Florenz, Galleria d'Arte Moderna), 210/211 (Budapest, Bartók-Haus), 224 (Aix-en-Provence, Museum Granet), 228/229 (Detroit, The Detroit Institute of Arts), 246/247 (Wien, Historisches Museum der Stadt Wien), 251 (Madrid, Prado), 252/253 (Schweiz, Privatsammlung), 260/261 (Paris, Louvre)

DEMART PRO ARTE B.V. / ADAGP 1996 / Artephot: 197 (Ph. Martin, Schweiz, Privatsammlung)

D.R.: 135, 140/141 (Emi-Archiv), 142 (EMI-Archiv)

Enguerrand: 60/61 (Ph. Agostino Pacciani, 200/201 (Ph. Colette Masson), 206/207 (Ph. Sophie Steinberger)

Explorer: 80/81 (Ph. J. Delaborde), 273 (Ph. J. L. S. Dubois), 274 (ph. J. M. Steinlein), 276/277 (Ph. A. Reffet, Kham, Si-Chuan/Tibet, Kloster Sakya de Laghon)

Flammarion: 164/165 (Ph. Frédéric Morellec)

François Canard: 266/267

Guy Vivien: 90/91

Jacques Six: 256/257

Jean Galodé: 41

Magnum: 11 (Ph. Erich Lessing), Paris, Louvre), 18/19 (Ph. Erich Lessing, Florenz, Uffizien), 26 (Ph. Werner Bischof), 27 (Ph. Werner Bischof), 42 (Ph. Dennis Stock), 43 (Ph. Marc Riboud), 48 (Ph. René Burri), 50/51 (Ph. Michael K. Nichols), 54/55 (Ph. Stuart Franklin), 58/59 (Ph. Marilyn Silverstone), 73 (Ph. Erich Lessing, Paris, Louvre), 86/87 (Ph. T. Hoepker, New York, Metropolitan Museum of Arts), 98 (Ph. Erich Lessing, Lille, Musée de Beaux-Arts), 101 (Ph. Erich Lessing, Düsseldorf, Kunstsammlung Nordrhein-Westfalen), 114/115 (Ph. Erich Lessing, Wien, Schloß Schönbrunn), 117 (Ph. Erich Lessing, Rohrau, Haydn-Museum), 120/121 (Ph. Josef Koudelka), 131 (Ph. Eve Arnold), 144/145 (Ph. S. Franklin), 149 (Ph. Erich Lessing, Salzburg, Mozart-Haus), 156/157 (Ph. Martine Franck), 160/161 (Ph. Martine Franck), 163 (Ph. Eve Arnold), 169 (Ph. Inge Morath), 186 (Ph. Erich Lessing, Eisenstadt, Haydn-Museum), 192 (Ph. Erich Lessing, Leipzig, Museum der bildenden Künste), 221 (Ph. Inge Morath), 236 (Ph. Eugene W. Smith), 240/241 (Ph. Erich Hartmann), 242/243 (Ph. Erich Lessing, Wien, Österreichische Galerie), 245 (Ph. Marilyn Silverstone), 254/255 (Ph. Fred Mayer), 280/281 (Ph. Henri Cartier-Bresson), 282/283 (Ph. Josef Koudelka), 293 (Ph. Fred Mayer)

Musée de l'homme: 14 (Ph. M.Griaule), 265 (Ph. M. Delaplanche), 268 (Ph. M. Delaplanche), 269 (Ph. Ch. Lemzaouda), 272 (Ph. G. Rouget), 275 (Ph. J. Oster und D. Destable)

M. Horvath / Anzenberger / Cosmos: 83, 92/93

Photothèque des musées de la ville de Paris: 250 (Ph. Pierrain, Paris, Musée du Petit Palais)

Rapho: 44/45 (Ph. Roland und Sabrina Michaud), 271 (Ph. Roland und Sabrina Michaud)

RMN: 37 (Paris, Louvre), 147 (Paris, Louvre, cabinet des dessins)

Robert Bégouën: 12,13

Roger-Viollet: 38/39 (Ph. Lipnitzki-Viollet), 62, 84/85 (Paris, Nationalbibliothek), 97, 134, 139, 150, 175, 176/177, 178, 183, 184/185 (Ph. Harlingue-Viollet), 225 (Venedig, Palazzo Guerini-Stampalia), 230, 234/235 (Ph. Lipnitzki-Viollet)

Royal College of Music: 215

Scala: 74/75 (Florenz, Galleria Palatina), 78/79 (Saronno, Wallfahrtskirche), 102 (Mailand, Theatermuseum der Scala), 199 (Bologna, Civico Museo Bibliografico Musicale)

SPADEM 1996 / Dagli Orti: 52/53 (Saint-Paul-de-Vence, Stiftung Aimé Maeght)

SPADEM 1996 / Bildarchiv Preussischer Kulturbesitz: 220 (Moskau, Tretjakow-Galerie)

Star and Stripes / Sygma: 292

Sygma: 25 (Ph. Erich Robert), 158/159 (Ph. Haruyosih Yamaguchi), 264 (Ph. F. Soltan)

Times Newspapers Limited: 262/263 (Ph. Michael Powell)

Außer den hier aufgeführten Abbildungen finden sich in diesem Band mehrere Photographien aus der Privatsammlung Yehudi Menuhins (Seiten 7, 9, 138, 209, 278). Der Abdruck erfolgte mit der freundlichen Genehmigung des Autors.

Die Photographie auf den Seiten 132/133 entstammt der Privatsammlung von B. K. S. Iyengar (RIMYI-Archiv, Pune, Indien).

Die Photographie auf S. 279 entstammt der Privatsammlung von Dr. L. Subramanian.

© ADAGP für die Werke von: Pierre Bonnard, Marc Chagall, Salvador Dalí, Paul Klee

© SPADEM für die Werke von: Pierre Bonnard, Iosif A. Serebrjanyj

© D.R. für die Werke von: Kenneth Green, Max Oppenheimer, Teodor Schalin